中國学術思想 研究輯刊

三八編

林慶彰 主編

第 11 冊

中國哲學散論

朱光磊 著

花木蘭文化事業有限公司

國家圖書館出版品預行編目資料

中國哲學散論／朱光磊 著 -- 初版 -- 新北市：花木蘭文化事
業有限公司，2023〔民 112 〕
目 6+258 面；19×26 公分
（中國學術思想研究輯刊 三八編；第 11 冊）
ISBN 978-626-344-399-0（精裝）
1.CST：中國哲學 2.CST：文集
030.8   112010423

ISBN-978-626-344-399-0

中國學術思想研究輯刊
三八編 第十一冊   ISBN：978-626-344-399-0

中國哲學散論

作　　者　朱光磊
主　　編　林慶彰
總 編 輯　杜潔祥
副總編輯　楊嘉樂
編輯主任　許郁翎
編　　輯　張雅淋、潘玟靜　美術編輯　陳逸婷
出　　版　花木蘭文化事業有限公司
發 行 人　高小娟
聯絡地址　235 新北市中和區中安街七二號十三樓
　　　　　電話：02-2923-1455／傳真：02-2923-1452
網　　址　http://www.huamulan.tw 信箱 service@huamulans.com
印　　刷　普羅文化出版廣告事業
封面設計　劉開工作室
初　　版　2023 年 9 月
定　　價　三八編 16 冊（精裝）新台幣 42,000 元

中國哲學散論

朱光磊 著

作者簡介

朱光磊（1983～），男，江蘇蘇州人，南京大學中國思想家研究中心博士畢業，現為蘇州大學哲學系教授，中國哲學專業博士生導師，中國哲學方向負責人，兼任蘇州大學顧炎武研究中心副主任、蘇州滄浪吟誦傳習社副社長、江蘇儒學學會常務理事等職。出版《黃宗羲》《回到黃宗羲──道體的整全展開》《對話儒學　中國當代公共道德建設的文化視野》《唐調詩文吟誦二十講》《蘇州童謠》等著作，在相關刊物上發表學術論文近百篇。

提　要

　　本書選錄了作者在二零一二至二零二一這十年內發表的中國哲學論文二十二篇，按照儒家哲思、道家玄思、佛家睿思、三家綜論四大篇章進行分類。

　　儒家哲思篇主要由孟子學、朱子學、陽明學三部分構成。孟子學的研究分別處理了性善論的理性論證、知言養氣工夫論的學理解讀以及外王學中正當與證成的二重維度。朱子學的研究在釐清朱子學思歷程的基礎上，正視了朱子性理的活動問題，並由此對理學與心學進行了會通。陽明學的研究分類梳理了王陽明《良知問答》中的四種動靜觀，並對現代新儒家的陽明學研究進行了全面的解讀。

　　道家玄思篇主要闡述了老、莊的思想。前者論述老子「反者道之動」的真實意義，並以反戰思想為之佐證。後者論述了莊子自然思想的倫理表達，並進而分析了莊子的「指」「馬」之喻。此外，文章還嘗試對惠施的「歷物十事」作出新的釋讀。

　　佛家睿思篇主要闡釋了觀世音在漢地的形象變化、僧肇《物不遷論》的義理內涵以及牟宗三的佛學創建。

　　三家綜論篇從工夫論角度指出儒道釋三家思想的異同，又從真理觀的角度試圖給出三教皆可達成各自真理的理性路徑。

　　本書內容雖為散論，但大體上都是在儒道釋三教心性論基礎上的義理展開，並最終在三家綜論篇中的真理觀上獲得各自的調適。

目

次

儒家哲思篇

第一章 由「孺子入井」看孟子性善論的理性論證

　　孟子道性善，這已經是中國思想史上一個頗為常見的命題，並對中國人的文化心理產生了深遠的影響。《孟子》文獻中關於性善的表述基本上可以分為兩類，一類是直接指出人的性善，一類是有關性善的正反案例。

　　如果直接指出人的性善，那麼這只能讓別人知道性善是指出者的一種人性主張，這種主張缺乏詳細的論證，只能是一種個人的主觀感受，甚至是一種非理性的獨斷。

　　如果是關於性善的正反案例，仍然存在著如下幾類問題。

　　其一，無法得出應有結果。如果善行的案例可以說明人性善，那麼不善之行的案例同理可以說明人性惡。這樣就變成人性有善有惡，或者可善可惡，與人性善的普遍命題相違背。

　　其二，循環論證倒果為因。對於上述的問題，可以作出如下的迴避，即：善行可以說明人性善，不善之行正是違背人性善的錯誤後果。這樣的解釋在前提上已經預設了要論證的善性的存在，再以此來闡釋善與不善的案例，進而判其有主次高下之別。

　　其三，經驗歸納逾出界限。即使沒有不善之行的反面案例，經驗殊性的歸納也無法得出超越的普遍的答案。

　　正是由於上述多種原因，所以孟子性善論的理性論證就似乎非常缺乏力度。如李柵柵、何善蒙認為：「孟子的論證方式乃是建立在經驗之上的，比如人看見孩童要掉入井中，必然會產生怵惕惻隱之心，這種惻隱之心不是為了任

何功利目的，而完全是情感的真實流露，這就是天生的善性的體現。雖然從孟子的邏輯來說，或許可以得出這樣的結論。但是經驗的推論實際上也容易在經驗中被否定，比如在與告子的論辯過程中所顯示出來的那樣。經驗的不究竟性，從根本上決定了說理的不嚴密性，同時，也無法真正為道德確定一個形而上的根基。」〔註1〕由此，孟子性善論似乎只能成為一種個人化的主張。如果真的這樣，那麼孟子要說服其他人認可性善論就只能依靠帶有宗教式、體驗式、情感式的人格魅力，而不是依靠理論本身的力量。

當然，宗教式、體驗式、情感式的表達對於一種觀點的形成具有非常重要的作用，本文也不排斥孟子具有的類似表達，而是想進一步表明，性善論的成立其實可以具有本身的義理內涵，這種內涵具有普遍必然性。孟子所用「孺子入井」不能視為經驗意義上的案例之一，而是應該視為性善論的一種論證。固然孟子的這種論證缺乏當代學術語言表達的嚴謹性，但我們不能以此來苛求古人，而是應該從其較為鬆散的語言表述中，尋找其內在堅實的義理內涵。

理解孟子性善論的論證方式，需要依次釐清以下三個環節的問題。其一，性的理解；其二，善的理解；其三，性善的論證。

一、性的理解

在論證性善之前，需要釐清性善的確切涵義。從目前學界各種流行觀點來看，性可以具有本質的理解，也可以具有趨向的理解；善可以具有動機論的理解，也可以具有效果論的理解。因此，我們需要結合孟子的文本，作出一個前後一貫的釐定。

1. 性的字義

傅斯年先生說：「《孟子》一書，言性者多處，其中有可作生字解者，又有必釋作生字然後可解者。」〔註2〕性解為生，具有天然本真的意味。如果引入一種形而上的思維，生就兼具了然與所以然兩個層面。然是表現，所以然是本質。前者如告子「生之謂性」〔註3〕，可以解為天然本真的表現；後者如荀子「生之所以然者謂之性」〔註4〕，這樣就從實然的生往上翻了一層，可以解為

〔註1〕李柵柵、何善蒙：《性本善非向善或者可善——再論孟子的性善論》，《管子學刊》2014 年第 1 期。

〔註2〕傅斯年：《性命古訓辯證》，桂林：廣西師範大學出版社，2006 年，第 52 頁。

〔註3〕《孟子·告子上》。

〔註4〕《荀子·正名》。

天然本真的本質。

孟子與告子對於人性的爭執在於：告子認為人與動物共有的生為性，孟子姑且認可這種性的存在，但更為關注的是人所獨有而動物所沒有的性。在孟子的視域中，這種區別放在人心上說，人與動物所共有的心靈狀態為小體，人所獨有而動物所沒有的心靈狀態為大體。孟子將此大體的心靈稱為本心。

我們從本心的視域將本心與性聯合起來看，依照上面對性的兩個層面的解讀，就可以得出本心與性的兩種關係。其一，性是本質，本心是性的本真的表現；其二，心是本質，性是本心的本真的表現。我們可以簡單地將前者稱為性體心用，將後者稱為心體性用。

其實，無論是性體心用，還是心體性用，雖然在心性的理解上顛了個倒，但是在思維層面上具有內在的共性，即：然與所以然的劃分。然是表現，所以然是本質。然作為表現，是個變動的過程；所以然作為本質，是個恒常的本體。從心體性用上看，性是然，指變動的過程，於是可以說向善；從性體心用上看，性是所以然，指恒常的本體，於是可以說本善。所謂的性向善與性本善的區別，完全在於對性的理解的差異。

《孟子》中關於性善的文獻，多數是在舉例說明。具體的例子都不是抽象的理論演繹，而是在時空中的經驗存在，故都是在然的層面說的。在然的層面，都是在變化動盪中，表現的是一種向善的過程。堅持向善說的學者，就會說這些文獻根本沒有本善之意，僅僅是向善而已。堅持本善說的學者，就會說這些文獻所描寫的經驗上的向善，都是鑒於超驗的本善的本體論支持才能有此確立的向善性。（如果沒有本體上本善的支持，那麼向善只是經驗上的偶然而已，由此可以得出的結論是：向善、向惡在經驗上的表現完全是等價的，向善並不比向惡更佔有重要地位。顯然，這種答案似乎不是孟子所要表達的意思。）

也就是說，如果從《孟子》文獻中將然的過程理解為性，那麼後面一定要確立作為本體的本心的保證；如果從《孟子》文獻中將然的過程理解為心，那麼後面一定要確立作為本體的性的保證。上述兩種情況都要承認然與所以然。此外，單純承認然的過程，而不承認所以然，則會使然的向善沒有必然性。（固然還可以想到，單純承認所以然，而不承認然，但這種狀態似乎沒有出現在《孟子》的文獻中，反而出現在宋明儒學某些歸寂派的思維體系中。）

由於心體性用與性體心用雖然在性與心的指涉上相反，但是後面都是然

與所以然兩分的體用思維，具有內在的一致性，故心體性用與性體心用套在同一文獻上，都可以說得通。

2. 向善與本善

傅佩榮在《朱熹錯了：評朱注四書》一書中持向善論，以此來反對朱子的本善論。本文不妨就以傅佩榮為向善論的代表，朱子為本善論的代表來分析他們二人的思路。

傅佩榮持向善論，將大體之心視作先天的本體，是所以然。他說：「從先天的角度來看，……要談人性，必須扣緊這個『幾希』之處……去之即是禽獸，存之即是君子。這種說法符合他引述孔子所謂『操則存，舍則亡』，所指的正是『心』，亦即天所與人的『大體』。」〔註5〕繼而，傅佩榮將人性視作後天向善的表現，亦即人性是然。他說：「從後天的角度來看，《告子上》談『順杞柳之性』以及『人性之善也，猶水之就下也』。這兩段比喻都聚焦於下述觀點：在沒有外力干擾或傷害的情況下，順著人性的要求，就可以做到善。這樣的人性不宜說成『本善』，而應該說成『向善』，或者說：人性是『能夠』行善的。」〔註6〕

朱子持本善論，將性視作先天的本體，是所以然。他說：「性則心之所具之理，而天又理之所從出者也。」〔註7〕繼而，朱子將人心視作後天的表現，「心者，人之神明，所以具眾理而應萬事者也」〔註8〕心可以有兩種狀態，「凡事物之來，心得其職，則得其理，而物不能蔽；失其職，則不得其理，而物來蔽之。」〔註9〕得理無蔽的心為大體之本心，是性的本真的表現；失理有蔽的心為小體之人心，是性蒙蔽後非本真的表現。

如果將此兩種觀點來理解孟子「人性之善也，猶水之就下也」。向善論者會說，「水就下」是然、是過程，人性如水就下一樣的向善，也是然，是過程。本善論者會說，「水就下」說明水中具有「下」的所以然本性，故而在經驗中會表現出「下」的過程；同理，人在經驗中表現出「向善」的過程，正是人具有善的本性使然。

〔註5〕 傅佩榮：《朱熹錯了：評朱注四書》，北京：東方出版社，2013年，第131頁。
〔註6〕 傅佩榮：《朱熹錯了：評朱注四書》，北京：東方出版社，2013年，第132頁。
〔註7〕 朱熹：《四書章句集注》，北京：中華書局，1983年，第349頁。
〔註8〕 朱熹：《四書章句集注》，北京：中華書局，1983年，第349頁。
〔註9〕 朱熹：《四書章句集注》，北京：中華書局，1983年，第335頁。

3. 本善更為符合《孟子》文獻原義

本善是從所以然上立論，向善是從然上立論。性本善論者堅持性是所以然，本心是然；性向善論者堅持本心是所以然，性是然。如果這兩類解釋套在《孟子》文獻上都能說得通的話，那麼孟子到底是什麼主張則變得難以下定論了。幸好在《孟子》文獻中有一段討論人性的文獻，只能用所以然來理解，而不能用然來理解。孟子說：

> 天下之言性也，則故而已矣。〔註10〕

這段文獻中對於人性的表述，並沒有使用具體的例子，而是直接在理論上演繹。許慎說「故」的字義是「使為之也」〔註11〕。段玉裁注曰：「今俗云原故是也。凡為之必有使之者，使之而為之則成故事矣。」〔註12〕顯然，「為之」是然，「使為之」則是所以然。性是故，故是使為之，使為之是所以然，因此，性就是所以然。如此，我們可以說，性本善的解釋比較符合孟子人性論的原義。人性本善是本質，人心向善是表現，「人心向善是人性本善的經驗陳述，而人性本善則是人心向善的超驗規範；人心向善使性善論的實現成為可能，而性善論則使人心向善具有切實可行的價值目標。」〔註13〕

二、善的理解

1. 善性、善心、善行

性如果理解為本質，那麼心就是性的表現。心是思想上的表現，而行就是行動上的表現。於是，善由體到用就可以分為善性、善心、善行。

善性之善是作為本體的善，是善心與善行的形上依據。人的心靈需要有善性作為保證才能表現為善心，人的行為需要有善性作為保證、善心作為指導才能表現為善行。善性之善，是作為形而下的善的形上依據而被命名，其本身不具有倫理意義上的善的內容。善心之善，是動機論的善，即孟子所謂不忍人之心、四端之心，這是一種道德上的應然狀態，完全沒有自我功利的考量。善行之善，是效果論的善，即孟子所謂不忍人之政、擴而充之四海、富之庶之教之的狀態，這是依據善心而表現出來的自然而然的功效。

〔註10〕《孟子‧離婁下》。
〔註11〕段玉裁：《說文解字注》，上海：上海古籍出版社，1988年，第123頁。
〔註12〕段玉裁：《說文解字注》，上海：上海古籍出版社，1988年，第123頁。
〔註13〕陳永革：《人心向善與人性本善──孟子心性論的倫理論釋》，《中國哲學史》1996年第4期。

　　善行可以通過客觀的經驗感知而獲得，善心可以通過主觀的經驗感知而獲得，而純粹的善性是形而上的，則既無法客觀的經驗感知，又無法主觀的經驗感知，只有通過儒家的修行工夫而反省逆覺，用一種不同於經驗感知的智的直覺來體證其真實。當然，這種善性的體證既可以體證完全純粹的性體，也可以不離善心、善行來體證。對於前一種情況來說，默坐澄心所顯現的智的直覺單純發揮著體悟的功效；對於後一種情況來說，智的直覺就內含在經驗感知中同時發生著體知的作用。〔註14〕

2. 善心的發動與善行的效果

　　由於善性本身的超越性，故對於純粹善性的描述只能予以一種形式的說明。而內具善性的善心與善行在由超越保證的同時，則具有經驗顯現的成分，故《孟子》文獻中具體的善的描述，更多地顯示為內具善性的善心的發動與善行的效果。於是，善性、善心、善行就可以轉化為善心（內具善性）與善行（內具善性）。此兩者的關係可以用孟子的兩個比喻來理解。他說：

　　　　仁者如射。射者正己而後發，發而不中，不怨勝己者，反求諸己而已矣。〔註15〕

　　　　昔者趙簡子使王良與嬖奚乘，終日而不獲一禽。嬖奚反命曰：「天下之賤工也。」或以告王良。良曰：「請復之。」強而後可，一朝而獲十禽。嬖奚反命曰：「天下之良工也。」簡子曰：「我使掌與女乘。」謂王良。良不可，曰：「吾為之範我馳驅，終日不獲一；為之詭遇，一朝而獲十。詩云：『不失其馳，舍矢如破。』我不貫與小人乘，請辭。」御者且羞與射者比。比而得禽獸，雖若丘陵，弗為也。如枉道而從彼，何也？〔註16〕

　　在第一個比喻中，射需要包含兩方面的要素：其一，正己；其二，中的。

〔註14〕「智的直覺」是牟宗三從康德哲學中借用來的概念，將康德意義上的消極概念轉化為表述中國傳統思想的積極概念。但自牟宗三提出中國哲學「智的直覺」以來，此命題一直飽受爭議。陶悅認為：「若從西方傳統認識論的角度去理解牟宗三哲學中『智的直覺』概念，的確會造成一定的疑惑與困難，但若從中國傳統哲學的境界論角度去理解，則這個概念的含義會變得較為明晰」。參看陶悅：《牟宗三「智的直覺」思想的境界論意蘊》，《哲學研究》2013年第11期。筆者認為，中國傳統哲學的境界論關注主體性，具有濃厚的宗教性意味，並不是理性的邏輯論證可以證成。
〔註15〕《孟子‧公孫丑上》。
〔註16〕《孟子‧滕文公下》。

正己與中的相比，正己更為核心。以此論仁，仁也可以包含兩方面的要素：其一，動機上的四端之心；其二，功效上的開物成務。四端之心與開物成務相比，四端之心更為核心。在第二個比喻中，一種情況是符合駕車規範而不獲獵物；另一種情況是不符合駕車規範而獲取獵物，孟子認為前一種情況好過後一種情況。這個例子套在義利上說，有義而無利好過無義而有利。義的地位比利的地位更為重要。通觀上述例子，其實包含了道德與功效兩個主題。我們不能簡單地以為孟子是比較道德與功效孰優孰劣，其實孟子是說，真正的道德會產生功效，兩全是最好的狀態。如果這個狀態達不到，那麼兩者取一，寧取有道德無功效，也不取無道德有功效。

　　從以上分析來看，善在孟子的思想中同樣可以分解為兩方面的要素。一方面，善是善性保證下的作為動機的純粹的善心。這個善心是純粹無待的，出於絕對的自我的道德命令。另一方面，善是善性保證下的產生具體功效的善行。圓滿的善是善心、善行兩者都能夠得到滿足。

3. 同民好惡的主體性與普遍性

　　圓善不是道德與功效拼盤式地相加，實際上，兩者具有內在的一致性。無待的善心的發動一定針對某一對象而生，因為發動主體只是於心不忍，考慮對象要如何改善，而不去考慮改善對象與自己的利害關係。發動對象可以是物，也可以是人。如果是物，發動主體就可以從自己本真性的主觀好惡來改善此物；如果是人，發動主體就必須順著此人的本真性的主觀好惡來促成其好惡，所謂「所欲與之聚之，所惡勿施爾也」〔註17〕。

　　善心發動主體順著對象本真性的好惡來促成其好惡，具有主體性與普遍性兩個維度。從主體性上看，善心發動主體需要承認他人的主體性，不能將自己的好惡強加給他人，而是要順著他人的好惡來促成結果。從普遍性上看，善心的發動主體與發動對象雖然是不同的主體，但是在本真性的好惡上應該具有普遍性。比如，富之、庶之、教之，物質生活、精神生活都有保證和提高。這無論主體性的差異有多大，都應該普遍承認。

　　如果只承認徹底的主體性的差異，那麼每人都有自己特殊的好惡，人與人之間就沒有交集，社會的構成缺乏一致的基礎從而走向瓦解（如道家自然狀態下的小國寡民）。如果只承認徹底的普遍性的趨同，那麼每個人都可以被共性

〔註17〕《孟子・離婁上》。

所代表，人的個性會被抹平，社會變成鐵板一塊而了無生機（如專制社會下的狀態）。因此，兼具普遍性與主體性才是一種良性的狀態。在這種情況下，如果我作為一個道德主體，而對象他人處於飢寒之中，我出於善心，會認為他需要擺脫飢寒。這是普遍性的要求。如果對象他人說不要擺脫飢寒，而是希望他自己被虐殺，那麼我可以肯定這個被虐殺的喜好一定不是他本真的喜好，而是他神經不正常的反映。我根本不會順著他的被虐殺的好惡來成就此好惡。如果對象他人說要擺脫飢寒，但不是直接被施捨地擺脫飢寒，而是靠自力更生擺脫飢寒，那麼我會順著對象他人的主體性要求來為他創造就業條件，成就他自己創業擺脫飢寒的好惡。

也就是說，其一，善心發動主體需要承認發動對象的主體性，只有在承認對象具有主體性時，主體自身的主體性才能夠真正建立。（如果不承認對象的主體性，世界就成為唯我論。他人與他物就都在我的好惡的擺佈之下。這不是儒家和而不同的社會，而是法家嚴刑峻法、必聽於上的社會。）由此可以說人與人之間的差異。其二，無論是發動主體還是發動對象，兩者主體性處於本真經驗狀態時，他們應該具有趨同的好惡。只有在承認對象具有本真經驗狀態的主體性時，主體自身的本真經驗狀態的主體性才能夠真正建立。只要自身的本真經驗狀態的主體性真正建立，一定會承認對象具有本真經驗狀態的主體性。由此可以說人與人之間的相同。這種人與人之間的相同，正是儒家忠恕之道的基礎。

在這種兼有普遍性和主體性的同民好惡的作用下，善心作出的行為才是善行，所取到的功效才是真正圓善中的功效。

三、論證性善的方式

從理性的角度上看，智的直覺屬於個人領域中宗教性的神秘體驗，很難取得公共性的理性證明。一種指責認為，它或許可能是一種根本真實，但難以獲得理性的證明；它有更大的可能是一種非理性的幻想，它既可以是個體的幻想，也可以是接受此一宗教性學說的群體的文化認同。僅僅在此文化認同群體內部發生著普遍的功效。事實上，糾纏於智的直覺是否可以成立客觀性是個非常棘手的問題。如果不成立的話，似乎性善的絕對意義就會坍塌下來；如果成立的話，那麼一切非理性的宗教性的絕對之物都可以成立。絕對之物只能是一，而存在著多種絕對之物本身就與絕對的觀念不相符合。因此，從理性角度來看，由智的直覺來說明性善的絕對本體的客觀性地位並不具備任何優越性，

不如將其視作群體性的文化認同。

1. 由果溯因的思維模式

不從智的直覺進行論證，而從理性的角度來進行論證，這是論證性善客觀性的可能之路。由於善性不能由感性經驗直接認識，故對於性善的證明就不能直接證明，而需要間接證明。

孟子對公都子的一句話為性善的間接證明指出了一條道路，孟子說：

乃若其情，則可以為善矣，乃所謂善也。〔註18〕

「情」乃「情實」之義〔註19〕，是指人的本真經驗狀態。孟子認為，人在本真經驗狀態下，人的心靈和行為就會有善的作為。「為善」是指經驗意義上的善，「乃所謂善」的「善」是指善性。善性無法經驗認知，但「為善」可以經驗認知。只要這種「為善」是在本真經驗狀態下的，那麼這種經驗意義上的「為善」就能指向超驗的善性。

尤其需要指出的是，這種論證方式不是通過「為善」的經驗來歸納出超驗的「善性」，歸納法無法逾越其經驗的範圍而確立超驗的善性。這種證明方式後面的理論依據是因果性。如果承認人的經驗世界上任何事物不會憑空產生，事物的產生一定會有它的原因，那麼就承認因果律的存在。有果必然有因。這種理性的思維方式，已經體現在孟子「天下之言性也，則故而已矣」〔註20〕的論斷之中。

在人的本真經驗狀態下，經驗的為善是果，後面一定有使之為善的因，這個因就是善性。如果再問因後面是否還有因，就有疊床架屋之嫌，依據奧卡姆剃刀原則，就不需要再做此預設了。在人的非本真經驗狀態下，那麼善行完全有可能是表面的，善行的執行完全有可能為著一個沽名釣譽的目的，善心也完全可能是表面的，善心的發動完全有可能是出於偏愛自己子嗣的目的。在非本真經驗狀態下，經驗意義上的為善是果，而沽名釣譽、偏愛子嗣就是為善的因，這個因就不是善性。因此，確定本真經驗狀態的「乃若其情」就顯得非常重要。

確認「乃若其情」，無法離開我的感知。我可以直接感知到的他人的行為，

〔註18〕《孟子‧告子上》。

〔註19〕「情字之應解作實字，在《孟子》書中既居多數，而以之試釋『乃若其情』的情字，亦頗順適。『其情』即是性的實在情形或性的真相。」參看陳大齊：《孟子待解錄》，上海：華東師範大學出版社，2012年，第8頁。

〔註20〕《孟子‧離婁下》。

但無法直接感知到他人的心靈,我只能通過他人的行為間接猜測他人的心靈,但如果他人具有很好的表演天賦,那麼我的猜測就可能完全出錯。於是,可以從感知他人退為感知自我。我可以直接感知到自己的行為,也可以直接感知自己的心靈。相對於他人而言,我對於自己的感知更為清楚準確。比如,我可以清楚知道自己的為善是出於沽名釣譽、偏愛子嗣,還是出於絕對的道德命令,但對於他人為善的動機就無法分得那麼清楚。

因此,「乃若其情」的本真經驗狀態最好限於針對自我的感知。由於善行是善心的具體表達,故「乃若其情」的本真經驗狀態完全可以限於自我的善心來考察,即從自我不忍人之心來間接推論其後面必然具有形而上的善性保證。

2. 作為共感的本真經驗狀態

如果心靈沒有感知對象,那麼心靈就不會發動,這樣就沒有心靈的經驗感知。需要有心靈的經驗感知,必然有感知對象。感知對象依照心靈對其態度不同可以分為三類:一類是積極肯定的關聯,比如我的親人;一類是消極否定的關聯,比如我的仇人;一類是中性的無關聯,比如陌生人。如果我對我的親人有關愛,對我的仇人有怨恨,這些心靈狀態是否本真就可以有兩種可能。如果我是出於偏私而關愛親人、出於執己而怨恨仇人,那麼這就是非本真經驗狀態;如果我是出於仁義而關愛親人、出於善善惡惡而怨恨仇人,那麼這就是本真經驗狀態。由於親人、仇人是與我有正負關聯的,我固然可以說由於自己的道德命令而與他們發生本真的關係,也可以說由我與親人、仇人的關聯導致了我對待他們的非本真關係。這種本真與否,完全在於自心清楚,故主觀性明顯而客觀性不足。因此,以上述的例子來反思則糾葛太多,反而不如用一個與自己無關聯的對象來揭開自心的本真經驗狀態。這樣,「孺子入井」的事例就有了典型意義。

> 今人乍見孺子將入於井,皆有怵惕惻隱之心,非所以納交於孺子之父母也,非所以要譽於鄉黨朋友也,非惡其聲而然也。〔註21〕

在上述事例中,有兩個關鍵詞,一個是「孺子」,一個是「乍」。「孺子」意味著這個經驗對象是剛剛出生的小孩子。孺子沒有任何社會關係,與我是中性而無關聯的。「乍」意味著這是經驗感知的最初一剎那。在此剎那下,思量計較等後天養成的社會文化心理尚未發生作用。由經驗對象的無關聯性和經

〔註21〕《孟子·公孫丑上》。

驗感知的最初性，從而可以保障心靈當下發動的本真經驗狀態。

　　舉個實際例子，我看到老人摔倒這個事件。（a）如果這個老人是我的父親，我自然會去攙扶；（b）如果是一個與我有深仇大恨之人，我巴不得他摔死，更不會去攙扶。（c）如果老人是一位我不認識的陌生人，我在看到這個場景的剎那會有惻隱之心，（d）但一想到諸多碰瓷的新聞事件，就不敢貿然去攙扶，然後想到多一事不如少一事，於是視而不見，避而遠之。而孺子入井的事例，其實就是（c）類的描述。

　　為了深入理解，可以使用一個比喻來說明此論證的方式。比如：有一個天然的水潭。在狂風暴雨的時候，水面上翻起了很多的波浪。在風平浪靜的時候，水面上始終持續有一個波浪在翻騰。我們只能觀察水面，無法觀察水底。通過風平浪靜狀態下的持久觀察，我可以說，水面一個波浪的持續翻騰意味著水底有東西支持著它的翻騰，我稱之為泉水口。但是，在狂風暴雨的狀態下，水面上翻起很多波浪，這些波浪都是被狂風暴雨所激起，泉水口噴出來的波浪就淹沒在諸多波浪中而不明顯，我是無法從這些波浪中推斷水底有泉水口的。

　　泉水口比喻善性，水潭比喻心靈，風平浪靜下一個波浪的持續翻騰比喻（c）的心氣自然的狀態，狂風暴雨下諸多波浪的雜亂翻騰比喻（a）、（b）、（d）的心氣干擾的不自然狀態。我們需要從（c）類來推論善性的存在。

　　（c）類描述必然成立嗎？我們完全可以回想如下的事件，當我們在觀看新聞時，如果電視屏幕上播出某地災後的淒慘畫面時，我們看到的當下必然心中有所不忍。如果看到好人有好報的動人畫面時，我們看到的當下必然心中有舒適感。這些新聞事件中的人物與我們沒有任何關聯，但我們的心境就會隨之而作相應的變化，而且這種變化不是無序的，而是好善惡惡的，這就是心靈的本真經驗狀態。心靈的本真經驗狀態是一種天然的為善，以此本真經驗狀態的道德本心作為果，可以借助因果律而推論出必然具有善性的因。

四、本真經驗狀態的補充解釋

　　上述的論證可能存在兩個疑點。其一，為何在與自己無關聯對象狀態下發生的惻隱之心就是本真經驗狀態？其二，我的本真經驗狀態只能間接推導出我的善性，何以能夠說明他人皆有善性。

　　這兩個疑點在孟子的文獻中並沒有清晰的論證，但筆者可以做出一定的補充說明。對於此兩個疑點的回答，關鍵在於本真經驗狀態本身具有普遍性。

　　本真經驗狀態本身必須具有普遍性。我們可以用反證法來論證此結論。如果本真經驗狀態本身不具有普遍性，那麼張三有張三的本真經驗狀態，李四有李四的本真經驗狀態，個體與個體的經驗狀態之間完全充滿了差異，那麼每個個體的本真經驗狀態和非本真經驗狀態就沒有什麼實質上的區別。這樣就談不上有本真經驗狀態。只有在本真經驗狀態成立而有普遍性的前提下，又由於每個個體的稟氣不同，在已發上才能成立差異。在此意義上，不顧本真經驗狀態而一味偏向稟氣的差異就構成了非本真的經驗狀態。

　　由此可見，無關聯對象正是為了去除具體的氣稟的差異性，使人回到了一個純粹的經驗狀態；而由此產生的惻隱之心，則說明人在去除氣稟差異性的干擾下，則必然發動惻隱之心，這就是人的本真經驗狀態。這種狀態不僅僅是我覺得我見孺子入井的當下必然會產生惻隱之心，更是我覺得任何人見孺子入井的當下都必然會產生惻隱之心。〔註22〕這種無關聯的道德關切本身就在我的直覺中產生了普遍性。〔註23〕也就是說，我的道德主體的挺立，必然會包含對於他人潛在的道德主體的普遍性認同。自我的善性與他者的善性是同時在我的本真經驗狀態中得以喚醒的。不可能僅僅建立自我的善性而不承認他者的善性，也不可能僅僅建立他者的善性而不承認自我的善性。可以說，在自我與他者在本質上相異的世界裏，根本無法實施忠恕之道，道德律也無法建立起來。因此，孟子會說：「由是觀之，無惻隱之心，非人也；無羞惡之心，非人也；無辭讓之心，非人也；無是非之心，非人也。」〔註24〕這是由自我的本真經驗狀態直接推導至人人共有的普遍性本真經驗狀態。

　　由此，可以回答上述兩個疑問。其一，在與自己無關聯對象狀態下發生的惻隱之心，既是自我的直覺，又是自我對於所有人在無關聯對象狀態下的直覺。這種直覺具有普遍性，所以是本真的經驗狀態。其二，本真的經驗狀態的本身即具有普遍性，這是道德的內在要求，也是建立人文世界的世界觀、道德觀、價值觀的共有前提。自我的本真經驗狀態就是他者的本真經驗狀態，我由此可以推論出我有善性，也可以由此推論出他人有善性，從而說人人皆有善性，人人皆可成聖人。

〔註22〕孟子說：「今人乍見……皆有怵惕惻隱之心」，可知非我獨有，而是人人皆有。
〔註23〕注意：人人當下產生惻隱之心是普遍而必然，但隨後是否人人付諸實施則不必然。
〔註24〕《孟子・公孫丑上》。

第二章　孟子性善論的理性證明與惡的來源問題

　　性善論是儒家人性論的重要主張。儘管簡別整個儒學史，荀子、董仲舒等人似乎秉持其他人性論的看法，但是從整個宋明儒學所塑造的儒學主流上看，由先秦孔子、孟子到宋明諸儒的思想發展，都是以性善論作為人性論的核心要義。此思想線索最為重要一環，即為孟子的性善論。可以說，孟子性善論向上奠定了孔子仁的性善理解，向下開啟了宋明儒學的心性系統。由此可見，孟子性善論的確切定位，對於儒學人性論的理解具有極其重要的意義。

　　然而，以往對於孟子性善論的探討，似乎更多是對於《孟子》一書相關章節的隨文注解，僅僅給出孟子具有性善論的主張，但是這種主張為什麼是必然的，具有說服力的，以及在何等程度上可以商討，具有類似切入點的研究似不多見。拙文《由「孺子入井」看孟子性善論的理性論證》試圖以「孺子入井」形下心善的必然性來反推形上性善的確立，但該文僅僅對於主體個人由心善見性善給出較為充分的說明，而如何論證人人皆可以由心善見性善則缺乏充分的論述。本文試圖繼續《由「孺子入井」看孟子性善論的理性論證》一文的思辨方向，由討論自我性善的理性證明進而討論人人皆能性善的理性證明，由此開顯儒家學說中對心的自由意識的理解，並對惡的產生予以相關說明。

　　我們需要證明，人人皆具有善性。而且，假設善性成立的話，人在常態中善性並不能充分地表現出來。證明者所處的立場是常態中的人，如果證明者已經接受了性善論的前提，那麼證明者可以說常態中的不完美是善性的不充分表現。但是，這樣循環論證其實是無效的，其已經接受了未經證明的前提，再

用這個未經證明的前提來解釋常態中的不完美。故而，要證明善性，就不能從未經證明的前提出發，而是以現有的已知內容來逐步導出善性的結果。我們已知的內容，似乎包括：（1）他人與自我的善行、（2）自我的善念。但下文給出的論證則會得出：他人與自我的善行不能證明善性，自我的善心不能證明人人具有的普遍的善性。這樣，我們就需要尋找第三種已知內容：（3）可以感知的形式主體。由此可以感知的形式主體來確立性的普遍與心的自由。

一、善行證明善性的困境

他人與自我的善行是已知的內容。雖然善行是最為直觀的善，但證明性善不能從善行上入手。善性是超驗的，而善行是經驗的。善性是內在的，而善行是外在的。外在經驗的行無法證明內在超驗的性。具體可以分為如下四點進行論述。

其一，在具有外在經驗善行的情況下，內在超驗的性完全可能是有善有惡的。

鑒於善行是善性的外在表達，故而有一種直截的做法，是把善行等同於善性。然而，人的經驗是有限的。在有限的經驗中，未必遭遇到所有的自我與他人的行為都是善行；即使在有限的經驗中，自我與他人的行為都是善行，如何保證在有限的經驗之外，存在的行為也必然是善行？只要在經驗意義上不能窮盡所有行為為善行，那麼由善行反推善性就必然不能成立。事實上，我們在有限的經驗中，既遭遇到了善行，也遭遇到了惡行，如果用直截的做法，得出內在超越的性有善有惡，善性表現出善行，惡性表現出惡行，似乎更順理成章。故而，僅僅通過部分外在經驗善行來證明善性是無法成立的。

其二，在具有外在經驗善行的情況下，內在超驗的性完全可能是惡的。

鑒於善行僅僅是外在看上去的善，而無法知道善行後面真實動機是如何的。故而，即使表現是善行的事件，其後面的動機也完全可能並不是善的。比如，我們生活中可能遭遇到各種偽善，在限定的區域中可以判定某行為為善，但是一旦擴大此區域而聯繫此行為的前因後果，則此善的行為可能僅僅是外在虛假的修飾，真實的動機似乎僅僅是為了達成自我的目的。又如，在霍布斯的政治哲學中，人們發現互相合作狀態中的自我比叢林狀態中的自我更有利，於是選擇互相合作。人們並不真誠地願意互相合作，只是為了自己利益而互相合作。故性惡也完全可能由於相互制衡而維持表面上的互惠互利。由於外在力

量的作用，內在惡的本性可以暫時改變原有的表達路徑。因此，由外在經驗的善行並不能證明內在的善性。

其三，在具有外在經驗善行的情況下，內在超驗的性完全可能是無善無惡的。

如果承認性惡可能通過外在力量的作用而改變其原有表達路徑而表現為善行，那麼同理，無善無惡之性也可以通過外在力量的作用而改變其原有表達路徑而表現為善行。無善無惡之性，可以理解為白板說的性。外在力量就是各種各樣的社會環境的影響，人處在什麼樣的社會環境中，就會被社會塑造成什麼樣的人，就會表現出什麼樣的行為。當內在超越的性是無善無惡的白板時，在良好的社會氛圍影響下，人仍舊可以表現為善行。故由外在經驗的善行根本無法證明內在的善性。

其四，在具有外在經驗善行的情況下，內在超驗的性完全可能是根本不存在的。

前面的論述相當於說，外在的善行與內在性屬於善、屬於惡、抑或屬於無善無惡根本沒有必然的關係。那麼，可以更進一步說，外在的善行與內在的性也無必然關係，通過外在的善行根本無從判斷內在的性，甚至無從判斷內在的性是否真實地存在。比如，告子的觀點以經驗意義上的生之謂性來看待人性問題，那麼此思想系統中的性就不具備經驗與超驗的區分，而是如其經驗所是的那樣來談論其性。此性也喪失了恒常之義，成為依附於波動的經驗事實上的一種說辭。

二、善念證明善性的困境

由於善行是外在經驗的，無法由其考察直接的目的與動機，故通過善行證明善性的存在不具有必然關聯。善行的這樣缺乏，可以從善念的考察得到彌補。只要自己真誠地省察自我的心念，善念則可以直接獲得其目的與動機。然而，善念本身證明性善也有其不足，主要分為兩點。

其一，善念的論證無法推導出人人皆具有善性的普遍性

就表面上看，善行既可以是自我的善行也可以是他人的善行，故善行可以具有客觀性。但是，善念就不如此。只有自己的善念能夠自知，別人的善念則無法知道。雖然自我可以根據他人的行為來推測他人的善念，但此善念也是間接的善念，並不代表他人真實的善念。因此，善念只能內省體會，具有主體性，

而不具有普遍性。但是，孟子的性善論並不是說自我有善性，而是人人都具有善性。故僅僅從善念上入手，仍舊有所缺陷。

其二，善念的論證無法有效排除通過惡念建立性惡論的途徑

與善性相比，善念仍舊是經驗的、形而下的。若要從形而下的善念來推導出形而上的善性，則必須要保證自我的一生中都充滿著善念。事實上，在自由有限的生命中，善念固然存在，但惡念似乎也屢有發生。如果順著善念可以建立善性，那麼為什麼不能順著惡念建立惡性呢？如果回答說，惡念是善性被欲望牽絆後的不充分表達，那麼又回到上文所說的循環論證的困境中了。在人的心念中善念、惡念並存的前提下，以善念為基礎建立善性的理論路徑並不具有唯一性，無法有效排除通過惡念來建立惡性的路徑。

三、可以感知的形式主體與性的普遍

論證性善論的成立，我們不能直接從有待論證的形上層面入手，只能從我們已知的形下層面入手。上述善行與善念的論證缺陷，可以歸結為我們無法由形而下的特徵來確定形上的本性。因為形而下的特徵是波動的，自我的；而形而上的本性是恒常的、普遍的。形下與形上之間似乎永遠隔著不可逾越的差距。當我們捨棄掉善行、善念之後，我們在形下經驗層面還有什麼可供我們利用的資源？由孟子提供的「孺子入井」的思想實驗中，我們可以獲取一種可經驗的形式化的善念。藉此，我們可以建立性善的形而上學。

> 所以謂人皆有不忍人之心者，今人乍見孺子將入於井，皆有怵惕惻隱之心。非所以內交於孺子之父母也，非所以要譽於鄉黨朋友也，非惡其聲而然也。由是觀之，無惻隱之心，非人也；無羞惡之心，非人也；無辭讓之心，非人也；無是非之心，非人也。惻隱之心，仁之端也；羞惡之心，義之端也；辭讓之心，禮之端也；是非之心，智之端也。人之有是四端也，猶其有四體也。有是四端而自謂不能者，自賊者也；謂其君不能者，賊其君者也。凡有四端於我者，知皆擴而充之矣，若火之始然，泉之始達。苟能充之，足以保四海；苟不充之，不足以事父母。〔註1〕

孟子講的「孺子入井」不能當作舉例來看，而是應該當作思想實驗來看。如果僅僅是舉例子，回應者可以說，孟子僅僅舉了一個可以說明其理論的例子

〔註1〕《孟子·公孫丑上》。

來支撐，而旁人也可以舉一個其他沒有怵惕惻隱之心的例子來反駁，甚至還可以反擊孟子太霸道，憑什麼說皆有怵惕惻隱之心，並將沒有怵惕惻隱之心的人罵為非人。而如果將「孺子入井」當作思想實驗，則比舉例子更具有理論的說服力。著名物理學家弗里曼‧戴森認為：「思想實驗是一種虛構實驗，用於闡明一個理論上的想法。它是物理學家發明的工具，旨在構造一種假想的情形，在其中，內在於某理論中的邏輯上的矛盾或者荒謬之處，會被盡可能清晰地呈現出來。隨著理論變得越來越複雜，作為清除壞理論、對好的理論進行更深刻理解的工具，思想實驗變得越來越有用。當一個思想實驗表明，通常被接受的想法在邏輯上是自相矛盾的時候，它就被稱為一個『悖論』。」〔註2〕思想實驗是把理性放在一個特定的場景中去演繹，它似乎無法定量，但是在定性上則比純粹的物理實驗更具有精確性和嚴謹性。當我們把「孺子入井」視為一個思想實驗的時候，則「孺子入井」就具有了理論的說服力。

我在《由「孺子入井」看孟子性善論的理性論證》一文中處理了「孺子」與「乍」兩個關鍵詞，認為：「『孺子』意味著這個經驗對象是剛剛出生的小孩子。孺子沒有任何社會關係，與我是中性而無關聯的。『乍』意味著這是經驗感知的最初一剎那。在此剎那下，思量計較等後天養成的社會文化心理尚未發生作用。由經驗對象的無關聯性和經驗感知的最初性，從而可以保障心靈當下發動的本真經驗狀態。」〔註3〕其實，若要做進一步簡化，一個「乍」字就可以說明問題。「乍」表示為感知的最初一剎那，即使不是「孺子」，而是具有關聯性的對象，在此最初一剎那之間，後天的關聯性也來不及勾連起來，故仍舊能夠保障心靈當下發動的本真經驗狀態。〔註4〕

乍在「孺子入井」的思想實驗中，還具有一個更為重要的作用，就是乍見者在乍的一剎那之間，其後天經驗尚且來不及發動，故其所發動的並不是來自於後天經驗所塑造的主體。我們在人格同一性理論中可以知道，「人格同一性所依賴的不是任務特殊的實體，而是我們對於自身持續存在的意識」〔註5〕。某人之所

〔註2〕戴森：《宇宙波瀾——科技與人類前途的自省》，重慶：重慶大學出版社，2015年，第248頁。

〔註3〕朱光磊：《由「孺子入井」看孟子性善論的理性論證》，《孔子研究》2016年第5期；《中國哲學》（人大複印資料）2017年第3期轉載。

〔註4〕「乍」與禪宗講的當下之心，具有相同的意思，都是要人在當下一瞬間不受過去經驗的影響，而直接由生命中本有的源頭出發來處理當下的事務。

〔註5〕小西奧多‧希克、劉易斯‧沃恩：《做哲學：88個思想實驗中的哲學導論》，北京：北京聯合出版公司，2018年，第301頁。

以為某人，在於其具有某人的人格，而某人的人格則來自於某人的人生經驗。當在乍的一剎那之間時，後天經驗來不及發動，而後天經驗所塑造的某人的人格也來不及顯現，故此處顯現的惻隱之心就不是來自於後天經驗，也不是來自於某人的人格，而是對於所有人都有效的形式化的主體。而且，這樣一種缺乏人生經驗和人格作用的形式主體又不是抽象的理智的推論物，而是我們每個人在作此思想實驗時都可以直接感知到的。故又稱之為可以感知的形式主體。因此，當某個自我在實施此思想實驗時，倘若其認為有惻隱之心的發動，那麼此惻隱之心不是來自於某個自我的人生經驗與具體人格，而是來自於某個自我所共享的形式化的主體。既然是來自形式化的主體，那就意味著形式主體是剝離了任何具體人生經驗和具體人格的，也就是說無論是誰，只要在乍的一剎那達到剝離人生經驗和具體人格，則必然達到此形式化的主體。故形式化主體的發動，並不僅僅對某個自我有效，而是對所有的自我有效，也就是對所有人有效。

乍所開啟的可以感知的形式主體，既是無具體經驗、無具體人格作用的形式；又是可供任何自我直接感知的。而且，這種感知到的發動又是必然的。這樣的形式主體似乎比較難以理解，但我們可以借用羅爾斯「無知之幕」來進行說明。「我們必須以某種方法排除使人們陷入爭論的各種偶然因素的影響，引導人們利用社會和自然環境以適於他們自己的利益。因而為達此目的，我假定各方是處在一種無知之幕的背後。他們不知道各種選擇對象將如何影響他們自己的特殊情況，他們不得不僅僅在一般考慮的基礎上對原則進行評價。因此，我們假定各方不知道某些特殊事實。首先，沒有人知道他在社會中的地位，他的階級出身，他也不知道他的天生資質和自然能力的程度，不知道他的理智和力量等情形。其次，也沒有人知道他的善的觀念，他的合理生活計劃的特殊性，甚至不知道他的心理特徵：像討厭冒險、樂觀或悲觀的氣質。再次，我假定各方不知道這一社會的經濟或政治狀況，或者它能達到的文明和文化水平。處在原初狀態中的人們也沒有任何有關他們屬於什麼世代的信息。」〔註6〕羅爾斯所用的無知之幕，正是屏蔽掉了時空中的人生經驗（包含了社會地位、階級出身、天生資質、自然能力、理智、力量、善的觀念〔註7〕、生活計劃、心理特徵、經濟政治狀況、文明文化水平、世代信息），只剩下形式化的主體，

〔註6〕羅爾斯：《正義論》，北京：中國社會科學出版社，1988年，第136頁。
〔註7〕此處的善的觀念，主要是指人們在社會習俗中所養成的善的觀念，當然也包含在社會習俗中所養成的惡的觀念。

從而得出的正義判斷才能超越具體時間空間而具有永恆性。

或許，我們還需面對一個更為棘手的疑問，即：如何證明乍見所顯現的惻隱之心是來自於先天道德本能，而不是來自後天經驗積累的潛意識。乍見能否徹底摒除潛意識的作用則需要再做考慮。對於這個問題，我們可以參看耶魯大學保羅・布盧姆教授的著作《善惡之源》。這本書記錄了多種針對嬰兒道德感的實驗，比如讓紅色圓球滾過某種小山，黃色方塊會推動圓球上山，綠色三角會阻礙圓球上山。實驗發現，一歲之內的嬰兒更為喜歡幫助者。[註8]在這些實驗的基礎上，保羅・布盧姆認為：「嬰兒對善意行為和惡意行為擁有普遍性的理解和偏好。他們能夠理解多種社會性互動的好壞。其中有些情景，大多數嬰兒很可能從未見過，但是嬰兒會根據自己對人類行為的理解作出選擇。然而到目前為止，我們還未能證明嬰兒對社會行為的理解能力可以算作道德。但是嬰兒的反應確實帶有某些道德判斷的關鍵要素：嬰兒的判斷與他們自身無涉，他們會對與自己完全無關的行為作出評判，而他們評判的對象正是我們成年人所謂的『善意行為』或『惡意行為』。」[註9]如果說成人在乍見狀態下，無法摒棄後天長期積累形成的具有自發功能的潛意識，那麼對於一歲以後的嬰兒來說，尚未有足夠的後天經驗促使其形成潛意識，故實驗中所獲得的嬰兒的行為，可以很好地佐證赤子之心本身具有先天的道德本性。故而，即使在乍見的狀態中混有後天經驗塑造的具有道德功能的潛意識，但仍舊不能泯滅該思想實驗中顯露出來的形式化主體的道德本性。

在「孺子入井」的思想實驗中，形式化主體必然發動惻隱之心，此惻隱之心則是可以經驗感知的。這種發動既是可感知的，又是有效於所有人的，故由此可感知的必然性可以推論出惻隱之心的發動具有形上的必然性。可感知的必然性是說，窮盡了所有的可能，所有的結果都是發動惻隱之心，沒有任何一個反例，故此完全窮盡的歸納可以得出一條普遍而恒常的原則。此原則就是人人皆具先天的善性。

四、可以感知的形式主體與心的自由

人人皆具有先天的善性，並不是對人進行道德評判的根本理由。如果人生

〔註8〕參看保羅・布盧姆：《善惡之源》，杭州：浙江人民出版社，2015年，第21～25頁。

〔註9〕保羅・布盧姆：《善惡之源》，杭州：浙江人民出版社，2015年，第25～26頁。

來性善，而不得不為善，就如同一個程序設定為捨己助人的機器人那樣，除了其設計者，機器人本身就沒有多少值得讚揚的。人要值得讚揚，是人可以為善，也可以為惡，但人在自我抉擇後選擇了善，並為之承擔後果。「自由不僅意味著個人擁有選擇的機會並承受選擇的重負，而且還意味著他必須承擔其行動的後果，接受對其行動的讚揚或譴責。自由與責任實不可分。」〔註10〕故人具有自由抉擇的心靈在道德評判中就非常重要了。

在孟子的思想中，心靈是自由的，其言：「耳目之官不思，而蔽於物，物交物，則引之而已矣。心之官則思，思則得之，不思則不得也。」〔註11〕又引孔子的話「『操則存，舍則亡；出入無時，莫知其鄉。』惟心之謂與？」〔註12〕心靈本身是出入無時，莫知其鄉，心念可以如此，也可以如彼，可以追逐某些耳目感官對象，也可以從某些耳目感官對象上超拔出來，故而無法通過概念知識去把握心念發動的必然規律。

心靈如果沉浸在對於耳目感官對象的追逐中，則會弊於物，越是弊於物，就越容易弊於物，這樣不斷追逐各類感官對象，心靈的發動就被外物所牽引，從而失去了自由，具有了人為的必然性。當然，孟子並不是說完全屏蔽感官對象就可以達到心靈自由。如果完全屏蔽感官對象，人無一物交接，完全生活在虛空之中，也是無法盡倫盡制的。人的心靈要思，即在感官對象中超拔出來，不被感官對象所左右，而恢復心靈的主宰地位，去左右感官對象。

在現實生活中，既有左右感官對象，保持心靈自由而能自作主宰的人，也有被感官對象所牽引，放棄自由，追物逐欲的人。然而孟子說「惻隱之心，人皆有之；羞惡之心，人皆有之；恭敬之心，人皆有之；是非之心，人皆有之。」〔註13〕也就是說，無論哪種人，都必然有四端之心。此任何人的四端之心的發現，就可以從乍的一剎那上顯現。在乍的一剎那中，生活經驗沒有來得及發生作用，故感官對象或者記憶中的感官對象還沒有來得及影響心靈，故心靈在此一剎那中保持著原本完全自由的狀態。這種心靈狀態，正如赤子之心一般純潔而自由，故孟子曰：「大人者，不失其赤子之心者也。」〔註14〕孟子需要修行

〔註10〕哈耶克：《哈耶克論自由文明與保障》，北京：北京商業出版社，2016年，第52頁。

〔註11〕《孟子·告子上》。

〔註12〕《孟子·告子上》。

〔註13〕《孟子·告子上》。

〔註14〕《孟子·離婁下》。

者通過工夫時時刻刻保持赤子之心的自由狀態，而在乍的一剎那中，無論是修行者還是不修行者，都能保持短暫的赤子之心的自由狀態。

在心靈保持自由狀態下，怵惕惻隱發動的必然性路徑可以做以下解讀。可感知的形式主體在乍的一剎那間的必然發動，此時的心靈是可經驗的短暫的無遮蔽的自由狀態。當心靈在此短暫的自由狀態中必然有可感知的形式主體的發動，鑒於不同的解讀模式可以開出兩種方式。

其一，經驗的然與超驗的所以然分解的解讀模式下的心性結構。如果從「可感知的形式主體的必然發動」的然來推論其所以然。這個所以然，就是先驗的善性。於是，心性結構就可以展現為：超驗的善性，在處理某事件的乍的作用中，無遮蔽地落實在自由的心靈狀態中，而顯現出怵惕惻隱的善念。

其二，經驗的然與超驗的所以然合一的解讀模式下的心性結構。如果從「可感知的形式主體的必然發動」的然本身來看其所以然，則此經驗與超驗就合一。經驗的必然，本身就是超驗與之內在的合一，而不需要外於經驗的超驗保障。由此，心性結構就可以展現為，心靈在處理某事件的乍的作用中，無遮蔽地顯現其自由狀態以及與自由狀態相一致的怵惕惻隱的善念。

如果我們從儒學思想史上看，上述兩種解讀模式在後世儒學心性論的發展中皆有突出的表現。前者分解的解讀模式如伊川、朱子的路徑，後者合一的解讀模式如象山、陽明的路徑。兩條路徑都承認心靈的自由，只是在心靈自由的前提下，前者更看重性理得以無遮蔽地展現出來；後者則主張心靈自由的一致性展現本身就是性理。兩者在乍見的解讀上，都可以承認「孺子入井」而人人皆有怵惕惻隱之心的主張。

五、惡的來源

當我們承認善性的普遍與心靈的自由之後，那麼隨之而來的問題是：既然人人都具有普遍的善性，人人都具有自由心靈，那麼惡從哪裏來？

惡沒有本性上的根源。在上述的闡發中，我們認為，通過任何一個具體的自我都可以感知到對所有人都有效的形式主體的惻隱之心的必然發動，從而可以得出人人具有善性。如此一來，人的永恆本性就是善性，自然就沒有惡的地位。於是，惡就沒有了本性上的根源。當然我們還可以進一步追問，屏蔽了經驗和人格的形式化主體在面對孺子入井的場景時，為何必然有怵惕惻隱之心？其實，這個問題不是理論辨析能夠解決的，而是實踐的問題。在理論上，

如果我們認為屏蔽了經驗和人格的形式化主體在面對孺子入井的場景時必然
發出將孺子踹入井中的念頭，則性惡論可以成立，那麼惡就具有了形上的根
源。如果我們認為屏蔽了經驗和人格的形式化主體在面對孺子入井的場景時
必然不起任何念頭，則性的無善無惡論可以成立。但是，如果我們從實踐上去
著眼，則會發現後面兩種理論上可以成立的可能更為荒誕不經，在現實中遠遠
不如第一種理論符合我們的實踐體會。

　　惡不是食色的生理本能和感官欲望。告子說「食色，性也」〔註15〕。孟子
反對告子，並不是看不到告子所說的氣性生命這一層，而是反對告子僅僅就氣
性生命來論性，而忽略了人性的超越層面。如孟子所說：「口之於味也，目之
於色也，耳之於聲也，鼻之於臭也，四肢之於安佚也，性也，有命焉，君子不
謂性也。仁之於父子也，義之於君臣也，禮之於賓主也，智之於賢者也，聖人
之於天道也，命也，有性焉，君子不謂命也。」〔註16〕孟子看到人的先天屬性
中，既有仁義禮智，又有口目耳鼻四肢的感官欲望，但孟子以仁義禮智為性，
而將口目耳鼻四肢的感官欲望看作是氣命。感官欲望雖然不如仁義禮智重要，
但感官欲望本身並不是惡。孟子教梁惠王：「五畝之宅，樹之以桑，五十者可
以衣帛矣；雞豚狗彘之畜，無失其時，七十者可以食肉矣；百畝之田，勿奪其
時，數口之家可以無饑矣；謹庠序之教，申之以孝悌之義，頒白者不負戴於道
路矣。七十者衣帛食肉，黎民不饑不寒，然而不王者，未之有也。」〔註17〕孟
子勸誡齊宣王，好貨好色，與民共之。發政施仁，首要任務不是道德教化，而
是滿足天下百姓的生理需要，讓大家都有食色。在物質資源充足之後，再進一
步進行道德教化。由此看來，孟子也不反對食色，正常的感官欲望需要得到滿
足，而且是發政施仁中必要的一環。因此，惡並非單純來源於感官欲望。

　　無論善或者惡，其作為本能是不值得讚揚與斥責的。因為本能先於人的選
擇，是人必然具有的屬性。但是，人的心靈自由不自由，則是心靈自我可以左
右的。故而為善還是為惡，並不是善惡自身的問題，而是心靈的問題。之所以
為善值得讚揚，在於為善的主體自己可以掌控心靈抉擇，故其必然承受為善的
後果；同理，之所以為惡需要斥責，在於為惡的主體自己可以掌控心靈抉擇，
故其必然承受為惡的後果。孟子說：「挾太山以超北海，語人曰『我不能』，是

〔註15〕《孟子・告子上》。
〔註16〕《孟子・盡心下》。
〔註17〕《孟子・梁惠王上》。

誠不能也。為長者折枝，語人曰『我不能』，是不為也，非不能也。故王之不王，非挾太山以超北海之類也；王之不王，是折枝之類也。」〔註18〕孟子認為，為善與否，是折枝之類的為與不為，是心靈自我可以掌控的。

鑒於為善為惡來自於心靈自我的抉擇，故而惡的來源在於心靈面對某些場景生起相應的感官欲望，並自我放棄心靈的自由狀態而沉浸於感官欲望之中。場景與感官欲望不是關鍵，自我放逐，自我沉浸才是關鍵。孟子說：「狗彘食人食而不知檢，塗有餓莩而不知發；人死，則曰：『非我也，歲也。』是何異於刺人而殺之，曰：『非我也，兵也。』王無罪歲，斯天下之民至焉。」〔註19〕又言：「富歲，子弟多賴；凶歲，子弟多暴，非天之降才爾殊也，其所以陷溺其心者然也。」〔註20〕面對困難的場景，心靈仍舊可以選擇善而拒絕惡。若將惡果推託給外在環境的富歲或凶歲，就不是真正的秉持心靈自由的抉擇，而是沉溺其心，放其心而不求。

依照後世兩類解讀模式，惡的來源也可以分出兩條路徑。其一，在分解的心性結構中，心靈偏離自身的自由狀態，而去追逐感官欲望，從而導致善性被遮蔽，無法如實地在渾濁的心靈中展現發動出來，故而在行為上產生了偏執。其二，在合一的心性結構中，心靈偏離自身的自由狀態，而去追逐感官欲望，從而導致渾濁的心靈無法自我生成善性的方向，故而在行為上產生了偏執。

〔註18〕《孟子·梁惠王上》。
〔註19〕《孟子·梁惠王上》。
〔註20〕《孟子·告子上》。

第三章 《孟子‧公孫丑上‧知言養氣章》中「不動心之道」義理發微

　　《孟子‧公孫丑上‧浩然之氣章》有孟子與其弟子公孫丑關於不動心的對話，其中涉及到較多的人物評論與義理辨析，故文本脈絡顯得較為複雜，義理內涵也頗顯曲折。〔註1〕本文針對《孟子‧公孫丑上‧浩然之氣章》作一整體性的脈絡梳理，借助文本而梳理孟賁、北宮黝、孟施舍、告子以及儒門人物的義理特徵，並對諸家之養勇、持志、養氣、知言、德行、說辭等問題作出義理辨析。

　　《浩然之氣章》由公孫丑問孟子不動心而引出，故以不動心為一根本線索而貫通整章。孟子反駁了兩類不動心，並豎立了其自身的不動心，故文本脈絡主要分為三個部分。第一部分由孟賁而引出的血氣之勇的不動心，主要討論了北宮黝與孟施舍的不動心，並配以曾子、子夏，以及孔子之言來斥其謬誤，由之而有養勇之說。第二部分討論了告子的不動心，並配以孟子來斥其謬誤，由

〔註1〕馮友蘭稱「孟子浩然之氣章，前人亦多不得其解」（馮友蘭：《中國哲學史》，北京：商務印書館，2011年，第592頁。）故其做《孟子浩然之氣章解》一文以疏導其義。此後，又有諸賢對此章作出新解，由此孟子不動心之道而顯發覆之機。如郭美華：《境界的整體性及其展開——孟子「不動心」的意蘊重析》；王興國：《《孟子‧「知言養氣」》章義解——兼論孟子與告子的不動心之道》；蔡祥元：《孟子「不動心」的根源——「集義生氣」之「生」義辨析》等。本文之新解，固有異於前賢今人之義，然自許前後一貫，而備一家之說。

之而有持志、養氣、知言之說。第三部分正面說明儒門之不動心，由養氣而通於德行，由知言而通於說辭，並以德行、說辭來定位儒門人物，最終盛讚孔子之兼備與完滿。

一、孟賁、北宮黝、孟施舍之勇及其不動心之謬誤

孟賁、北宮黝、孟施舍三人為血氣之勇的代表。孟賁在文本中僅僅由公孫丑提其名，欲借孟賁而贊孟子，但並未詳說，故具體講述的是北宮黝與孟施舍之勇。〔註2〕北宮黝之勇，如下所述：

> 北宮黝之養勇也，不膚撓，不目逃，思以一毫挫於人，若撻之於市朝。不受於褐寬博，亦不受於萬乘之君，視刺萬乘之君，若刺褐夫。無嚴諸侯，惡聲至，必反之。〔註3〕

北宮黝之勇顯於外，對於外在的威脅睚眥必報。北宮黝之軀體、眼睛在外在的威脅下不躲避，無論是君王、諸侯、還是平民，北宮黝都不畏懼，敢於與其鬥狠。北宮黝之勇是承著血氣之剛，對外在事物持有一概反抗的態度，可以總結為「一概的反外」。

孟施舍之勇，如下所述：

> 孟施舍之所養勇也，曰：「視不勝，猶勝也。量敵而後進，慮勝而後會，是畏三軍者也。舍豈能為必勝哉？能無懼而已矣。」〔註4〕

孟施舍之勇定於內，不考慮對手的強弱，不估量勝負的機率，一概由自身血氣之勇出發而搏擊之。孟施舍之勇是承著血氣之剛，對內在的暴戾之氣的持有滯固不變的態度，可以總結為「滯固的守內」。

北宮黝之血氣與孟施舍之血氣，同屬於氣，且其氣並沒有「配義與道」〔註5〕。無有道義的氣，則會餒。餒有敗爛之意，或腐而無質，或僵為乾屍。

〔註2〕孟賁之勇的大致表現與北宮黝、孟施舍無異，其特徵不出於北宮黝、孟施舍兩類。例如，孟賁「水行不避蛟龍，陸行不避兕虎」（焦循：《孟子正義》，北京：中華書局，1987年，第188頁。），蛟龍兕虎是外在的猛獸，孟賁之勇可顯於外，就類似北宮黝；孟賁「生乎勇，貴乎勇，富乎勇」（上揭書，第188頁。），生、貴、富是由內而外的擴充，孟賁之勇可定於內，又類似孟施舍。故僅需將北宮黝、孟施舍為代表，將血氣之勇的兩種類型作一徹底的分析，而不用單獨再論孟賁之勇。

〔註3〕《孟子・公孫丑上》。

〔註4〕《孟子・公孫丑上》。

〔註5〕《孟子・公孫丑上》。

氣餒如前者，則為氣之漂泊無定準，氣餒如後者，則為氣之滯固不靈動。告子之氣，則如前者；北宮黝、孟施舍之氣，則如後者。北宮黝與孟施舍雖則一反外、一滯內，但皆在僵化之氣的格局中——北宮黝是僵化地反外，孟施舍是僵化地滯內。

孟子評論這兩位血氣之勇者：「孟施舍似曾子，北宮黝似子夏。夫二子之勇，未知其孰賢，然而孟施舍守約也。」〔註6〕事實上，曾子、子夏與孟施舍、北宮黝不在一個層面上。朱熹評論道：「子夏篤信聖人，曾子反求諸己。故二子之與曾子、子夏，雖非等倫，然論其氣象，則各有相似。」〔註7〕所謂「子夏篤信聖人」，在於子夏博學切問，不斷地從外在的事物與聖人的教誨中汲取智慧。所謂「曾子反求諸己」，在於曾子一日三省，不斷地從內在的德性中煥發智慧。子夏、曾子所求之智慧，皆從性理上論，不在血氣上論，故與北宮黝與孟施舍非同倫。但是，若從向外與向內的方面來看，則子夏向外與北宮黝相似，曾子向內與孟施舍相似。從孟子的立場而言，由內而外的德性擴充才是最為妥切的，如孟子所言「言近而指遠者，善言也；守約而施博者，善道也。君子之言也，不下帶而道存焉。君子之守，修其身而天下平。人病舍其田而芸人之田，所求於人者眾，而所以自任者輕。」〔註8〕故從氣上來分辨，北宮黝與孟施舍皆有其謬誤，誰都好不到哪裏去；從向內向外來分辨，則孟施舍向內，較之於北宮黝向外，則近於聖人之道。但孟施舍之向內，與曾子之向內，又不在一個層面上，不可同日而語。

孟子借曾子轉述的孔子之言來說明儒家所認可的勇，即「自反而不縮，雖褐寬博，吾不惴焉；自反而縮，雖千萬人，吾往矣。」〔註9〕儒家之勇，不在於血氣，而在於德性。故須自反而辨其是非曲直，不在道義上的事，儒者絕對不會逞強去做，在道義上的事，儒者則會奮不顧身地去做。儒者之勇，雖也帶著氣，但卻是「配義與道」，故此氣是活潑潑的，不是腐爛、僵化的。

鑒於血氣之勇的僵化，可以來看北宮黝與孟施舍的不動心。北宮黝之不動心，是其氣心一概僵化地反外；孟施舍之不動心，是其氣心一概僵化地滯內。看似不動，實質上心已淪為死物。而子夏、曾子卻是活潑潑的心靈，故有德性

〔註6〕《孟子・公孫丑上》。
〔註7〕《孟子・公孫丑上》。
〔註8〕《孟子・盡心下》。
〔註9〕《孟子・公孫丑上》。

之是非善惡的判斷而有不同的處理方式，其向內與向外之法亦不拘泥，而成為適用於自我個性的制宜之門。

二、告子之思想及其不動心之理解

孟子論告子在此章中很少，僅有數言，如下：

告子曰：「不得於言，勿求於心；不得於心，勿求於氣。」「不得於心，勿求於氣」，可；「不得於言，勿求於心」，不可。〔註10〕

我故曰告子未嘗知義，以其外之也。〔註11〕

「義外」是孟子對於告子思想的總結，此結論來源於告子「不得於言，勿求於心；不得於心，勿求於氣」之說。故在根本上，仍需以理解「不得於言，勿求於心；不得於心，勿求於氣」為核心。

「不得於言，勿求於心；不得於心，勿求於氣」是告子原話；前者可，後者不可是孟子的評判。如果僅僅憑這幾句話，是很難理解告子之原意以及孟子評價之理據，故需要結合其他章節中關於告子的思想來定位「不得於言，勿求於心；不得於心，勿求於氣」的意思。主要分為以下三層論述：其一，告子的性論；其二，告子的仁義；其三，告子的言、心、氣。

1. 告子的性論

告子論性，主要有兩個關鍵命題，一者「生之謂性」〔註12〕，一者「食色性也」〔註13〕。在這裡，性可以簡單地理解為本質。「生之謂性」是完全平鋪實然的狀態，他經驗上是如何的，他的本質就是如何的，沒有一種必然性在後面支撐。借用告子的比喻，如柳，可彎可直，彎並不比直更接近於柳的本質，直也並不比彎更接近於柳的本質，因為彎或直都是柳的本質；如水，可東可西，東流並不比西流更接近於水的本質，西流也並不比東流更接近於水的本質，因為東流與西流都是水的本質。這樣來看，生物如何去存在都無所謂的，但事實上生物不得不受到其肉身的限制，個體生命的存在就離不開食，沒有食會餓死；種族生命的存在就離不開色，沒有色會絕後。於是在「生之謂性」的大前提下再加上肉身的限制，則為「食色性也」。這是對所有生物的肉身存在的限

〔註10〕 《孟子‧公孫丑上》。
〔註11〕 《孟子‧公孫丑上》。
〔註12〕 《孟子‧告子上》。
〔註13〕 《孟子‧告子上》。

制，故是人與禽獸所共通的地方。告子之性論，即到此為止。但孟子可以在承認告子的「生」、「食色」的意義上，更進一層講善性。這是人所獨有，而禽獸所無者，並認為善性才是人之為人的真正的本質。在孟子的立場上看，告子只是承認了氣化的生命，而沒有看到德性的生命。

2. 告子的仁與義

由孟子告子的人性之異，進而可論義內義外之辨。告子認為仁內義外，而孟子認為仁內義內。粗看起來，告子與孟子在仁內上沒有分歧，而在義外上產生不同的看法，文本中花了很多筆墨討論了義內義外的問題。事實上，如果從人性論的差異上看孟子與告子，他們在仁內上必然不可能一致，他們都說仁內只是表面上的一致，實質上背後的義理還是不同的。

首先從義之內外的差別上看。義者，宜也。宜有應當的意思，就是說我認為某事某物應當如何處理。一旦談到應當，就有兩個點，一個點是我，一個點是某事某物，義連接著這兩個點。從孟子的立場上看，孟子認為人有四端之心，有善性。我認為應當如何處理，固然要考慮到某事某物的自身特徵，但更為根本的決定權在於我心的判斷，而某事某物的價值與意義也都依於我心的判斷。義雖然連著兩頭，但核心的還是我心，我心為主宰，故為義內。從告子立場上看，我沒有善性，我認為的應當與否完全在於外在的影響，如水之東流西流完全在於堤岸決在東還是決在西。故我心沒有主宰，完全是對於外在的客觀反映，外在的某事某物就佔據主要地位，故為義外。

那麼，告子並不承認人心有主宰，為什麼還會說「仁內」呢？告子的仁與孟子的仁，不在同一個意思上說。仁作為愛來理解，可以是仁的通義。孟子的仁，是自我的主宰，超越的善性通過四端之心的整全表達。告子的仁，僅僅是食色意義上的動物性的愛。如徐復觀云：「他（告子）所說的仁，也只是人的情識之愛，沒有道德的意義。情識之愛，乃與自己的欲望夾雜在一起」〔註14〕在告子的系統裏，底色就是無定的氣，除了食色層面的內容還內在於生命中而有其必然，其他一切都沒有定然性，故告子之仁只能是內在於生命中的肉身限制的動物性的愛，如愛美食，愛美色等一類的本能欲望。

3. 告子的言、心、氣

鑒於上述告子義理系統的釐定，「不得於言，勿求於心；不得於心，勿求

〔註14〕徐復觀：《中國人性論史》，上海：華東師範大學出版社，2005 年，第 115 頁。

於氣」就有了發覆的可能。這裡需要處理言、心、氣三者的關係，以及三者之間的相關處理如何體現出告子之不動心。

在告子的系統中，言屬於外在，心屬於內在。心可以繼續分為有限制的食色之愛和完全平鋪的實然之氣。氣較之於心而言，更為根本。粗略地講，可說「不動心」；細緻地講，實乃「不動心之氣」。

「不得於言，勿求於心」是指，如果外在的言辭不順當，不要讓這種不順當的言辭動搖了心。告子通過把不順當的言辭擋在心外，從而保持心本身的不動。「不得於心，勿求於氣」是指，如果內在生命欲望不順當，不要讓這種不順當的生命欲望動搖了更為根本的心之氣。告子通過把不順當的欲望擋在心之氣外，從而保持心之氣本身的不動。告子不動心的思路，如壁虎斷尾，層層隔絕外在的擾亂而守持內在的不動。

三、孟子不動心之義理解析

孟子對於言、心、氣的結構與關係的理解，與告子的系統有很大的不同。姑且可以說，言屬於外在，心屬於內在，是孟子與告子的共識；但對於心的分析，孟子則與告子不同。告子之心，可以分為心之欲（食色之愛）與心之氣，其中以心之氣更為根本。而孟子之心，可以分為心之志與心之氣，其中以心之志更為根本。孟子論述志與氣的關係如下：

> 夫志，氣之帥也；氣，體之充也。夫志至焉，氣次焉，故曰「持其志，無暴其氣。」……志壹則動氣，氣壹則動志也。今夫蹶者趨者，是氣也，而反動其心。〔註15〕

志為「心之所之」。如果志後面跟具體的內容，則表明心中想做某些具體的事，如果志後面沒有跟具體的內容，則表明心之本然的趨向性。在孟子的思想中，心之本然的趨向性就是善性的表達，具有根本性的主宰。因此，志在這段文本裏，就是性善而見之於四端的意思。氣在孟子的解讀中可類同於告子，但又將生物生存的食色的限定也包含在氣中，這樣氣自身也有了一種生物本能的趨向，只是這種本能的趨向與德性的趨向相比，本能的趨向應該與德性的趨向一致。如孟子所喻，志如統帥，在於人心；氣如士卒，在於人身。將帥領先，士卒隨後，具有共同的前進方向。既要保持志的統帥，又要保證氣的充沛。志專一而帶動氣，是一種良性的狀態；氣專一而帶動志，則是一種惡性的狀態，

〔註15〕《孟子・公孫丑上》。

必然要摔倒或疾奔，最後欲望反而主宰了德性。

在這樣的理論基礎上，孟子可以論述其所擅長的養氣與知言的工夫論。養氣是協調志與氣的關係，知言是協調心與言的關係。孟子養氣論如下所述：

> 難言也。其為氣也，至大至剛，以直養而無害，則塞於天地之間。其為氣也，配義與道，無是，餒也。是集義所生者，非義襲而取之也。行有不慊於心，則餒矣。我故曰告子未嘗知義，以其外之也。必有事焉而勿正，心勿忘，勿助長也。無若宋人然：宋人有閔其苗之不長而揠之者，芒芒然歸，謂其人曰：「今日病矣，予助苗長矣。」其子趨而往視之，苗則槁矣。天下之不助苗長者寡矣。以為無益而舍之者，不耘苗者也；助之長者，揠苗者也，非徒無益，而又害之。〔註16〕

「仁，人心也；義，人路也。」〔註17〕義是仁針對某事某物發動之應然，若沒有具體的某事某物，則為一種由仁心發動的普遍的道德應然。道是整體地講，如孟子言：「仁也者，人也，合而言之，道也。」〔註18〕仁作為核心，經由具體人與物實踐出來，可謂道。故孟子所言浩然之氣，就是配義與道的氣。有方向與踐行，帶動整個肉身而向理想的德性目標奮發，這也就是「志至焉，氣次焉」之義。孟子又認為，這種德性的顯現需要自然而然地顯現（所謂集義），而不能為了求顯現而落於刻意與造作（所謂義襲）。一方面，不能遺忘而拋棄德性；另一方面，也不能助長拔高德性，如揠苗助長那樣，反而起到負面效果。養氣的工夫，即是在心上自然而然地以志帥氣，使心具有一種德性的發動，從而帶動人的整體積極運作起來。

孟子知言論如下所述：

> 詖辭知其所蔽，淫辭知其所陷，邪辭知其所離，遁辭知其所窮，生於其心，害於其政，害於其事。〔註19〕

「詖辭、淫辭、邪辭、遁辭」即為「不得於言」。如果對方志不能帥氣而有氣餒之心，那麼對方與氣餒之心相應而發的言即為詖辭、淫辭、邪辭、遁辭。而我以志帥氣而有集義之心，則能知是非善惡。我心針對詖辭、淫辭、邪辭、

〔註16〕《孟子‧公孫丑上》。

〔註17〕《孟子‧告子上》。

〔註18〕《孟子‧盡心下》。

〔註19〕《孟子‧公孫丑上》。

遁辭而知其蔽、陷、離、窮之謬誤，並由此不得之言，更能推知對方之心為氣餒的狀態。此氣餒之心，發出不得之言，並進一步實踐出來，而害於其政，害於其事。而集義之心，則能更正詖辭、淫辭、邪辭、遁辭之蔽、陷、離、窮，繼而實踐出來，可以有利於政，有利於事。這正如「一言以興邦，一言以喪邦」，言之是非，往外言則關乎邦之興喪，往內言則繫於心之是非。

孟子的不動心通過養氣與知言兩個步驟。養氣以志帥氣確立了心，知言以心生言確立了言。其整個義理系統，是由內而外的一貫性的整體，先確立志，再而確立心，繼而確立言，由言而有正確的實踐與良好的效果。

比較孟子與告子兩人的不動心：告子是將不得之言拒於心外，而不動心；將不得之「心之欲」拒於「心之氣」外，而不動「心之氣」。孟子先立其大來確立「心之志」，則「心之志」可動「心之氣」，而「心之氣」不能動「心之志」；確立不餒之心，則心能動言，言不能動心。孟子在根本上有個主宰，主宰一旦確立，外在的擾亂不能動主宰，主宰可以動外在的擾亂；告子在根本上沒有主宰，只有通過斷絕內外關係，從而阻隔外在的擾亂來保持內在的不動。孟子的不動心是外擴的整體一貫，告子的不動心是內收的抱殘守缺。

兩者的不同可以用下圖來表示：

（1）孟子的不動心：志以帥氣，心以知言

（志 ⟶ 氣）心 ⟶ 言

（2）告子的不動心：隔言保心，隔欲保氣

（氣 ─✕─ 欲）心 ─✕─ 言

既然孟子與告子不動心之道有如此的不同，那麼何以孟子評價告子之言，認同其一半，而否定其一半？孟子評價告子之言，如下所示：

> 不得於心，勿求於氣，可；不得於言，勿求於心，不可。〔註20〕

孟子評價告子之言，並非從告子義理出發來理解其說辭，而是從孟子自我的義理出發來理解其說辭。在孟子系統中，從前半部分說，心分為志與氣兩部分，志是根本。所以一旦不得於心，需要求之於志，而不能求之於氣，而告子說「勿求於氣」碰巧與孟子推斷一致，故孟子許其可。從後半部分說，言為心聲，言生於心，故一旦不得於言，則必須求之於心，而告子卻說「勿求於心」與孟子推斷相悖，故孟子斥其不可。孟子的可與不可，僅僅就表面結論的合與

〔註20〕《孟子‧公孫丑上》。

不合而立論，實際上，告子所言之義理與孟子之義理全然不同，若真從義理上講，則孟子皆需斥其不可。

若從孟子之思想系統再深入一層看，實質上孟子既可以說不動心，也可以說動心。借用「志壹則動氣，氣壹則動志」〔註21〕之說，志動氣則可以說是動心，這類動心是自覺了德性，要正面肯定，如見孺子入井，皆有惻隱之心之類；氣動志也可以說是動心，這類動心是蒙蔽了德性，要負面否定。孟子說「我四十不動心」〔註22〕，類似孔子說「四十不惑」，不被外物心氣所動，亦即不被外物心氣所惑，如對「加齊之卿相」不動心，以及「富貴不能淫，貧賤不能移，威武不能屈」之類。

四、儒門人物的德行與說辭

此章繼評論北宮黝、孟施舍、告子不動心之後，隨即轉向儒門人物的論述。此下又可以分為兩部分，第一部分是從德行與說辭來比較孔子與孔門弟子，第二部分是從出仕之道來比較孔子與伯夷、伊尹。

1. 德行與說辭：孔子與孔門弟子的比較

在此段文本的論述中，表面上沒有再從不動心立言，而是從德行與說辭上來分說。德行是得於心而見於行事，說辭是言語。聯繫上文孟子之養氣與知言，那麼很顯然，德行承續著養氣，側重於內在的立德上說；說辭承續著知言，側重於外在的表現上說。故其文意仍舊從不動心帶出。

孟子認為孔子德行與說辭兩者兼有。孔子有兩句自謙的話，其一為「我於辭命，則不能也」〔註23〕；其二為「聖則吾不能，我學不厭而教不倦也」〔註24〕。對於孔子不能辭命之謙，若從孟子文本的義理系統來理解，德行如養氣，為根本之道，而辭命如知言，為枝末之跡。孔子說自己不能辭命，並非真不能辭命，而是要突出德行的根本地位。對於孔子不能作聖之謙，孟子借用子貢之言曰「學不厭，智也；教不倦，仁也。仁且智，夫子既聖矣。」〔註25〕學不厭是不停地學於道，體悟領會心中善性，故為智，此為德行，需要養氣的工夫；教不倦是不停地駁其謬誤、導以善言，關愛他人而引入正途，

〔註21〕《孟子‧公孫丑上》。
〔註22〕《孟子‧公孫丑上》。
〔註23〕《孟子‧公孫丑上》。
〔註24〕《孟子‧公孫丑上》。
〔註25〕《孟子‧公孫丑上》。

故為仁，此為辭命，需要知言的工夫。孔子既有內在的德行（養氣），又有外顯的辭命（知言），故能不動心而為聖人。

在孟子思想中，儒家以心中德性為本，顯於言行為末，本末一貫是最為完滿的。但在本末之間，本的地位更甚於末。德行側重於德性，是從本上說，而說辭為末，但末並非僅為說辭，還有其他的表現亦可列入末的範圍。若平鋪著看，德行與說辭是並列的關係；若立體地看，德行與說辭則是本末的關係。在孔門弟子中，「宰我、子貢，善為說辭；冉牛、閔子、顏淵，善言德行」〔註26〕，這是平鋪著說，兩類人物各有所長。「子夏、子游、子張，皆有聖人之一體；冉牛、閔子、顏淵，則具體而微」〔註27〕，這是立體地說。具體而微是指，大本的德性已立，涵具著一切發用的可能，故稱「具體」，但在諸般發用的末的表現上還不夠完善，故稱「微」。一體是指，大本的德性未必徹底領悟，但在某些末的表現上與孔子的表現一致。因此，冉牛、閔子、顏淵三人既可以說善言德行，也可以說具體而微，此兩者可相通。子夏、子游、子張是在某些末上有擅長的表現（具體哪方面的末則未詳說），宰我、子貢則具體說明是在說辭這一種末上有擅長的表現。

2. 出仕之道：孔子與伯夷、伊尹的比較

在比較了孔子與孔門弟子之後，文本又比較了孔子與伯夷、伊尹的異同。孟子說：

> 不同道，非其君不事，非其民不使，治則進，亂則退，伯夷也。何事非君，何使非民，治亦進，亂亦進，伊尹也。可以仕則仕，可以止則止，可以久則久，可以速則速，孔子也。〔註28〕

伯夷、伊尹、孔子都是儒家傳統中的聖人，在德性上皆能無虧。從三人不同的出仕之道可以看出三人不同的性格，性格的不同則屬於氣命之異。伯夷的出仕之道，與作為出仕對象的君民具有密切的關係；伊尹的出仕之道，完全出自於自身的濟世理想，與作為出仕對象的君民沒有多大關係。孔子則沒有固化的狀態，在濟世理想的發用下，需要因時因地制宜，達到君子時中的境地。因此，孟子說他自己願意學孔子。

如果結合前面北宮黝、孟施舍、告子三人的氣論來看，伯夷、伊尹、孔子

〔註26〕《孟子・公孫丑上》。
〔註27〕《孟子・公孫丑上》。
〔註28〕《孟子・公孫丑上》。

僅就氣命之形而下之狀態言，則與之頗有可比較之處。伯夷的氣命對外嚴辨是非，與北宮黝類似；伊尹的氣命堅守內在濟世理想而不論外在情形之是非，與孟施舍類似；孔子的氣命因地因事制宜，無可無不可，與告子類似。需要特別指出的是，這只是氣命之形而下之狀態之比較，實質上伯夷、伊尹、孔子之氣命皆配道與義，故為浩然之氣；而北宮黝、孟施舍、告子之氣，皆無道與義，故為氣餒之氣。

單從氣命上看，伯夷、伊尹仍有僵化之嫌，唯獨孔子是活潑潑的氣象。孟子稱此三人之同，「得百里之地而君之，皆能以朝諸侯有天下。行一不義，殺一不辜，而得天下，皆不為也」〔註29〕三人皆有極佳的治國理政才能，並且這種才能都以德性作為支持。換句話說，即是三人皆具內聖外王之道。孟子又借助宰我、子貢、有若之言來分辨三人之異，並高度讚揚了孔子，其文如下：

宰我曰：「以予觀於夫子，賢於堯舜遠矣。」子貢曰：「見其禮而知其政，聞其樂而知其德，由百世之後，等百世之王，莫之能違也。自生民以來，未有夫子也。」有若曰：「豈惟民哉，麒麟之於走獸，鳳凰之於飛鳥，泰山之於丘垤，河海之於行潦，類也。聖人之於民，亦類也。出於其類，拔乎其萃。自生民以來，未有盛於孔子也。」〔註30〕

宰我、子貢、有若之言雖然沒有涉及伯夷、伊尹，但涉及了堯舜。既然孔子賢於堯舜遠矣，自生民以來，未有夫子，那麼大致可以得出孔子賢於伯夷、伊尹的結論。如果從義理上猜測，孔子、伯夷、伊尹與平民屬於同類，皆有氣命，皆有善性。平民雖有善性而不自覺，又拘泥於僵化的氣命中。伯夷、伊尹有善性而能自覺，並通過氣命發用出來，但在氣命上尚有固化的拘泥之態。孔子能夠出類拔萃，善性而能自覺，並通過氣命發用出來，氣命也不僵化，可以適宜地表現出善性的力量。

五、不動心相關問題的人物比照

《浩然之氣章》以不動心為線索，討論了諸多人物的不動心或者與不動心相關的問題。若將文本中出現的人物做一歸類，依其義理系統，略作補充類推，則可以從養氣、知言、不動心三個方面將北宮黝、孟施舍、告子、伯夷、伊尹、孔子、子夏、曾子、孟子做一類型的分梳。為便於比照，故以圖表示之。

〔註29〕《孟子・公孫丑上》。
〔註30〕《孟子・公孫丑上》。

1. 養氣比照圖

養 氣			
人　物	特徵（無志有氣）	人　物	特徵（有志有氣）
北宮黝	無志之氣，固守僵氣而禦外	伯夷、子夏	以志帥氣，偏於辨外
孟施舍	無志之氣，固守僵氣而守內	伊尹、曾子	以志帥氣，偏於顯內
告子	無志之氣，漂泊無定	孔子、孟子	以志帥氣，權變制宜

2. 知言比照圖

知 言			
人　物	特徵（不知言）	人　物	特徵（知言）
北宮黝	一味地以人為非	伯夷、子夏	知其是非，是與其言，非不與其言
孟施舍	一味地以己為是	伊尹、曾子	知其是非，無論是非，皆與其言
告子	無論人之是非，無論己之是非	孔子、孟子	知其是非，因材施教

3. 不動心比照圖

不動心			
人　物	特徵（僵化而無質的不動）	人物（知言）	特徵（內具主宰的不動與動）
北宮黝	心之氣一概反外而一味地不動	伯夷、子夏	心之志帥氣而不為外物心氣所動；心之志主宰而動，偏於辨外
孟施舍	心之氣一概守內而一味地不動	伊尹、曾子	心之志帥氣而不為外物心氣所動；心之志主宰而動，偏於顯內
告子	心之氣隔斷與動的關聯而一味地不動	孔子、孟子	心之志帥氣而不為外物心氣所動；心之志主宰而動，權變制宜

養氣、知言是工夫，不動心是工夫踐履後的效果。其中，關鍵之處即在養氣，養氣之根本則在立志，自覺本有的德性。通過上圖的比照，可以看出，北宮黝、孟施舍、告子雖則差異甚大，但其共通的謬誤在於只知氣命而不覺德性；伯夷、子夏、伊尹、曾子、孔子、孟子等儒門人物雖然也有不同，然其共通之處在於自覺德性而發用之。其實，從氣命上看，北宮黝與伯夷、子夏有相似處，

孟施舍與伊尹、曾子有相似處，告子與孔子、孟子有相似處。如果北宮黝、孟施舍、告子能夠自覺其德性而發用之，自可轉變氣質而入聖賢之門，而儒門人物亦須警惕，若迷失德性，亦可犯下北宮黝、孟施舍、告子的謬誤。可知聖凡之別，僅在一心之轉，能不慎哉！

第四章　正當與證成：孟子政治思想二重維度發微

　　孟子的政治思想為儒家政治思想的重要源頭之一。以往關於孟子政治思想的研究，都是在「王何必曰利」的民本思想上進行拓展，即使有以民主思想稱之者，也與民本論者難以劃清界限。筆者從政治哲學正當性與證成性的二重維度出發，可以對孟子的政治思想獲得更為深入的認識。一方面，從正當性上可以更為細緻地考察孟子的政治思想是否符合民主論，另一方面，也可以為孟子政治思想的民主民本之爭之所以長期存在尋找出哲學理據，為認識孟子政治思想提供一種新的方案。

一、正當性與證成性

　　正當性與證成性是政治哲學兩個重要維度，如漢娜・阿倫特所說：「正當性受到挑戰時，便訴求於過去以作為自身的基礎；而證成則和未來的某個目標相聯接。」〔註1〕正當性是指向統治的源頭，而證成性則是指向統治的功效。周濂先生作出了更為清晰的描述：「正當性是從『發生的進路』追問國家的譜系、來源或者國家由以產生的程序性條件；而證成性則是從『目的的進路』評價國家的功能和效用——這是道德評價國家（或者政治權力）的兩種不同方式。」〔註2〕

　　哈貝馬斯梳理了西方歷史上的三種正當性理論。其一、起源神話。其二、

〔註1〕漢娜・阿倫特：《共和危機》，臺北：時報文化出版社，1996年，第105頁。
〔註2〕周濂：《現代政治的正當性基礎》，北京：三聯書店，2008年，第32～33頁。

宇宙論為基礎的倫理學、高級宗教、哲學。其三、理性的純形式。此三種正當性理論具有歷時性關係，前一種理論在向後一種理論過渡後，其正當性就會貶值，而被後一種理論取代。〔註3〕無論是起源神話還是宇宙論為基礎的倫理學、高級宗教、哲學，其共同的特點是自上而下地建立正當性基礎，從外於被統治者的神學和形上學的角度來論述統治的正當性。而理性的純形式，則是自下而上地建立正當性基礎，從被統治者自願認可的角度來論述統治的正當性。在現代社會，起源神話與形而上學已經在去魅的光芒下失去了終極的理據，作為程序的形式條件自身就成為正當化的力量。因此，真正可以稱之為正當性理論的，唯有第三種理性的純形式，即自願原則。相較於正當性，證成性就比較容易理解。證成性是考察統治的功效、目的。如統治者滿足人民的需要，營造豐富的精神物質生活、健全社會保障機制等。

在理論上，具有正當性，不一定具有證成性；具有證成性，也不一定具有正當性。比如，一個民主國家，可以是民眾極端貧困的；而一個集權國家，可以是民眾極端富足的。政權的正當性並不基於民眾的富足，而是基於民眾的自願認可；政權的證成性並不基於民眾的自願認可，而是基於民眾的富足。因此，正當性更具抽象形式化的意義，不需要具體質料的佐助，而證成性則幾乎離不開具體質料的介入。當然，只具正當性而不具證成性，或者只具證成性而不具正當性都不是完善的政治狀態。從德福一致的角度上，正當性與證成性兩者兼具才是完善的政治狀態。

二、民視民聽：孟子政治思想的正當性維度

孟子政治思想的正當性維度體現在民眾對於統治的自願認可原則上，因此，正當性與「王何必曰利」等富民利國的規勸無關，其在《孟子》的文本中，主要是民受之與否的問題。

孟子在與萬章關於政治權力來源的討論中，顯現了孟子對於政治正當性的看法，原文如下：

> 萬章曰：「堯以天下與舜，有諸？」孟子曰：「否。天子不能以
> 天下與人。」「然則舜有天下也，孰與之？」曰：「天與之。」「天

〔註3〕 Jürgen Habermas, "Legitimation Problem in the Modern State", Communication and Evolution of Society, Translated by Thomas McCarthy(Beacon Press, 1979), pp.183~184. 轉引自周濂：《現代政治的正當性基礎》，北京：三聯書店，2008年，第 183～184 頁。

與之者，諄諄然命之乎？」曰：「否。天不言，以行與事示之而已
矣。」曰：「以行與事示之者，如之何？」曰：「天子能薦人於天，
不能使天與之天下；諸侯能薦人於天子，不能使天子與之諸侯；大
夫能薦人於諸侯，不能使諸侯與之大夫。昔者堯薦舜於天而天受之，
暴之於民而民受之。故曰：『天不言，以行與事示之而已矣。』」曰：
「敢問『薦之於天而天受之；暴之於民而民受之』，如何？」曰：
「使之主祭而百神享之，是天受之；使之主事而事治，百姓安之，
是民受之也。天與之，人與之，故曰：『天子不能以天下與人。』
舜相堯二十有八載，非人之所能為也，天也。堯崩，三年之喪畢，
舜避堯之子於南河之南。天下諸侯朝覲者，不之堯之子而之舜；訟
獄者，不之堯之子而之舜；謳歌者，不謳歌堯之子而謳歌舜，故曰
『天也』。夫然後之中國，踐天子位焉。而居堯之宮，逼堯之子，
是篡也，非天與也。《太誓》曰：『天視自我民視，天聽自我民聽』。
此之謂也」[註4]

　　這段文本的核心在於探討統治天下的權力來源和政治基礎，或者說，憑什
麼能夠統治天下？在此文本中，呈現出兩種回答，一種是前任統治者與之（如
堯以天下與舜），一種是天與之。但孟子認為，即使前任統治者具有政權的正
當性，但他只具有推薦作用，而不具備賦予政權正當性的作用。這種觀點，已
經破除了「父傳子、家天下」血脈論證政權正當性的俗規。於是，孟子勢必對
於夏禹之後，兄終弟及、父終子及的歷史事實加以全新的解釋。

　　「天與之」是走出血脈論證政權正當性的一條路徑。從表面上，血脈論證
政權正當性的源頭，也是一種「天與之」的神跡，如「姜嫄履大人跡」、「天命
玄鳥，降而生商」等。這種「天與之」的神跡是人所無法理解的超越的力量所
使，完全是自上而下的賦予人間的政權的正當性，統治者之所以被選中只是因
為他與神具有親緣性，而被統治者在自己的統治命運上不具有參與協商的權
力。神話的「天與之」結合「祖與之」，成為家天下的依據。然而，孟子的「天
與之」則與神話版的不同。在孟子的思想中，「天與之」脫離了「諄諄然命之」
的神話色彩，而顯示出了理性的光芒。「天與之」包含「天受之」與「民受之」
兩個部分。

　　「主祭而百神享之」為「天受之」。這在一定程度上，仍舊保留了神話色

<hr />

[註4]　《孟子・萬章上》。

彩，但又有不同。舊式的「天與之」是神秘的，不在公共領域的，民眾所無法
參與的，是天的主動的「命」，而孟子式的「天受之」則是公共的，民眾可以
監督的。「神享之」並不是神的人格化顯現，而是符合主祭的一套程序禮儀的
客觀後果。這意味著，候選者需要熟悉當時社會的禮儀制度，不能出現差錯。
（祭祀是禮儀制度中最為重要的，這是當時時代的使然。）

「主事而事治，百姓安之」為「民受之」。這初步看上去，並不是正當性
的說法，反而是證成性的說法。因為，「事治之、民安之」在先，「民受之」在
後，「治」與「安」是證成性，「受」是正當性。證成性不能成為正當性的前提
和基礎，不然正當性就失去其獨立性，成為證成性的附庸。然而，在下文中，
孟子又說民（朝覲者、訟獄者、謳歌者）「不之堯之子而之舜」，這是民自願選
擇了自己的統治者，是先「受」而後「安」與「治」，表明了正當性的獨立意
義。

「天受之」與「民受之」並不是對立的，以「天視自我民視，天聽自我民
聽」來化解兩者的距離，天意的神秘性已經消失，而轉化為普遍的道德意義落
實於民意之中。「主祭」的「天受之」不屬正當性，而是供民意判斷候選者是
否具有執政能力的一個因素。故民意即是天意，「民受之」即「天受之」，「民
與之」即「天與之」。

在《孟子》文本的其餘部分中，論述了民對於統治者受之與否的不同表現。
民有權選擇自己認可的統治者，如「有不嗜殺人者，則天下之民皆引領而望之
矣。誠如是也，民歸之，由水之就下，沛然誰能禦之？」〔註5〕民有權可以離
棄不認可的統治者，如：「無罪而殺士，則大夫可以去；無罪而戮民，則士可
以徙。」〔註6〕甚至有權罷黜推翻不認可的統治者，如：「賊仁者謂之賊，賊義
者謂之殘，殘賊之人謂之一夫。聞誅一夫紂矣，未聞弒君也。」〔註7〕

民可以選擇誰或不選擇誰作統治者，統治者也可以選擇不作統治者。如
《孟子》中如下一段文字：

桃應問曰：「舜為天子，臬陶為士，瞽瞍殺人，則如之何？」孟
子曰：「執之而已矣。」「然則舜不禁與？」曰：「夫舜惡得而禁之？
夫有所受之也。」「然則舜如之何？」曰：「舜視棄天下猶棄敝屣也。

〔註5〕《孟子‧梁惠王上》。
〔註6〕《孟子‧離婁下》。
〔註7〕《孟子‧梁惠王下》。

竊負而逃，遵海濱而處，終身訢然，樂而忘天下。」〔註8〕

事例固然是假設，但卻反映了真實的義理。孟子認為，當統治者的個人親情與公共職責產生矛盾時，可以為了個人的親情而放棄公共領導職位（棄天下），以及與公共領導職位相應的回報和職責。當舜棄天下後，作為外於共同體的無身份者可以將父親棄負而逃，亦即退出政治共同體（海濱而處），舜脫離了政治共同體，既不負有政治共同體的責任，也不享受政治共同體的利益。〔註9〕這個事例反面說明了，統治者也需要具備自願認可原則。

作為統治者的君與作為被統治者的民並不具有根本的等級差別。孟子說：「堯、舜與人同耳。」〔註10〕堯、舜與他人一樣，都是氣命的限定者，在此限定者中隱含著必然的良知良能的不忍人之心。人之所以異於禽獸的地方，就在此超越的、良知良能的不忍人之心。也正由於此不忍人之心，人人可以說天賦的平等，從而需要互相將對方當作和自己一樣的人來尊重，而不是將對方當作達成自己目的的工具來利用。民不是君的工具，君也不是民的工具，「君之視臣如手足，則臣視君如腹心；君之視臣如犬馬，則臣視君如國人；君之視臣如土芥，則臣視群如寇讎。」〔註11〕君民雙方具有平等的基礎，雙方的關係也是相互而動態的。如此，民對於君可以進行選擇，可以由民而君；君亦可以從君位退下，可以由君而民。

儘管孟子的政治思想已經含有了自願認可的正當性的維度，但仍有較大的不足，比如：由民而君需要前任統治者的推薦，由君而民又以棄負而逃的方式。這就缺乏一個由民而君、由君而民的客觀操作程序。而中國歷史上在君位這個層面上也沒有很好的解決辦法，公意沒有合規的運行渠道，只得依靠武力打天下來支撐，不能不說是一件極可歎之事。

三、發政施仁：孟子政治思想的證成性維度

孟子政治思想的證成性維度則多為前人所論及，其指向是目的性的，即通

〔註8〕《孟子·盡心上》。

〔註9〕從現代法制的角度上看，舜脫離政治共同體，但脫離本身需要一合乎規則的程序。而且，作為犯法的瞽叟，平日裏享受了政治共同體的利益，也應該負有遵守法制的責任以及違法被執的責任，不可以用脫離政治共同體的方式來逃避。但是，孟子此處並不討論瞽叟，而僅僅指向舜的操守。這可以說明政治共同體的契約原則為奠基在自然之情上的後發性原則。

〔註10〕《孟子·離婁下》。

〔註11〕《孟子·離婁下》。

過統治可以獲得什麼樣的結果。在此層面上，可以講孟子的政治思想是德政思想或者民本思想。孟子曰：

老吾老，以及人之老；幼吾幼，以及人之幼；天下可運於掌。《詩》云：「刑于寡妻，至于兄弟，以御于家邦。」言舉斯心加諸彼而已。故推恩足以保四海，不推恩無以保妻子。古之人所以大過人者，無他焉，善推其所為而已矣。……今王發政施仁，使天下仕者皆欲立於王之朝，耕者皆欲耕於王之野，商賈皆欲藏於王之市，行旅皆欲出於王之塗，天下之欲疾其君者皆欲赴愬於王。〔註12〕

一個普通人可以對自己的親人有惻隱之心，而一個心量更為廣大的人可以對他人也有惻隱之心。由此，此人具有廣濟天下之志，則具備了自願認可當統治者的條件。但此自願只是成為統治者的一個因素。（真正地成為統治者必須獲得被統治者的自願認可）孟子認為，候選者被「民受之」後，統治者應該以不忍人之心行不忍人之政，即看到民眾物質精神生活欠佳而心中難忍，故而要改善民眾物質精神生活才能從不忍達至所忍。統治者施行這樣的仁政，那麼就會獲得更多的民眾的認可，參與政治共同體的民眾越來越多，共同體中的物質精神生活越來越富足。

統治者施行仁政，不能專注於自己的利益，而是為天下謀取全面的發展。孟子說：

五畝之宅，樹之以桑，五十者可以衣帛矣；雞豚狗彘之畜，無失其時，七十者可以食肉也；百畝之田，勿奪其時，數口之家，可以無饑矣；謹庠序之教，申之以孝悌之義，頒白者不負戴於道路矣。七十者衣帛食肉，黎民不饑不寒，然而不王者，未之有也。〔註13〕

一方面，仁政要通過與民以利，保證民眾的物質生活；另一方面，仁政要通過學校教育，開啟民眾的道德智慧。天下物質與精神的全面發展才是仁政的根本目的與最終指向。

四、正當性的主觀面向和客觀面向

在正當性理論中，具有主觀面向與客觀面向之別。在西方的政治理論中，這種區別體現在康德主義和洛克主義的不同。周濂先生指出：「洛克和康德雖

〔註12〕《孟子‧梁惠王上》。
〔註13〕《孟子‧梁惠王上》。

然同屬自願主義陣營，但比較而言洛克主義是典型的自願主義進路，康德主義則介於自願主義和理性主義之間，或者說中和了自願主義與理性主義。……對洛克主義者來說，由於堅持自願主義的立場，所以來自自願個體的認可只能保證正當性的主觀面向，其客觀面向只能交給自然法予以保證。……對康德主義者來說，由於自然法的地位被貶抑，所以個人自主性便一力承擔起正當性的客觀面向與主觀面向這兩個任務，個體通過理性反思自我立法所建立起的實踐理性不僅具有主觀面向，而且由於其普遍有效性所以也具有客觀的面向。」〔註14〕

　　從上述視角來省察中國哲學，則告子的思想類似洛克主義，孟子的思想類似康德主義。告子之心為義外之心，類似洛克主義的主觀面向。告子之生之謂性如食色等，則是生物性上的客觀普遍性，類似洛克主義的客觀面向。而孟子與告子不同，孟子之心為良知良能，一方面具有「思則得之，不思則不得」〔註15〕的主體特徵，類似康德主義的主觀面向；一方面具有「惻隱之人，人皆有之」〔註16〕的普遍特徵，類似康德主義的客觀面向。

　　孟子思想的主觀面向，不是個體的隨心所欲，或者囿於自身的自私自利之心，而是良知良能的道德自我的發動，是自己對自己負責的理性主體。孟子思想的客觀面向，既不是肉身自身附屬的生物本能，也不是外在的普遍的禮制規範，而是四海心同理同的忠恕之道。自孟子辟告子始，儒者對於告子式的生之謂性都十分警惕，儒者要誘發人的超越的道德理性，防止人墮落到動物性的自然狀態中。如果人心沒有普遍的道德準則，那麼一切普遍認同就不可能真正建立，僅僅是氣命上的激蕩與衝突，最後僅僅落得的暫時的平衡或徹底的壓制。如孟子所說：

　　　　以力假仁者霸，霸必有大國。以德行仁者王，王不待大。湯以
　　七十里，文王以百里。以力服人者，非心服也，力不贍也；以德服
　　人者，中心悅而誠服也，如七十子之服孔子也。〔註17〕

　　如果人心不具有普遍客觀性，那麼心服為不可能之事，秩序只能依靠外在的強力來維持。孟子所謂的霸道，就是以強力來獲取政權，無論霸道的國家疆

〔註14〕周濂：《現代政治的正當性基礎》，北京：三聯書店，2008年，第156頁。
〔註15〕《孟子·告子上》。
〔註16〕《孟子·告子上》。
〔註17〕《孟子·公孫丑上》。

土是否遼闊，生活是否富足，都不具有正當性。孟子所謂的王道，就是基於人心的道德選擇而成立的政權，無論王道的國家疆土是否遼闊，生活是否富足，都具備了正當性。

需要指出的是，正當性的主客面向真正能夠在歷史現實中得以展開離不開公共論述。個別的具有權勢的「我聽」、「我視」不能代表「民聽」、「民視」。「民聽」、「民視」的普遍性天意需要經過公共論述的交談與爭辯來達到。事實上，先秦諸子較後世而言，具有較大的公共空間，儒家可以闢楊墨，道家可以攻儒家。在儒家看來，無論主體性上有多少差異，但一旦獲得真正的進入則必然可以達到一致的普遍性。從普遍性真理的必然存在而言，孟子可以說「余豈好辯哉，余亦不得已也。」〔註18〕但這種真理只有在公共空間中達成共識才能成立，因此作為「辯」的公共論述就顯得頗為重要。事實上，《孟子》一書就幾乎充斥著公共論述的表達。因此，正當性的客觀性並不能離開主體而成立，也不是簡單等同於逐各個體的意見，而是需要由主體間性的反覆對話和協商來趨向其自身，從而達成理性的共識，並協定秩序和規則。

五、理性的共識：溝通正當性與證成性的橋樑

當我們在討論正當性之際，似乎不需要證成性作為前提。而在討論證成性之際，也不需要正當性作為基礎。兩者在邏輯上是獨立的關係。

然而，當我們追問正當性並質疑自願認可原則何以可能之時，則無法避免作為前提人性論問題，即人人天賦平等。對於人人天賦平等的解讀，既可以是氣命上的平等，也可以是理性上的平等。如果是氣命上的平等，也就是承認人人皆具生物性，人與人是狼與狼的鬥爭關係。那麼構建政治共同體的契約的達成，僅僅是暫時的保持最大多數人的利益最大化。如果是理性上的平等，則承認人人皆有共同的理性基礎，同時也具有共同的一致的發展目標。理性基礎是因，發展目標和發展成效是果，在這由發展目標到發展成效的過程中，固然人與人在氣命有不同，但整體上仍舊具備理性秉持的客觀的發展方向。從上述孟子思想類似康德主義來看，孟子思想所承認的平等應該是理性上的平等而非氣命上的平等。由此，借用徐復觀先生對於孟子思想的總結，我們可以進一步把握孟子思想中正當性與證成性的聯繫。徐復觀先生指出：

> 孟子在思想上的最大貢獻，可概舉以三。第一，承孔子「性相

〔註18〕《孟子‧滕文公下》。

近」、「性與天道」，及《中庸》「天命之謂性」，而進一步發展出性善之說，使人生價值，能當下在各人生命之內生根，由此而人格尊嚴，人類互信互助，自由平等，都有了不可動搖的基礎。第二，將古代「天視自我民視，天聽自我民聽」的思想，及孔子由書教中所導出的天下為公的思想，作進一步的發展，而提出了不僅政治的一切是為人民，並且人民可以決定政治的一切的王道政治，在思想上，開闢出中國進入民主的大道。第三，他特別重視人民的物質生活，認為解決人民的物質生活，才是政治上一切施為的根本。〔註19〕

　　以前文的分析來看，徐復觀先生的第一點是論述孟子的道德理性；第二點是論述孟子政治思想的正當性；第三點是論述孟子政治思想的證成性。道德理性是人與人天賦平等的基礎，當我們在主體性上豎立道德理性，即有能力進一步在交互主體性上達成理性共識。由此，具有普遍性的自願認可原則才能獲得成立，政治正當性的主客層面都能得到保證，從而構建出共同認可的政治共同體，並賦予其既定的發展目標。道德理性又是顯現於各人當下現實的不忍人之心，此心由不忍而達於所忍，必須有所施設和有所作為。群體的理性共識即在此基礎上得以建立，從而推動目標的達成，逐個取得階段性的發展成效，從而取得政治的證成性。因此，理性共識、正當性、證成性必然三位一體。從橫向的時間上看，正當性是因，證成性是果；從縱向的邏輯上看，理性共識是超越的因，正當性和證成性是果。由此我們可以說，民眾之所以能夠自願認可統治者的統治，固然可以參雜著各種私自的、非理性的考量，但根本上的原因在於民眾的理性共識與統治者的道德理性一致。統治者所展露的道德理性獲得了民眾的認可，民眾也是基於這樣的理性共識才能抱有未來美好生活的希望，並由此而共同奮鬥取得物質精神生活的富足。正當性是理性共識在邏輯性上的結果，證成性實際上是理性共識在時間性上的展現。

六、二重維度與民主民本之關聯

　　自西學東漸，學者多以民本思想評判儒家政治思想，而孟子政治思想亦不出其例。「現在很多人都認為，古代，特別是先秦時期，中國只有民本思想而無民主思想。如果要說先秦有民主思想的話，人們會以為你犯了常識性的錯

〔註19〕徐復觀：《徐復觀論經學史二種》，上海：上海世紀出版集團，2006年，第30頁。

誤。這種認識同樣也是不符合歷史事實的，特別是不符合孟子思想的實際。」
[6]（P134～140）通過上文的分析，我們釐清了孟子政治思想的正當性與證成性兩個
維度，並在此兩個維度之間尋找到作為橋樑的理性共識。這對於辨明孟子思想
的民本民主之爭提供了很好的路徑。

廖名春先生分別了民本與民主的差異，其文如下：

> 民本是以君為本位，視民為君王事業的資本，故要矜惜民，重視
> 民。實質上，在民與君的關係上，君是第一位的，民是第二位的；君
> 是出發點，而民只是達到目的的工具。而民主卻不然，它不但重民，
> 而且以民為本位，在民與君的關係上，民是第一位的，君是其次的；
> 民是君的出發點，而君只是民的工具。……正因為民主是對君主專制
> 的否定，而民本論卻是對君主專制的維護，所以歷史上的專制君主他
> 們可以容忍民本思想，可以採納民本學說，而對於民主思想，他們決
> 不會假之以顏色，因為這牽扯到他們的根本利益。〔註20〕

民主思想要求「政由民出」，實現「民有」、「民治」、「民享」的結果；而
民本思想要求「政由君出」，實現「愛民」、「教民」、「養民」的結果。民主和
民本的區別在於：民主必然具備正當性，而不一定具備證成性；民本必然具備
證成性，而不一定具備正當性。

筆者認為，民主、民本固然在把握孟子政治思想上具有一定的效用，但我
們不能簡單地認定孟子政治是民主還是民本。從孟子的「民聽民視」來看，其
政治思想具有正當性，為民主思想；從孟子的「施政發仁」來看，其政治思想
具有證成性，為民本思想。但是，孟子又反對告子式的氣命之性，故而並不是
每一個人的私人意見都能代表民意，而是群體共同享有的理性共識才能成為
民意，故孟子的政治思想中並不是全然無別的民主，而是理性共識的民主。以
孟子思想來看，全然無別的民主容易導致群氓的暴政，而理性共識的民主，固
然有精英政治的味道，但由於這種共識是建立在群體民眾的本有的道德理性
之上，故是真正的符合整體人的理性發展。

道德理性與理性共識不是靜止抽象的教條或規範，而是發端於每個人當
下實踐中最為真切的感受，並終成於天下的和諧與富足。從此意義上看，君民
都是天下的一部分，政治施設的建構是為了天下歸仁，天下每個人都全幅德性
得以自我煥發，每個人都在精神和物質上獲得全面的發展。天下每個人都是發

〔註20〕廖名春：《孟子的智慧》，延吉：延邊大學出版社，1992年，第127～128頁。

端，也都是目的，天下歸仁即在於每個人都實現了自我。為了實現這一目的，需要建立政治共同體。作為公共施設的君位，可以視作達到天下歸仁的工具。而作為人的君和作為人的民，都不能是工具，而是天下歸仁的目的。君不能以君位之強勢來壓制理性的民意，民亦不可以一片戾氣來左右理性的國家政策，天下之人的理性共識才是政治所主之者、所本之者。

　　因此，在孟子的政治思想中，單純說「政由君出」或「政由民出」都不十分恰當，而應該說「政由理性共識出」，它既可以是具有理性共識的君主，也可以是具有理性共識的民眾。倘若君主蒙蔽了自我道德理性，則政由民出，民眾可以重新選擇自己的君主，由此可以講民主；倘若民眾蒙蔽了自我道德理性，則政由君出，由此可以講民本。無論何種情況，其最終目標仍是保證天下朝著理性共識的方向發展。在此狀態下，如果將「民」視作在不斷完善之中的天下之人，則其間既包含正當性維度而偏重於民主的「民有」、「民治」、「民享」，又包含證成性維度而偏重於民本的「愛民」、「教民」、「養民」。

第五章　朱子學思歷程

明儒余訒齋（余佑，字子積，號訒齋）將朱子的思想發展歷程總結為三變，其言曰：

> 文公論心學凡三變：如《存齋記》所言「心之為物，不可以形體求，不可以聞見得，惟存之之久，則日用之間若有見焉」，此則少年學禪，見得昭昭靈靈意思，及見延平，盡悟其失。復會南軒，始聞五峰之學，以察識端倪為最初下手處，未免闕卻平時涵養一節工夫。《別南軒詩》：「惟應酬酢處，特達見本根。」《答叔京書》尾謂「南軒入處精切」，皆謂此也。後來自悟其失，改定已發未發之論，然後體用不偏，動靜交致其力，工夫方得渾全。此其終身定見也。〔註1〕

依照余訒齋的朱子思想三變說，則朱子思想可以分為三期：出入禪學期，中和舊說期，中和新說期。從出入禪學期到中和舊說期，可為朱子由禪而入儒的轉變；從中和舊說期到中和新說期，可為朱子由道南涵養與湖湘察識之糾結而鎔鑄中和新說之格局，從而兼具道南、湖湘之學，並繼此而開展出心統性情與格致之說。

一、出入禪學期

朱子的父親朱松，字喬年，號韋齋。韋齋先生初好賈誼、陸贄之學，後又問道羅豫章（羅從彥，字仲素，號豫章）。二程傳楊龜山（楊時，字中立，號龜

〔註1〕黃宗羲：《明儒學案‧崇仁學案三》，《黃宗羲全集》第七冊，杭州：浙江古籍出版社，2005年，第61～62頁。

山），楊龜山傳羅豫章），編修神宗正史、哲宗、徽宗兩朝實錄。韋齋雖為儒家，但又不排斥佛老，喜與物外高人往還。朱子年十四，韋齋疾革，囑咐朱子曰：「籍溪胡原仲、白水劉致中、屏山劉彥沖，此三人者，吾友也。其學皆有淵源，吾所敬畏。吾即死，汝往父事之，而唯其言之聽。」〔註2〕（胡憲，字原仲，號籍溪，為胡文定從兄之子〔註3〕；劉勉之，字致中，號白水；劉子翬，字彥沖，號屏山、又號病翁）「這幾個人都因厄於時，正值秦檜專權國政，倡導和議，排斥異己，遂走上了歸隱的道路。大體三人為伊洛之再傳或三傳，均好易，同時也好佛老；韋齋則與三人為同調。」〔註4〕朱子曾回憶師事三先生的學思歷程：

> 初師屏山、籍溪。籍溪學於文定，又好佛老。以文定之學為論治道則可，而道未至。然於佛老亦未有見。屏山少年能為舉業，官莆田，接塔下一僧，能入定數日，後乃見了老，歸家讀儒書，以為與佛合，故作聖傳論。其後屏山先亡，籍溪在。某自見於此道未有所得，乃見延平。〔註5〕

由於朱子的父親與三先生都好佛老，故朱子在其早年求學經歷中受到相當大的禪學的影響，並以禪學的義理來應試。朱子說：

> 某年十五六時，亦嘗留心於此。一日，在劉病翁所會一僧，與之語。其僧只相應和了說，也不說是不是，卻與劉說，某也理會得個昭昭靈靈底禪。劉後說與某，某遂疑此僧更有要妙處在。遂去扣問他，見他說得也煞好。及去赴試時，使用他意思去胡說，是時文字不似而今細密，由人粗說，試官為某說動了，遂得舉。（時年十九）後赴同安任，時年二十四五矣。始見李先生，與他說，李先生只說不是，某倒疑李先生理會此未得。再三質問，李先生為人簡重，卻不甚會說，只教看聖賢言語。某遂將那禪來權倚閣起，意中道，禪亦自在，且將聖賢書來讀。讀來讀去，一日復一日，覺得聖賢言語漸漸有味，卻回頭看釋氏之說，漸漸破綻罅漏百出。〔註6〕

從朱子的回憶來看，當時朱子理解的昭昭靈靈的心具有很深的佛教色彩。

〔註2〕 王懋竑：《朱子年譜》，《朱子全書》二十七卷，上海：上海古籍出版社、合肥：安徽教育出版社，2002 年，第 176 頁。

〔註3〕 胡文定傳子胡五峰，上承伊洛，下開湖湘。

〔註4〕 劉述先：《朱子哲學思想的發展與完成》，臺北：學生書局，1995 年，第 5 頁。

〔註5〕 黎靖德：《朱子語類》卷一百四，北京：中華書局，1999 年，第 2619 頁。

〔註6〕 黎靖德：《朱子語類》卷一百四，北京：中華書局，1999 年，第 2620 頁。

朱子用此佛家之心來理解儒家之心，故多有誤。《存齋記》為朱子二十九歲所作，當時初見李延平，尚未深諳儒佛之異。《存齋記》有言：

> 人之所以位天地之中，而為萬物之靈者，心而已矣。然心之為體，不可以聞見得，不可以思慮求，謂之有物，則不得於言；謂之無物，則日用之間，無適而非是也。君子於此，亦將何所用其力哉！必有事焉，而勿正，心勿忘，勿助長，則存之之道也。如是而存，存而久，久而熟，心之為體，必將瞭然有見乎參倚之間，而無一息之不存矣。〔註7〕

其中所存之心，體不可得，而其用遍在。所存之工夫，以孟子「必有事焉，而勿正，心勿忘，勿助長」為要。這樣的表述並不清晰，孟子學可以如此表述，禪學也可以如此表述。若順儒家的道路，可以向孟子之本心作解；若順禪家的道路，可以向如來藏自性清淨心作解。余訒齋所論，正是從後者之論而批評之。後來朱子也對自己早年的說法做反省。

> 問「必有事焉，而勿正，心勿忘，勿助長」。曰：「此亦只是為公孫丑不識『浩然之氣』，故教之養氣工夫緩急云，不必太急，不要忘了，亦非教人於無著摸處用工也。某舊日理會道理，亦有此病。後來李先生說，令去聖經中求義。某後刻意經學，推見實理，始信前日諸人之誤也。」〔註8〕

《存齋記》的立場，工夫用在無捉摸處的心之體上，若依孟子，尚無朱子所謂心之體與心之用那麼分隔，本心沛然發動，即是全體朗現。若從解析的路子說，則心之用之隨處可見，則正是心之體之不容已之發動。若直接體證此心之體之不容已，則為實理，可接孟子；若就可感可見之心之用而翻一層，遂謂得其理，則為佛門之空理。在儒家看來，空理之心，昭昭靈靈，只是氣心自身的功效而已，並沒有真正體證到實理。朱子在回答門人問時，已不走空頭涵養的路子，而是在專研經學中體悟實理。

二、中和舊說期

中和舊說期可以把朱子三十七歲丙戌之悟為中間點作前後兩階段的劃

〔註7〕朱熹：《存齋記》，《朱子全書》二十四卷，上海：上海古籍出版社、合肥：安徽教育出版社，2002 年，第 3698～3699 頁。

〔註8〕黎靖德：《朱子語類》卷一百四，北京：中華書局，1999 年，第 2616～2617 頁。

分。前半階段是中和舊說的形成期。在此期間,朱子師從李延平,延平歿後,又交遊張南軒。朱子思想受到道南與湖湘兩派影響,其結果是中和舊說的形成,即所謂丙戌之悟。後半階段是中和舊說的延續期,由丙戌之悟直至朱子四十歲己丑之悟之前。

李延平(名侗,字願中,號延平)師從羅豫章,出於楊龜山道南一派,上承伊洛學脈。朱子在紹興二十三年(1153)初次拜見李延平後,又於紹興二十八年(1158)、紹興三十年(1160)、紹興三十二年(1162)見於李延平,直至隆慶元年(1163)李延平卒,朱子與延平共有十年交往,其間屢有書信往來。朱子從學李延平,而逐漸明白儒釋之異。延平之為學之要,主要有四端:其一,默坐澄心,體認天理。默坐澄心是延平基本的工夫入路,「危坐終日,以驗夫喜怒哀樂未發之前氣象如何,而求所謂中者」。這主要是將駁雜的心氣平靜下來,從而使心性貫通、體認天理。黃梨洲曾評價說:「羅豫章靜坐看未發氣象,此是明道以來,下及延平,一條血路也。蓋所謂靜坐者,不是道理只在靜處,以學者入手從喘汗未定之中,非冥心至靜,何處見此端倪?久久成熟,而後動靜為一,若一向靜中擔閣,便為有病。」〔註9〕其二,灑然自得,冰解凍釋。心性貫通之後,不能仍舊以危坐守靜的方式來體驗此未發之中,而是要將心性之理擴充出去,呈現於具體的生活中而達到純屬自然之境。灑然自得是表示自然而然,不把捉造作的狀態;冰解凍釋是破掘開守靜的未發之中,而達到已發之和。其三,即身以求,不事講解。對於事事物物上的天理,要不離著自身去體認感悟,而不是以一種知識論的解析的路子去外在的認知它。其四,理一分殊,終始條理。理一是普遍性的天理、性理,而分殊則是此理一體現在事事物物上的具體呈現。但這一理一分殊並非客觀面的描述,無論是理一還是分殊,都在主體自身的體悟認知中展現開來。當主體在性理的貞定與擴充上已經獲得突破時,就要用力於此,在理一與分殊兩者關係上既能相得益彰,又能相融為一。

由於朱子思想中具有較強的理性主義精神,故其學問由禪學轉向儒學後,更促使他偏向以一種分解的方式來研究學問。而圓頓的非分解說,則由於說法太高不易接受或者容易雜於佛老而被朱子自覺棄用。以分解的方式進行理解,容易偏向客觀化的理氣論而淡化主體性的境界論。陳來先生就認為,「朱熹早

〔註9〕黃宗羲:《宋元學案·豫章學案》,《黃宗羲全集》第四冊,杭州:浙江古籍出版社,2005 年,第 567～568 頁。

年學於李侗，從根本上奠定了他向道學發展的基礎。但朱熹生性偏向理性主義，排拒內向體驗特別是神秘體驗，所以他並不像李侗追隨羅從彥那樣承繼道南傳統去靜坐體驗未發，他也未深入領會李侗由未發工夫所欲達到的灑落境界和有道氣象。他完全從理性主義的立場上理解李侗所欲教授給他的東西，如把體驗未發看成體認客觀的天理，把灑落氣象歸結為對文句義理的融會貫通，把默坐澄心的養心工夫僅僅看成為了體會文義而進行的主體修養，並把已發未發、理一分殊都作為本體論的命題來對待。」〔註10〕在儒家心性論中，客觀性的本體論需要依仗主體性的境界論而獲得彰顯。朱子的偏好，導致其偏向客觀性，但終不能說朱子未有境界論，只是朱子警惕佛老主體性彰顯太過而直以氣心用事，故而更希望強調主體境界中所開顯的客觀性來顯現主體性。

　　張南軒（名栻，字欽夫，號南軒）師從胡五峰（胡宏，字仁仲，號五峰），為湖湘學派傳人。胡五峰之父胡文定（胡安國，字康侯，諡文定）與二程門人楊龜山、游定夫（游酢，字定夫，號廣平）、謝上蔡（謝良佐，字顯道，號上蔡）皆義兼師友，且得力於上蔡為多。胡五峰幼承家學，又問學於楊龜山、侯師聖（侯仲良，字師聖，二程門人），開創湖湘學統。五峰卒後，學者多歸南軒。朱子與南軒初結識於隆慶元年（1163），是年李延平卒，時朱子三十四歲，南軒三十一歲。南軒卒於淳熙七年（1180），朱子與南軒交往 18 年，為切磋琢磨之良友。在中和舊說時期，朱子思想多受南軒影響，而在朱子中和新說確立之後，則朱子多與南軒有異，南軒亦受朱子影響。

　　李延平與張南軒分別代表了伊洛南傳的兩派，道南學派和湖湘學派。「延平主靜坐以觀喜怒哀樂未發前之大本氣象，是『超越的逆覺體證』；此是靜復以見體，乃慎獨工夫所必函者。五峰就良心發見處，直下體證而肯認之以為體，是『內在的逆覺體證』；此是順孟子『求放心』與明道『識仁體』而來。靜坐以與現實生活隔離一下，此隔，即是超越；不隔離現實生活『當下即是』，此便是內在。內在之體證與超越之體證，同是逆覺工夫，亦可說是逆覺的兩種形態。」〔註11〕朱子受此兩派的影響，在乾道二年（1166）有所謂「丙戌之悟」。

　　　　余早年從延平李先生學，受《中庸》之書，求喜怒哀樂未發之旨，未達而先生沒。余竊自悼其不敏，若窮人之無歸。聞張欽夫得

〔註10〕陳來：《朱子哲學研究》，上海，華東師範大學出版社，2000 年，第 71 頁。
〔註11〕蔡仁厚：《宋明理學·北宋篇》，長春：吉林出版集團有限責任公司，2009 年，第 347～347 頁。

衡山胡氏學，則往從而問焉。欽夫告予以所聞，予亦未之省也，退而沉思，殆忘寢食，一日喟然歎曰：「人自嬰兒以至老死，雖語默動靜之不同，然其大體莫非已發，特其未發者為未嘗發爾。」自此不復有疑，以為中庸之旨果不外乎此矣。後得胡氏書，有與曾吉父論未發之旨者，其論又適與余意合，用是益自信，雖程子之言有不合者，亦直以為少作失傳而不之信也。〔註12〕

朱子思索《中庸》「喜怒哀樂之未發謂之中，發而皆中節謂之和」〔註13〕，認為人的一生由嬰兒至老死，都是已發，故人心即是已發。未發是未嘗發，從來就未償發的就是性。性是超越的，不在經驗上顯現其自身，故為未發；性在經驗上的體現即為已發，但此已發不可以稱之為性，因其已經落實為人心，故已發稱之為心。這樣就構成了中和舊說「心為已發，性為未發」的論斷。

朱子如此說，有兩個依據，一是程伊川，一是胡五峰。程伊川與門人呂芸閣（呂大臨，字與叔，號芸閣）論中討論中和問題。呂芸閣認為孟子的赤子之心是未發，但程伊川認為是已發，且說：「凡言心者，皆指已發而言」。呂芸閣反駁了程伊川的說法，並認為聖人之心與赤子之心都純一無偽，這是大本之實的相同處。至於聖人智周萬物、赤子全未有知，則是已發的不同處。於是程伊川更正了「凡言心者，皆指已發而言」的說法，而認為「心一也，有指體而言者，寂然不動是也；有指用而言者，感而遂通天下之故是也。惟觀其所見何如爾！」〔註14〕朱子的中和舊說，主要是從伊川前一說法而來，並且將程伊川更正後的觀點認為是門人的誤記。朱熹自己曾回憶道：「中庸未發已發之義，前此認得此心流行之體，又因程子言『凡言心者，皆指已發而言』，遂目心為已發，性為未發。」〔註15〕而且胡五峰也說過「未發只可言性，已發乃可言心。」〔註16〕於是更加印證了朱子悟道的信心。

朱子證悟後，就立即將自己的心得與張南軒書信交流。前後四封書信，因第一封信首句「人自有生即有知識」一句，故「學者又有稱這四封書信為『人

〔註12〕 朱熹：《中和舊說序》，《晦庵先生朱文公文集》卷七十五，《朱子全書》二十四冊，上海：上海古籍出版社、合肥：安徽教育出版社，2002 年，第 3634 頁。

〔註13〕 朱熹：《四書章句集注》，北京：中華書局，2012 年，第 18 頁。

〔註14〕 程頤：《與呂大臨論中書》，《二程集》，北京：中華書局，1981 年，第 608～609 頁。

〔註15〕 朱熹：《與湖南諸公論中和第一書》，《朱子全書》二十三冊，上海：上海古籍出版社、合肥：安徽教育出版社，2002 年，第 3130 頁。

〔註16〕 胡宏：《與曾吉普書三首》，北京：中華書局，1987 年，第 115 頁。

自有生四書」」〔註17〕由於此四書思想主旨一貫，故就以第一書為例來考察朱子中和舊說的思想。

> 人自有生即有知識，事物交來，應接不暇，念念遷革，以至於死，其間初無頃刻停息，舉世皆然也。然聖賢之言，則有所謂未發之中，寂然不動者。

> 夫豈以日用流行者為已發，而指夫暫而休息，不與事接之際為未發時耶？嘗試以此求之，則泯然無覺之中，邪暗鬱塞，似非虛明應物之體，而幾微之際，一有覺焉，則又便為已發，而非寂然之謂。蓋愈求而愈不可見。

> 於是退而驗之於日用之間，則凡感之而通，觸之而覺，蓋有渾然全體應物而不窮者，是乃天命流行、生生不已之機，雖一日之間萬起萬滅，而其寂然之本體則未嘗不寂然也。所謂未發，如是而已，夫豈別有一物，限於一時，拘於一處，而可以謂之中哉？然則天理本真，隨處發見，不少停息者，其體用固如是，而豈物慾之私所能壅遏而梏亡之哉？故雖汩於物慾流蕩之中，而其良心萌蘖，亦未嘗不因事而發見。學者於是致察而操存之，則庶乎可以貫通大本達道之全體而復其初矣。不能致察，使梏亡之反覆，至於夜氣不足以存而陷於禽獸，則誰之罪哉？〔註18〕

「知識」是指心的認知、認識能力。從「人自有生」至「舉世皆然也」說的是已發的人心。「未發之中，寂然不動者」說的是性。「夫豈以」至「蓋愈求而愈不可見」是以反證法來說明不能以心的「暫而休息，不與事接」狀態認作是未發。因為與心的「暫而休息，不與事接」狀態所相應的是邪暗鬱塞的氣，

〔註17〕陳來：《朱子哲學研究》，上海，華東師範大學出版社，2000 年，第 163 頁。此「人自有生四書」為《與張欽夫》，《晦庵先生朱文公文集》卷三十，《朱子全書》二十一卷，上海：上海古籍出版社、合肥：安徽教育出版社，2002 年，第 1315 頁。《與張欽夫》，《晦庵先生朱文公文集》卷三十，《朱子全書》二十一卷，上海古籍出版社，安徽教育出版社，2002 年，第 1316 頁。《答張欽夫》，《晦庵先生朱文公文集》卷三十二，《朱子全書》二十一卷，上海：上海古籍出版社、合肥：安徽教育出版社，2002 年，第 1393 頁。《答張欽夫》，《晦庵先生朱文公文集》卷三十二，《朱子全書》二十一卷，上海：上海古籍出版社、合肥：安徽教育出版社，2002 年，第 1392 頁。

〔註18〕《與張欽夫》，《晦庵先生朱文公文集》卷三十，《朱子全書》二十一卷，上海：上海古籍出版社、合肥：安徽教育出版社，2002 年，第 1315～1316 頁。

不是虛明應物的性體。待到幾微覺發之後，則更非寂然之性體了。「於是退而驗之於日用之間」至「而可以謂之中哉」是正面講「心為已發，性為未發」，在已發的經驗世界中是心，而此心的性體一直存在，並保持著超越的寂然未發狀態。「然則天理本真」至「則誰之罪哉」講的是工夫。性體自身生生不息，隨處發見，於人心處即是良心萌蘖。於是人所需用力處，就是致察此良心萌蘖之處，從而操存此性體。

朱子丙戌之悟所覺悟到的，為湖湘一脈的心法。牟宗三先生評價湖湘學派五峰之學說：「胡五峰之性為天下之大本、為天地之所以立、為天地鬼神之奧，以心為知天地宰萬物以成性，以盡心為立天下之大本。其以性為未發，是說性只是一個至寂至靜至純至一之自存體，其具體而真實之內容與意義須待心來形著。其以心為已發，只是就形著義而說。其言未發已發仍就喜怒哀樂之情說，不移向體上就方往方來說也。其言性為超越之體，其言心為本心。」〔註19〕朱子言性與五峰一致。朱子言心則撇開性而單言心，故其心為氣心；五峰言心則合著性而言心，故其心為本心。這種區別來自於朱子好分解的思路，故不喜綜合地說心。但心性貫通上講，朱子之理本身生生不息，在心上萌蘖為良知，故心亦可著性。由心為已發，朱子注重在已發之心上求未發之性，故其工夫偏向察識。

三、中和新說期

朱子「心為已發，性為未發」的論斷一直維持到四十歲。在乾道五年（1169），朱子在與友人蔡季通論道時，突然起疑，重新思量，遂有中和新說。朱子自述這段經歷說：

> 乾道己丑之春，為友人蔡季通言之，問辨之際，予忽自疑。斯理也，雖吾之所默識，然亦未有不可以告人者，今析之如此，其紛糾而難明也，聽之如此，其冥迷而難喻也。意者乾坤易簡之理，人心所同然者，殆不如是。而程子之言出其門人高弟之手，亦不應一切謬誤以至於此。然則予之所自信者，其無乃反自誤乎？則復取程氏書，虛心平氣而徐讀之，未及數行，凍解冰釋。然後知情性之本然，聖賢之微旨，其平正明白乃如此，而前日讀之不詳，妄生穿穴，

〔註19〕牟宗三：《心體與性體》第三冊，《牟宗三先生全集》第七冊，臺北：聯經出版事業有限公司，2003年，第101頁。

凡所辛苦而僅得之者，適足以自誤而已。至於推類究極，反求諸身，
則又見其為害之大，蓋不但名言之失而已也。於是又竊自懼，亟以
書報欽夫及嘗同為此論者，惟欽夫復書深以為然，其餘則或信或疑，
或至於今累年而未定也夫。忽近求遠，厭常喜新，其弊乃至於此，
可不戒哉！〔註20〕

朱子己丑之悟，由程伊川的「凡言心者，皆指已發而言」轉為「心一也，
有指體而言者，寂然不動是也；有指用而言者，感而遂通天下之故是也。」《朱
子語類》中有如下記載，可為佐證。

問：「呂與叔云：『未發之前，心體昭昭具在；已發乃心之用。』
南軒辨昭昭為已發，恐太過否？」

曰：「這辨得亦沒意思。敬夫太聰明，看道理不子細。伊川所謂
『凡言心者，皆指已發而言』，呂氏只是辨此一句。伊川後來又救前
說曰：『「凡言心者，皆指已發而言」，此語固未當。心一也，有指體
而言者，「寂然不動」是也；有指用而言者，「感而遂通」是也，惟
觀其所見如何。』此語甚圓，無病。」〔註21〕

門人問朱子的問題，正是朱子中和舊說的思想。而朱子的回答，已經從中
和新說上立言，以程伊川更正後的說法為準，將心分為未發與已發。

朱子中和新說的思想主要表現在一說二書。一說是《已發未發說》，二書
是《與湖南諸公論中和第一書》、《答張欽夫書》。由於「『已發未發說』有書函
口氣，當為原稿。及寫發時，辭語稍有改易，故《與湖南諸公論中和第一書》
之文字，較為簡潔明當。實則乃同一書文。」〔註22〕故僅以《與湖南諸公論中
和第一書》、《答張欽夫書》來看朱子的中和新說。

《中庸》未發、已發之義，前此認得此心流行之體，又因程子
「凡言心者，皆指已發而言」，遂目心為已發、性為未發。然觀程子
之書，多所不合。因復思之，乃知前日之說，非惟心性之名命之不
當，而日用工夫全無本領，蓋所失者，不但文義之間而已。

〔註20〕朱熹：《中和舊說序》，《晦庵先生朱文公文集》卷七十五，《朱子全書》二十四
　　　　冊，上海：上海古籍出版社、合肥：安徽教育出版社，2002 年，第 3634～3635
　　　　頁。
〔註21〕黎靖德：《朱子語類》卷六十二，北京：中華書局，1999 年，第 1512 頁。
〔註22〕蔡仁厚：《宋明理學·南宋篇》，長春：吉林出版集團有限責任公司，2009 年，
　　　　第 64 頁。

　　按《文集》、《遺書》諸說，似皆以思慮未萌、事物未至之時，為喜怒哀樂之未發。當此之時，即是此心「寂然不動」之體，而天命之性，當體具焉；以其無過不失，不偏不倚，故謂之中。及其「感而遂通天下之故」，則喜怒哀樂之性發焉，而心之用可見；以其無不中節，無所乖戾，故謂之和。此則人心之正而情性之德然也。

　　然未發之前不可尋覓，已覺之後不容安排，但平日莊敬涵養之功至而無人慾之私以亂之，則其未發也，鏡明水止，而其發也，無不中節矣。此是日用本領工夫。至於隨事省察，即物推明，亦必以是為本。而於已發之際觀之，則其具於未發之前者固可默識。故程子之答蘇季明，反覆論辯，極於詳密，而卒之不過以敬為言。又曰：「敬而無失，即所謂中。」又曰：「人道莫如敬，未有致知而不在敬者。」又曰：「涵養須是敬，進學則在致知。」蓋為此也。

　　向來講論思索，直以心為已發，而日用工夫，亦止以察識端倪為最初下手處，以故闕卻平日涵養一段工夫，使人胸中擾擾，無深潛純一之味，而其發之言語事為之處，亦常急迫浮露，無復雍容深厚之風。蓋所見一差，其害乃至於此，不可以不審也。程子所謂「凡言心者，皆指已發而言」，此乃指赤子之心而言，而謂「凡言心者」，則其為說之誤，故又自以為未當，而復正之。固不可以執其已改之言，而盡疑諸說之誤；又不可遂以為未當，而不究其所指之殊也。不審諸君子以為如何？〔註23〕

　　朱子認為中和舊說之非在於「心性之名命之不當，而日用工夫全無本領」前者是本體認知的失誤，後者因之而有工夫踐履的失誤。朱子在中和新說裏，認為心不但有已發，還有未發。由程伊川與呂芸閣的討論，朱子體悟到赤子之心，全未有知，則是心之未發。心之未發，是心之寂，此時天命之性，當體具焉，性就是心之體，這種心性狀態謂之中；心之已發，是心之感，此時天命之性即心而發動，無不中節，這種發動就是情，情是就是心之用，這種心情狀態謂之和。只要人心之正，則心之體為性，心之用為情。由於以上對於本體看法的釐清，工夫踐履也需要有相應舉措。人心之正在於平日的莊敬涵養工夫。心

〔註23〕 朱熹：《與湖南諸公論中和第一書》，《晦庵先生朱文公文集》卷六十四，《朱子全書》二十三卷，上海：上海古籍出版社、合肥：安徽教育出版社，2002年，第3130～3131頁。

處於未發狀態而有性體之具的中的狀態需要敬，心處於已發狀態而有情發動中節的和的狀態也需要敬，敬貫性理之動靜，也貫心體之寂感。朱子認為，中和舊說偏向察識，終日在已發上用事，故缺乏平日涵養一段工夫。

諸說例蒙印可，而未發之旨又其樞要，既無異論，何慰如之！然比觀舊說，卻覺無甚綱領。因復體察，得見此理須以心為主而論之，則性情之德、中和之妙，皆有條而不紊矣。然人之一身，知覺運用，莫非心之所為，則心者，固所以主於身，而無動靜語默之間者也。然方其靜也，事物未至，思慮未萌，而一性渾然，道義全具，其所謂中，是乃心之所以為體而寂然不動者也。及其動也，事物交至，思慮萌焉，則七情迭用，各有攸主，其所謂和，是乃心之所以為用，感而遂通者也。然性之靜也而不能不動，情之動也而必有節焉，是則心之所以寂然感通、周流貫徹而體用未始相離者也。然人有是心而或不仁，則無以著此心之妙；人雖欲仁而或不敬，則無以致求仁之功。蓋心主乎一身而無動靜語默之間，是以君子之於敬，亦無動靜語默而不用其力焉。未發之前，是敬也固已主乎存養之實；已發之際，是敬也又常行於省察之間。方其存也，思慮未萌而知覺不昧，是則靜中之動，復之所以「見天地之心」也；及其察也，事物紛糾而品節不差，是則動中之靜，艮之所以「不獲其身，不見其人」也。有以主乎靜中之動，是以寂而未嘗不感；有以察乎動中之靜，是以感而未嘗不寂。寂而常感，感而常寂，此心之所以周流貫徹而無一息之不仁也。然則君子之所以「致中和而天地位、萬物育」者，在此而已。蓋主於身而無動靜語默之間者，心也；仁則心之道，而敬則心之貞也。此徹上徹下之道，聖學之本統。明乎此，則性情之德、中和之妙，可一言而盡矣。

熹向來之說固未及此，而來諭曲折，雖多所發明，然於提綱振領處似亦有未盡。又如所謂「學者先須察識端倪之發，然後可加存養之功」，則熹於此不能無疑。蓋發處固當察識，但人自有未發時，此處便合存養，豈可必待發而後察、察而後存耶？且從初不曾存養，便欲隨事察識，竊恐浩浩茫茫，無下手處，而毫釐之差、千里之繆，將有不可勝言者。此程子所以每言孟子才高，學之無可依據；人須是學顏子之學，則入聖人為近，有用力處。其微意亦可見矣。且如

灑掃應對進退，此存養之事也，不知學者將先於此而後察之耶？抑
將先察識而後存養也？以此觀之，則用力之先後判然可觀矣。〔註24〕

朱子在《與張欽夫書》中表述了和《與湖南諸公論中和第一書》類似的觀點。在性上談靜動，在心上談寂感。心之寂對應性之靜，心之感對應性之動，性之動在心上的表現即是情。「然方其靜也，事物未至，思慮未萌，而一性渾然，道義全具，其所謂中，是乃心之所以為體而寂然不動者也。及其動也，事物交至，思慮萌焉，則七情迭用，各有攸主，其所謂和，是乃心之所以為用，感而遂通者也。」可以視為中和新說的經典性表達。但朱子這裡的新意在於談到了靜與動、寂與感的辯證關係。動靜是談客觀性的理，寂感是談主體性的心。理本身生生不息，理之靜是離於經驗世界的純粹的超越性，而理之動則是超越性的理活動地內具在經驗世界中而呈現出來。超越性與內在性是理的兩個面向。理的超越性需要向理的內在性發動，可謂靜之動；理的內在性具有理的超越性的本源，可謂動之靜。而與其相應的心，亦有未發之寂與已發之感的辯證綜合的狀態。心之寂需要發動為心之感，心之感終不能離開心之寂。理之靜動呈現客觀性，心之寂感則為主體性。人更為容易的工夫入路是把握心之寂感，從而開顯理之靜動。把握心之寂感的主體性的工夫，在於貞定住心的敬。心在未發狀態中，需要涵養方面的敬；心在已發狀態中，需要察識方面的敬。朱子反對湖湘學派一味地在察識方面用力，而忽略涵養。並且認為未發時事物不接，涵養此性體比較容易；而已發時事物已接，雜亂紛呈，即著這些事物而釐清其頭緒，把握其性體比較困難。如果沒有涵養，先去察識，則「浩浩茫茫，無下手處，而毫釐之差、千里之繆」，所以一反南軒的「先察識後涵養」的工夫路徑而提倡「先涵養後察識」。

統觀朱子的中和舊說與中和新說，中和新說將未發視作心的思慮未萌的狀態，由此開出一個更為宏大的理論系統。雖然朱子在《與張欽夫》「人自有生即有知識」這一封信的題下自注「此書非是，但存之以見議論本末耳。」〔註25〕但是，不能將中和新說看成是對中和舊說的徹底否定。金春峰先生認為，新說「這一結論，對已發、未發的描述，比之『舊說』，朱熹認為是頓放

〔註24〕　朱熹：《答張欽夫書》，《晦庵先生朱文公文集》卷三十二，《朱子全書》二十一卷，上海：上海古籍出版社、合肥：安徽教育出版社，2002 年，第 1418～1420頁。

〔註25〕　《與張欽夫》，《晦庵先生朱文公文集》卷三十，《朱子全書》二十一卷，上海：上海古籍出版社、合肥：安徽教育出版社，2002 年，第 1315 頁。

得穩當了，但『舊說』關於心性之基本心學思路，則是依然保持下來，沒有任何改變的。故朱熹說『昨日書中論未發者看得如何？兩日思之，疑舊來所說，於心性之實，未始有差，而未發已發字頓放得未穩當。』《已發未發說》又說：『前日之說雖於心性之實未始有差，而未發、已發命名未當。』明確指出『舊來所說於心性之實，未始有差』。這是朱熹對『新舊中和說』方向大本一貫之最清楚明確的肯定。說『新說』否定了『舊說』心性之悟的心學方向，顯然是沒有根據的。自注之『此說非是』，只是指心、性、『未發』、『已發』之名頓放得未穩當而已。」〔註26〕以下是中和舊說與中和新說關於本體與工夫的對照表。

中和舊說的本體與工夫

狀　態	中	和
心		已發
		用
		情
性	未發	
	體	
工夫		察識

中和新說的本體與工夫

狀　態	中	和
心	未發	已發
	寂	感
	體	用
		情
性	靜	動
工夫	敬	敬
	存養	察識

　　從以上圖表可以看出，中和舊說所包含也被中和新說所包含，中和舊說相當於中和新說中已發察識的部分。如果可以將已發察識的部分看成是湖湘一

─────────────

〔註26〕金春峰：《朱熹哲學思想》，臺北：東大圖書公司，1998 年，第 54 頁。

脈的義理構架，則增加的未發涵養的部分則是道南一脈的義理構架。朱子學於李延平，交遊張南軒，中和舊說受南軒影響而有湖湘特色，中和新說則融合了湖湘與道南，成為綜合伊洛南傳兩大學脈的集大成者。因此，中和新說可以視為是對中和舊說的遞進式發展。

自朱子四十歲己丑之悟為始，直至朱子七十一歲卒，凡三十一年，其思想格局未有劇烈變化，而是順其分解的思路對中和新說的思想不斷做出完善。

在主體性上，朱子將心性情三分，並提出「心統性情」的說法。朱子說：「橫渠『心統性情』之說甚善。性是靜，情是動。心則兼動靜而言，或指體，或指用，隨人所看。方其靜時，動之理只在。伊川謂：『當中時，耳無聞，目無見，然見聞之理在，始得。及動時，又只是這靜底。』」〔註27〕在朱子理解中，心可以分為人心與道心。人心是純粹就心之氣質上而言，人心需要通過動靜皆敬的修養工夫，在未發時涵養性，在已發時條貫情，使其發而皆中節。由此性的貞定、情的中節，則人心即可轉為道心。在人心屬氣的立場上，則心尚未體悟其性。而一旦體悟其性，則無論未發之靜還是已發之動，皆為道心，且其未發時，性之靜而有動的趨向；其已發時，情之動而有靜的根底。故體悟性是道心之關鍵。心統性情者，是心統貫性情之義。需要指出，心之統是管家式的統管，而不是主人式的統管。主人式的統管由性體擔當。但由於性體上不可做工夫，工夫須在心上做，故言辭上以工夫踐履之心來統之。

在客觀性上，朱子將理氣二分。但是，這種分別並不是截然兩分，一方面概念上的界定有分別的意思，另一方面在道德的實踐中，所分立者又不離不雜。理是超驗的，氣是經驗的，理需要在氣中表現自身，氣需要理來成其秩序。理在邏輯上先於氣，又不能離開氣，理自身即有呈現自身、降衷自身的內在力量。理是客觀性上的說法，落在具體事物上談就是性。理即性，性即理。人心是氣之靈，屬於氣。因此，客觀性的理氣與主體性的性心就具有對應關係：理對應性，氣對應心，理在氣中呈現自身或者說氣由理而有秩序條貫對應情（性由心而顯著或者說心由性的貞定發而皆中節）。

在工夫論上，朱子由察識逐漸發展出獨具特色的格物說。朱子發展李延平理一分殊注重分殊的工夫路徑，並結合湖湘學派的察識說，創造了即物窮理的格物說。格物說歷來被世人誤解為對於客觀性事物的認知，從而被詬病為「心外求理」。其實朱子之實義並非如此。一方面，就朱子本人而言，朱子在丙戌

〔註27〕黎靖德：《朱子語類》卷六十二，北京：中華書局，1999 年，第 1512 頁。

之悟、己丑之悟已達心性貫通。格物之法，乃就已經開悟之心性貫通繼而推廣擴充之。由已經體悟之「理一」而不離開具體事物，窮盡此「理一」落實在具體事物中而呈現自身的「分殊」性。故格物窮理，不是窮盡「理一」之理，而是不離開具體事物而窮盡「分殊」之理。由「分殊」之理的徹底明白進而愈發彰顯「理一」之理，從而達到成己成物的目的。另一方面，就其他尚未體悟心性貫通者而言，在持敬的工夫下，亦可作格物工夫。物之所以然之理即心之所以然之理，乃一理之不同側面的言說，故能明彼曉此。格物相當於察識工夫，即著事物紛雜中而持敬不已，理自身發動而無阻礙，由此，心能即著事物之然而體悟事物之所以然之理，亦就能夠即著自心之然而體悟自心所以然之理。故無論由朱子本人由涵養而擴充的學思歷程，還是接人進學的察識工夫，皆可以歸於格物。

第六章 朱子之理的「活動」問題
——兼論朱子格物說

　　在朱子哲學思想的研究中，朱子性理的理解與判定是重要的關注點。因為，性理的不同判定直接關聯到朱子整個哲學系統的類型格局。牟宗三先生提出的「即存有不活動」是對於朱子性理的一個非常重要的判定。由此判定，牟先生繼而得出朱子學是「別子為宗」的結果。雖然「即存有不活動」是牟先生獨創的術語，但是這個術語所表達的意思，卻與歷代批判程朱學的儒者（陸象山、王陽明、黃梨洲）以及近代以來的部分學者（馮友蘭）對朱子之性理的把握是一致的。然而，即使如此，仍舊有部分學者（唐蔚芝、錢賓四、金春峰）對此提出了不同的意見。前者持朱子之性理為「即存有不活動」的觀點，而後者持朱子之性理為「即存有即活動」的觀點。而且，此兩類觀點皆有朱子本人的文獻作為支撐的依據。

　　然而，朱子性理的詮釋並非必然如上述兩類觀點那麼針鋒相對、非此即彼，而是可以做出一個折衷，產生一個新的理解。在此理解的基礎上，朱子的格物說也會展現出新的面貌。

一、「即存有不活動」的理解

　　牟先生在多部著作中談及朱子性理為「即存有不活動」。由於其基本理由與立場是一致的，故本文僅僅依據《心體與性體》的表述進行討論，其言：

> 性體既只存有而不活動，只剩下理，則性之為理只能靠「存在之然」來對覈其為理，並不是靠其自身之自發自律自定方向自作主

宰（此即是其心義、其活動義）來核對其為理。……就客觀地由「存
在之然」來逼顯說，是性理之道德意義之滅殺；就主觀地由心氣之
靈之凝聚來把握這些理說，吾人之實踐之為道德的，是他律道德，
蓋理在心氣之外而律之也。（理經由心氣之靈之認知活動而攝具之、
內在化之，以成其律心之用以及心之如理，此不得視為心理為一，
此仍是心理為二。）〔註1〕

性體以「存在之然」來核對其為理與性體以「自作主宰」來核對其為理，
這是兩種不同的樣態。前者僅僅以實然的存在翻上去一層而言存在性，乃僅僅
依著實然的存在而言之。如此的存在，並不具備給予具體存在事物以方向性、
導向性，而是如如地就現象的存有而貞定之、成就之。後者則是需要在前者的
基礎上增加一層方向性、導向性的動力，這是存在的自我實現，是存在自我有
目標的運動根源。前者是「即存有不活動」，後者是「即存有即活動」。

從客觀的理氣關係上看，氣是如實的存有狀態，而理則會具有不同的理解
維度。一方面，理若是「即存有不活動」，則理自身無法顯現自身的目的於氣
上，而是就氣的實然的狀態而奠基其存在性。此存在性無法對氣產生實際的指
導作用，只能就氣如其所是的那樣來確定其形上基礎。另一方面，理若是「即
存有即活動」，則理必然時時刻刻都顯現自身的目的於氣上，不但奠基了氣的
存在性，還對氣未來的存在樣態也作出規劃。這個理是不滿足實然地承認氣的
樣態，而是需要給予氣的運動以應然的方向。

從主體的心性關係上看，人心是人一身之主宰，故談主體，便需以心為落
腳點。心本身就具備了理與氣。就氣來言心，則人心之知覺、情感、欲望等諸
多念頭之波動皆為氣；就理來言心，理落實於人而為人之本性，此本性與心的
關係，則根據理的活動與否而產生很大的差異。若認為理是不活動的，那麼人
之本性就無法在氣心中呈現自己，性是性，心是心，氣心之感發明覺與性理不
具備關聯。若認為理是活動的，那麼人之本性就必然時時刻刻在氣心中呈現自
己，故雖然心有各種意念波動，但意念波動中有其必然的性理所呈現的方向。
對於前者而言，心是氣，性是理，心的各類感知意念都屬於氣，與性理是兩層
的關係。氣心若行道德之事，必然不是從氣心中尋找根源，而是從外在於氣心
的性理上尋找根源。故心無法自作主宰，無法自律，需要被心外的性理來規範。

〔註1〕 牟宗三：《心體與性體》第一冊，《牟宗三先生全集》第五冊，臺北：聯經出版社，2003年，第91頁。

因此，牟先生稱之為他律道德。對於後者而言，心固然有氣的成分，但心中之必然的方向（即純粹的道德精神）則是與理合一的，兩者是一體的關係。故心的道德實踐，其根源在於本心自身，而非是心外，故能夠自作主宰。因此，牟先生稱之為自律道德。

綜上所述，性理之活動與否，在心上實際表現為心能否自發生成必然性的道德律。若不能自發生成，則心的道德實踐是為他律；若能夠生成，則心的道德實踐則為自律。在牟先生的宋明儒學三系說中，程伊川、朱子一系之性理皆為「即存有不活動」，故其性理無法自動呈現於氣心，朱子氣心之道德實踐不是氣心自身的主宰使然，而是聽從外在於氣心之外的性理使然，故朱子之道德為他律道德。而陸象山、王陽明一系與胡五峰、劉蕺山一系，其性理皆是「即存有即活動」，其本心的道德實踐都是源自於本心，屬於自律道德。牟先生認為，儒學正脈是自律道德，性理應是「即存有即活動」。伊川、朱子一系與此不同，乃儒門之旁出，故為「別子」。但朱子之後，儒學反以朱子學影響最大，旁出為主流，故稱之為「別子為宗」。

二、類似「即存有不活動」的其他論述

雖然「即存有不活動」的說法為牟先生所獨創，但此說所標明的朱子的哲學形態，卻具有思想史的淵源。在中國思想史上，雖不用「不活動」之辭，但實有其義的則大有人在。或者說，這些學者對於朱子之性理的判斷，若深入追問，必然與「不活動」說同調。前賢中有陸象山、王陽明、黃梨洲等心學家，今人中有馮友蘭先生。

心學家批評朱子，多以心外求理視之，如象山論朱子，其曰：

> 朱元晦曾作書與學者云：「陸子靜專以尊德性誨人，故遊其門者多。踐履之士，然於道問學處欠了。某教人豈不是道問學處多了些子？故遊某之門者踐履多不及之。」觀此，則是元晦欲去兩短，合兩長，然吾以為不可，既不知尊德性，焉有所謂道問學？[註2]

> 或謂先生之學，是道德、性命、形而上者；晦翁之學，是名物、度數、形而下者。學者當兼二先生之學。先生云：「足下如此說晦翁，晦翁未狀。晦翁之學，自謂一貫，但其見道不明，終不足以一貫耳。吾嘗與晦翁書云：『揣量模寫之工，依放假之似，其條畫足以自信，

───────────────

〔註2〕陸九淵：《陸九淵集·語錄》，北京：中華書局，1980年，第400頁。

其節目足以自安』，此言切中晦翁之膏肓。」〔註3〕

　　象山認為，尊德性與道問學不能外在的拼合，所以朱子想要去兩短、合兩長，或者其他人想要兼備尊德性與道問學，都是不可取的。在象山看來，為學需要有一貫之旨。象山的本心是源自性理的朗現，故本心即是理，道德實踐屬於自律。以此為宗旨，則能開出以德性為主旨的一貫之學。而象山認為朱子所認可的心，只是氣心而已。故朱子只能綜合氣心上的各類見識，沒有性理根源的一貫性。所謂見道不明，只是汲取各類外界具體知識，而於德性全無關涉。而這對於朱子而言，其汲取各類具體知識道理的工夫路徑與朱子嚴分心理為二的理解是一致的，所以朱子仍舊可以說其學說是一貫的。但朱子的一貫，是其支離系統的自洽性，與象山本心即性的系統的自洽與一貫是迥然不同的。

　　陽明亦批評朱子之心理關係，其曰：

　　　　或問：「晦庵先生曰：『人之所以為學者，心與理而已』。此語如何」？曰，「心即性，性即理。下一『與』字，恐未免為二。此在學者善觀之」。〔註4〕

　　朱子談為學的關鍵在於心與理。然而，陽明認為朱子錯在心與理的一個「與」字上。因為用上一個「與」字，就說明心與理為二物，而非一物。在陽明自己的思想系統中，心即理，本心良知即是天理，天理即本心良知，心理是一不是二。朱子分心與理為二，必然要用後天的工夫再去合心理為一。然而，其心中沒有理，必然去心外求理。朱子求理工夫，主要為格物說。王陽明批評朱子之格物說，其曰：

　　　　朱子所謂「格物」云者，在即物而窮其理也。即物窮理，是就事事物物上求其所謂定理者也。是以吾心而求理於事事物物之中，析「心」與「理」而為二矣。夫求理於事事物物者，如求孝之理於其親之謂也。求孝之理於其親，則孝之理其果在於吾之心邪？抑果在於親之身邪？假而果在於親之身，則親沒之後，吾心遂無孝之理歟？見孺子之入井，必有惻隱之理，是惻隱之理果在於孺子之身歟？抑在於吾心之良知歟？其或不可以從之於井歟？其或可以手而援之歟？是皆所謂理也，是果在於孺子之身歟？抑果出於吾心之良知

――――――――――
〔註3〕陸九淵：《陸九淵集‧語錄》，北京：中華書局，1980年，第419～420頁。
〔註4〕王陽明：《傳習錄上‧語錄一》，《王陽明全集》，上海：上海古籍出版社，1992年，第15頁。

歟？以是例之，萬事萬物之理，莫不皆然。是可以知析心與理為二
之非矣。……若鄙人所謂致知格物者，致吾心之良知於事事物物也。
吾心之良知，即所謂「天理」也。致吾心良知之天理於事事物物，
則事事物物皆得其理矣。致吾心之良知者，致知也。事事物物皆得
其理者，格物也。是合心與理而為一者也。〔註5〕

　　陽明認為，朱子之格物，是此心在事事物物上求其定理。如此，心只是一
個感受器官，理不在心中，而在事事物物上。一切德性也不在人心中，而在人
心所面對的事事物物上。這樣一來，人之所以為人的可貴處，不在人自己本身，
反而在外在的事事物物上了。之所以有此荒謬的結論，是由於朱子分心理為
二。陽明認為，正確的做法應該是心理為一，故德性都在人心中。心中的德性
投射到事事物物上，普遍的性理藉著具體的對象呈現為差別性的德目。因此，
心是天理的源泉，格物就是正物，正物就是正心，正心就是致吾本有的良知於
事事物物上，使事事物物皆得其理。

　　黃梨洲對於朱子學亦有類似的評價，其曰：

夫自來儒者，未有不以理歸之天地萬物，以明覺歸之一己。歧
而二之，由是不勝其支離之病。〔註6〕

求性者，必求之人生以上，至於「心行路絕」而後已，不得不
以悟為極，則即朱子之「一旦豁然貫通」，亦未免墮此蹊徑。佛者云
「有物先天地，無形本寂寥，能為萬象主，不逐四時凋」，恰是此意，
此儒佛之界限所以不清也。不知捨四端之外何從見性？仁義禮智之
名，因四端而後有，非四端之前先有一仁義禮智之在中也。「雞三足」、
「臧三耳」，謂二足二耳有運而行之者，則為三矣。四端之外，懸空
求一物以主之，亦何以異於是哉！〔註7〕

　　所謂「自來儒者」，雖未點明，但實指程朱一派的儒者，其義理皆源自於
朱子。黃梨洲認為，這些理學家將天理歸之於天地萬物，於是自心僅僅具有能
夠感知的能力。這樣一來，就是理在心外，心中無理。心要求理，必然捨棄心

〔註5〕　王陽明：《傳習錄中・答顧東橋書》，《王陽明全集》，上海：上海古籍出版社，
　　　　1992年，第44～45頁。

〔註6〕　黃宗羲：《答萬充宗論格物書》，《黃宗羲全集》第十冊，杭州：浙江古籍出版
　　　　社，2005年，第201頁。

〔註7〕　黃宗羲：《孟子師說》，《黃宗羲全集》第一冊，杭州：浙江古籍出版社，2005
　　　　年，第69頁。

自身的力量，而到心外去求，導致「心行路絕」，最終訴諸神秘性的體證，所謂「一旦豁然貫通」就會與佛教類似。黃梨洲認為佛教在現實世界之外去求真理，而朱子捨去心的性情之正所發的四端而別求一理，則正於此相類。「雞三足」是在雞二足的實然上加一個足的理，於是有三足；「臧三耳」是在臧二耳的實然上加一個耳的理，於是有三耳。其實，足之理就蘊藏在二足中，耳之理就蘊藏在二耳中，哪裏可以懸空二足去求個足之理，懸空二耳去求個耳之理？黃梨洲認為朱子心外求理，就是犯了「雞三足」、「臧三耳」的毛病。

今人馮友蘭先生評論朱子之理，更是把理從具體的事事物物中抽象為純粹的形式，其曰：

> 理世界為一「無形跡」之「淨潔空闊的世界」。理在其中，「無情意，無計度，無造作」。此其所以為超時空而永久（Eternal）也。此具體的世界為氣所造作，氣之造作必依理。如人以磚瓦木石建造一房；磚瓦木石雖為必需，然亦必須先有房之形式，而後人方能用此磚瓦木石以建築此房。磚瓦木石，形下之器，建築此房之具也；房之形式，形上之理，建築此房之本也。及此房成，而理即房之形式，亦在其中矣。〔註8〕

馮友蘭認為，氣是具體的世界，而理是超時空而永久的。氣之造作必然要依據理。既可以說，具體事物的成形過程，依據此形式之理，又可以說，具體事物已然成形，則此形式之理就寓於具體的事物之中。以此類推，心作為具體事物之一是為氣，然心有其形式，則為理。氣心如何感知其形式之理？這是一個問題。是形式之理自動體現在氣心中呢，還是氣心到處去尋找其形式之理呢？馮先生的解釋如下：

> 蓋朱子以天下事物，皆有其理；而吾心中之性，即天下事物之理之全體。窮天下事物之理，即窮吾性中之理也。今日窮一性中之理，明日窮一性中之理。多窮一理，即使吾氣中之性多明一點。窮之既多，則有豁然頓悟之一時。至此時則見萬物之理，皆在吾性中。所謂「天下無性外之物」。至此境界，「則眾物之表裏精粗無不到，而吾心之全體大用無不明矣」。用此修養方法，果否能達到此目的，乃另一問題。不過就朱子之哲學系統言，朱子固可持此說也。〔註9〕

〔註8〕馮友蘭：《中國哲學史》，上海：華東師範大學出版社，2010年，第201頁。
〔註9〕馮友蘭：《中國哲學史》，上海：華東師範大學出版社，2010年，第208頁。

　　馮友蘭對於朱子性理的理解。似乎與上述陸象山、王陽明、黃梨洲有所不同。馮先生不認為朱子純粹是心外求理，而是心中有性，物中有理，而且心中性就等同於物中理之全體。然而，馮先生認為朱子不能依靠內在的返求內心來求得心中的性，只能通過求物中的理，不斷地積累而逐漸達到物中理的全體。一旦物中理被獲得，心中性亦被激發。故朱子之工夫，仍舊側重於外，注重心外求理。

　　象山、陽明、梨洲三人對於朱子學的批評，主要著眼點在朱子心理二分，心外求理，似乎沒有批評朱子之性理為「即存有不活動」。然而，如果在心理二分的架構下，理能夠自動呈現自身於氣心之上，那麼所謂的求理，就可以通過本心的發動來覺察，而不必須捨棄本心，而在心外求理。故而，一旦承認心理二分，而又必須心外求理，那麼可以推論出此理必然不能自我呈現於氣心上，此理必然是「即存有不活動」。故上述三人之批評，實已隱含朱子之性理為不活動之意涵。馮友蘭先生對於朱子的理解也是堅持理氣二分，但與上述儒者不同，馮先生認為朱子的性理既在事物上，也在心中，但心不能向內自明理，而需要向外工夫才能求理。也就是說，心中之性理不能自明於心，那麼此性理仍舊是「即存有不活動」的。

　　因此，只要在理氣二分的格局下，批判朱子心外求理，那麼就含有理不活動的意思。牟先生之說點明了朱子學義理的關節點，但同時亦是對前人觀點的承續。

三、「即存有不活動」的理論矛盾

　　依照性理為「即存有不活動」來推論，則朱子之哲學系統會產生嚴重的理論問題。主要可以有以下兩點：

　　其一，不活動使「存有」之理失去效用。

　　如果超驗的理是活動的，可以在經驗世界中顯現其自身，那麼經驗世界的變動就會分成兩類：一類是經驗世界自身的波動，一類是理借助經驗世界的顯現。後者代表了經驗世界運行的正確方向，於是經驗世界的變化就不僅僅是無目的、無方向的變化，而是有目的、有方向的變化。在此意義上，可以說世界是在曲折中前進的。

　　反之，如果理是超驗的不活動的，故此理不會在經驗中呈現自身。那麼此理，最多只能說是對於經驗世界的存在做出形上保證。但此保證，並不對經驗

世界產生任何方向性、導向性的作用，而是就著經驗世界的變動而如如地保證。經驗世界這樣變，它就做這樣的形上保證；經驗世界那樣變，它就做那樣的形上保證。換個思維，經驗世界的存在本身就明示了經驗世界的存在，此形上保證似乎顯得多餘。這樣一來，不活動的理似乎僅僅為一擺設，無法發揮其方向性的效用。

其二，不活動使氣心無法獲取性理。

在氣心與理為二的格局中，氣心無法內求來獲取性理，故要即物窮理。但是，一旦承認性理是即存有不活動，那麼即使氣心外求，也不能獲取性理。因為，氣心與性理不同質，氣心的本然沒有對於性理的正確認識，故完全可能氣心面對性理也不知道那個對象是性理，或者氣心將不是性理的東西誤當作性理來獲取。氣心無法做出自我的正確判斷，必然波動不已，故其最多偶然碰到性理，但不能長久貞定在性理上。

以上兩個問題，一個是存有的問題，如果理的存在變成擺設，那麼朱子學的理氣的哲學架構就會垮掉，成為只是氣的世界；一個是認知的問題，如果心的認知變成虛妄，那麼格物就會成為無效的工夫。這都會將朱子的系統徹底崩潰。那些攻擊朱子的心學派的學者，基本上就在這些地方做文章。如果朱子學真是如此不堪，那麼朱子學不但不能被稱為「別子為宗」，而且連儒學都談不上了。

四、「即存有即活動」的論述

然而，仍舊有宗朱的學者，並不認可朱子之理為「即存有不活動」。其評論所及，皆含有朱子之性理為活動。比如，唐蔚芝先生認為朱子所言之本體為未嘗息者，其曰：

> 夫宗朱學之所諱言者，本體也。然朱子何嘗不言本體乎？「四書」注，晚年之所作也。《大學》首章注云：「其本體之明，有未嘗息者。故學者當因其所發而遂明之」，非言本體乎？《中庸》首章注云：「君子之心，常存敬畏，『雖不見聞，亦不敢忽』，所以存天命，理之本然，而不使離於須臾之頃。」「在下位」節注云：「不明乎善，謂未能察於人心天命之本然，而真知善之所在。」夫「人心天命之本然」，非即本體乎？《孟子》「舜居深山」章注云：「聖人之心，至虛至明，渾然之中萬理畢具。一有感觸，則其應神速，而無所不通。」

此正與《易傳》「無私無為」章相合，非由本體行達道乎？〔註10〕

在唐先生看來，朱子在《大學》、《中庸》、《孟子》的注解中，都論述到了天理本體。在《大學》的注解中，朱子認為本體之明未嘗息。在《中庸》的注解中，朱子認為此心常存敬畏，可以察覺到人心中具有天命之本然。在《孟子》的注解中，朱子認為人心萬理畢具，通過感觸，可以神速感應。這些論述，都是說理在心中，且能夠在心上表現自身，具有活動義。

錢賓四先生論朱子性必有感，其曰：

> 理必安頓在氣上，無此氣，則理無安頓處。心亦屬氣，心必有知覺，故理亦由此知覺來運用，性亦以此知覺為郛郭也。……謂性有知覺，即是說性必有感。在此氣化之中，人物相互間各有感。即是各有知覺，各有性，亦即是各有一相互共通之理。由上向下說，則是有理後有性，而有相互間知與感之心。由下向上說，則是因其有感有知有心，而見其各自之性與其共通之理。然不能謂宇宙大自然由心與感來，只能說宇宙大自然由理與氣來。〔註11〕

錢先生認為朱子「性有知覺，即是說性必有感」。性是理，知覺與感是指心之知覺。性有知覺、性必有感，則是說性理必然降衷落實於氣心中來表現自身，故此知覺雖然是心之知覺，實則也是性理的知覺。心與性理在此境況中為合一的狀態。依照錢先生這樣的理解，朱子之性理必然具有活動義。

唐蔚芝與錢賓四兩先生為宗朱的學者，他們對於朱子的判斷與牟先生迥異。如果依照唐、錢兩先生的判斷，那麼朱子之性理就是「即存有即活動」的，朱子學亦為道德的自律系統。這樣一來，固然可以重新撐起朱子學的義理架構，不使朱子學遭到心學家的嘲諷，但倘若這樣理解朱子，那麼無論是牟宗三的宋明儒學三系說，還是傳統的理學、心學二系說，在心性論上則會變得無甚區別，最多只是分解說與非分解說的差別而已。但是，朱子之學說在工夫論、實踐論上都與陸、王之學有頗多的差異，故其心性論的理解也應與陸、王有所不同。

五、先天認知與後天管攝

牟先生在解讀朱子文獻時，發現朱子對於性理既有「即存有即活動」的表

〔註10〕唐文治：《紫陽學術發微》，上海：華東師範大學出版社，2014 年，第 280～281 頁。

〔註11〕錢穆：《朱子新學案》第二冊，《錢賓四先生全集》，臺北：聯經出版社，1998 年，第 6 頁。

述，也有「即存有不活動」的表述。對於這些文獻上的矛盾，牟先生解釋為朱子順著孟子、以及經典原文的意思而滑轉，字面雖有「即存有即活動」的說法，但在義理上並不真正認可。因而，牟先生在解釋朱子這類滑轉時，就要做出不活動的詮釋。比如，朱子在《中庸章句》中解釋「明明德」，其言：「明德者，人之所得乎天，而虛靈不昧，以具眾理而應萬事者也。但為氣稟所拘，人慾所蔽，則有時而昏；然其本體之明，則有未嘗息者。」〔註12〕牟先生則認為朱子的本義是「明德者，人之所得乎天而可以由虛靈不昧之知之明以認知地管攝之光明正大之性理之謂也。」〔註13〕金春峰先生對之提出了批評，其曰：

> 牟宗三不接受朱熹對「明德」的解說，說朱熹所講「明德」真正的意思是：「明德者，人之所得乎天而可以由虛靈不昧之知之明以認知地管攝之光明正大之性理之謂也。」在這裡，牟宗三對「認知地管攝」故意含糊其辭，不指明是後天「認知地管攝」還是先天「認知地管攝」？因為如是前者，朱熹自己講過：「仁本吾心之德，又將誰使知之而覺之耶？」「明德」不可能外在地作為對象為心所「認知地管攝」；且朱熹對於「明德」為「生而已為心知所知」，講得清清楚楚，是不能曲解的；所以，牟宗三不敢指明「認知地管攝」是後天的。那麼是先天、先驗地為心所「認知」與「管攝」嗎？如果是這樣，那就是「良知」、「生而既知」之德。朱熹說：「性以理言，情乃發用處，心即管攝性情者也」，就是這種先天地生而即有的「管攝」。朱熹曾指出張載「合性與知覺有心之名」這一說法「恐不能無病，便似性外別有一個知覺了」。就是說，「知覺」和「性」是本真本原地「合一」的。這種「合一」就是「良知」。牟宗三卻不敢承認這點，所以只好含混其辭了。但這種「曲解」之不能成立是很顯然的。〔註14〕

金春峰先生認為，朱子「認知的管攝」應該是先天的，而牟宗三將朱子先天的「認知的管攝」模糊處理，變成類似於後天的「認知的管攝」。依照金先生的理路，朱子之性理必然走向「即存有即活動」。

〔註12〕朱熹：《中庸章句》，《四書章句集注》，北京：中華書局，1983年，第3頁。
〔註13〕牟宗三：《心體與性體》第二冊，《牟宗三先生全集》第六冊，臺北：聯經出版社，2003年，第414頁。
〔註14〕金春峰：《對朱熹哲學思想的重新認識——兼評馮友蘭、牟宗三解釋模式之扭曲》，《學術月刊》，2011年6月。

在筆者看來，朱子「認知地管攝」既不是純粹先天的，也不是純粹後天的，而是先天地認知，後天地管攝。從先天的認知上看，人之氣心必然先天地知道是非；從後天的管攝上看，人之氣心既有雜念又有是非之知，故必然經過後天工夫純淨化心念後始能貞定其明德的道德實踐。

朱子性理之活動，必然為未嘗息，故而在氣心上能夠無時無刻知是知非。然而，朱子之系統由於理氣二分，故必然性心二分。性理與氣心分為二，故性理對於氣心只有方向的指示，沒有動力的推進。也就是說，心體只是先天地知識性地能夠知道是非對錯，但沒有依照是非對錯必然去做的先天動力。實施道德行動的目標指示來自於先天的性理，動力則來自於後天的工夫。（而陸、王則在心體上不去嚴分理氣，理氣收攝為一，故此活動義既具有知的是非概念的指示，又具有行的內在動力的推進。）此如活人騎活馬，活人給予活馬一個方向，動力則來自於活馬本身。活馬要克服奔向水草的念頭，而聽從活人的指示向前奔走。氣心好比活馬，既有很多雜念，又在雜念中時時刻刻能夠知道是是非非，於是人心要在這種心念的牽扯中做出實踐性的選擇。這種選擇並非當下即是，而是必須要有涵養、察識的工夫作為保障。

以此義來理解朱子之性理，其活動義比牟先生所說之「不活動」來得強，比牟先生所說之「活動」來得弱。如果從缺乏先天動力而言，則此性理可以淪為「不活動」；如果從給予先天是非之知而言，則此性理亦可稱之為「活動」。天理之知，屬於先天；氣心之行，屬於後天。在此後天之行上，工夫就顯得尤其重要了。上述義理分梳可以簡化為下表所示：

	牟氏之「活動」義	朱子之「活動」義	牟氏之「不活動」義
性 心	心性一體，既有方向指示，又有動力推進（先天後天合一）	有方向指示（先天） 有動力推進（後天）	無方向指示（先天） 有動力推進（後天）
工夫	在既有的動力推進上不使走偏（後天）	生發動力推進，不使走偏（後天）	生發動力推進，不使走偏（後天）

在上表所示的「牟氏之『活動』義」欄中，展現的是陸、王的心性論的架構；在「朱子之『活動』義」欄中，展現的是筆者認為的朱子的心性論的架構；而「牟氏之『不活動』義」欄，則在宋明儒學中實無此形態，為牟氏上承心學家攻擊程朱派的架構。

依照這樣的理解，我們也可以說朱子之學為自律道德。蓋所謂自律，必然

基於自心的自由。自心的自由可以分為創造性的自由和選擇性的自由。陸、王一系本心即理，故本心在純粹自由沒有雜念牽絆的狀態下，必然創生其道德意志，此良知天理為自心所發，故可為道德自律。而程朱一系，主宰的心是氣心，氣心本身被給予了先天的道德判斷的認知。氣心之自由不是創造性的自由，而是選擇性的自由，即自由的氣心可以選擇先天知是知非的道德認知，也可以不選擇先天知是知非的道德認知而選擇氣稟所牽引的方向。而朱子認為人可以依靠後天的工夫實踐來貞定住此道德的選擇，擴充此道德的選擇，這個選擇的自由也可以說是道德自律。

六、理氣論下的性理描述與心性論下的性理描述

然而，如牟宗三先生所說，朱子對於性理的描述既有「即存有即活動」的表述，也有「即存有不活動」的表述，這樣的文本差異如何解釋？

筆者認為，朱子之性理並無「活動」的描述與「不活動」的描述，也不是朱子隨著孟子話頭轉，而是朱子自身對於性理有兩類描述，一類是理氣論框架下的客觀普遍性描述，為了凸顯性理的超越性，不受氣的影響，自身不染不雜；一類是心性論框架的主體境界性描述，為了凸顯性理對於氣心未嘗息的作用。

朱子對於性理在理氣論框架下的描述，比如：

> 疑此氣是依傍這理行。及此氣之聚，則理亦在焉。蓋氣則能凝結造作；理卻無情意，無計度，無造作。只此氣凝聚處，理便在其中。且如天地間人物草木鳥獸，其生也莫不有種，定不會無種子白地生出一個物事。這個都是氣，若理則只是個淨潔空闊的世界，無形跡，他卻不會造作。氣則能醞釀凝聚生物也。但有此氣，則理便在其中。〔註15〕

朱子認為理是「無情意，無計度，無造作」、「淨潔空闊的世界，無形跡」。這樣表述容易導致「即存有不活動」的判斷。但是，我們也可以理解，此文的側重點是說明理氣二分，理是超越於經驗世界的氣的，「情意、計度、造作、形跡」這些詞都是描述經驗世界的波動，而對這些詞的否定，僅僅是為了表達理的超越性，故而我們不能用這些詞在經驗世界中的否定義來理解性理。其實，其他儒者也有類似的用法。比如：周濂溪用靜來描述本體，是為了表示本體超越於經驗世界的動，因而我們不能用經驗世界的動靜之靜來理解本體之

〔註15〕黎靖德：《朱子語類》卷一，北京：中華書局，1986年，第3頁。

靜。王陽明用無善無惡來描述心之本體，是為了表示心之本體超越於經驗世界的善惡對待，因而我們不能用經驗世界的無善無惡來理解本體的無善無惡。至於超越的性理能否在氣上顯現自身，則在此段文字中根本沒有提及。我們不能依靠這樣的文字，就判斷朱子之性理為「即存有不活動」。

朱子對於性理在心性論框架下的描述，比如：

> 天地以生物為心者也，而人物之生，又各得夫天地之心以為心者也。故語心之德，雖其總攝貫通、無所不備，然一言以蔽之，則曰仁而已矣。請試詳之。蓋天地之心，其德有四，曰元、亨、利、貞，而元無不統；其運行焉，則為春、夏、秋、冬之序，而春生之氣無所不通。故人之為心其德亦有四，曰仁、義、禮、智，而仁無不包；其發用焉，則為愛、恭、宜、別之情，而惻隱之心無所不貫。故論天地之心者，則曰乾元、坤元，則四德之體用不待悉數而足；論人心之妙者，則曰「仁，人心也」，則四德之體用亦不待遍舉而該。〔註16〕

朱子在《仁說》認為，天地之心與人心是為一心。天地之心生生不息，相當於天地運行的目的方向。故而天地之運行不能是無序的波動，而是具有目的性、導向性；同樣，人心也是生生不息，不能是無序的波動，而是具有自身內在的目的性、導向性。如果說天地之心是天理主宰著氣的運行，那麼天理表現在人心上，則是性理在氣心的無執狀態中呈現出道德意志的方向。

朱子論「仁」，其言：「仁者，愛之理，心之德也。」〔註17〕愛和心都屬於經驗性的情氣，但此情氣並不是無序的波動，而是生生的表現，因為情氣後面具有理的形上保證。

> 或曰：若子之言，程子所謂愛情仁性，不可以愛為仁者，非歟？
> 曰：不然。程子之所論，以愛之發而名仁者也；吾之所論，以愛之理而名仁者也。蓋所謂性情者，雖其分域之不同，然其脈絡之通各有攸屬者，則曷嘗判然離絕而不相管哉！〔註18〕

程子認為愛之發為仁，朱子認為愛之理為仁。發是情氣，經驗性的情感；

〔註16〕朱熹：《仁說》，《朱子全書》第二十三冊，上海：上海古籍出版社，2002年，第3279～3280頁。

〔註17〕朱熹：《論語集注》，《四書章句集注》，北京：中華書局，1983年，第48頁。

〔註18〕朱熹：《仁說》，《朱子全書》第二十三冊，上海：上海古籍出版社，2002年，第3280頁。

理是性,超驗性的形上本體。但朱子認為兩者雖然分域不同,但不能判然離絕不相管。性理與情氣的相通絪縕,就是理在氣心的自我顯現。

　　略舉上例,可知朱子之性理若從心性論的框架立言,則必然具有活動義(此活動是性理給予氣心以知是知非的道德意志的方向,並不給予動力)。

　　牟先生所說的朱子的本義多是朱子在理氣論上的論述,而滑轉義多是朱子在心性論上的論述。但在筆者看來,朱子的論述並不是如牟先生所說具有本義與滑轉義的區別。朱子在理氣論框架下談的是理氣二分,描述「理超越氣」的文字不能理解成不活動。朱子在心性論框架下談的性顯於心,其「先天的認知」不能理解為滑轉義,而要理解為朱子的本義。這樣一來,文獻中貌似矛盾的地方就會迎刃而解了。

七、朱子格物說新解

　　朱子在中和新說之後,達到思想的成熟期。[註19] 其學說主張理氣二分,性是理,心是氣,性理通過氣心表現自身。從客觀義上講,性理下貫降衷於氣心而未嘗息;從主觀義上講,心由性理之作用而持續呈現出道德判斷的方向。從心上看,心在未發狀態,性理之呈現未嘗息,故持續有先天的道德意志;心在已發狀態,性理之呈現未嘗息,需要在紛紛擾擾的念頭選擇性理的本然呈現,從而貞定擴充其功效。道德意識需要在曲曲折折的事物之間表現自己。

　　心中具有的道德意識,僅僅是先天的指示性的知,而不具有先天的動力,故氣心在知道是非的同時,仍舊含有各類雜念,故在氣心上需要做好持敬的工夫。在未發時持敬則為涵養,在已發時持敬則為察識。未發上的涵養,不是求人生靜以上的空理,而是在氣心平靜狀態中體會性理不息地發動,維持心氣不起雜念;已發上的察識,即在氣心變動的狀態下體悟其性理發動之主宰,從而在紛紛擾擾的念頭中如實貞定住是非,統攝此氣心之變動,維持正確的道德選擇。貞定住是非的道德方向是最為關緊的一步,而在具體的事事物物中繼續貫徹此道德方向,則是後繼的必然發展。儒者不能獨守孤峰,而應開物成務。

　　心之能知為知,所知為物。能知與所知,乃知之兩面。朱子的致知說,是就心之能知上立言;朱子的格物說,是就心之所知上立言。在先天的認知上,心之能知層面有性理,心之所知層面亦有性理,兩者實為同一個性理。此性理

[註19] 關於朱子心性論思想的變化,請參看拙作:《朱子學思歷程》,《孔孟月刊》,2015 年第九、十期。

在心的未發狀態、已發狀態中皆能給出先天的道德方向。只是在心的未發狀態中，此性理在心中的先天方向是無有事物道德意識；而在已發狀態中，此道德意識需要就著事事物物、紛紛擾擾的念頭來表現。於是，格物致知就是將此最終的先天道德意識，貫徹到事事物物、紛紛擾擾的念頭中去，即由理一之性理達到萬殊之性理的過程。朱子曰：

> 大凡道理皆是我自有之物，非從外得。所謂知者，便只是知我底道理，非是以我之知去知彼道理也。道理固本有，用知，方發得出來。若無知，道理何從而見！〔註20〕

這分明是反對心外求理，而是要以既有之理為基礎，從而擴充至事事物物之理。也就是說，道德意志從一個懸空的狀態落實到具體的事物中。在於人，就是通過清楚明白有道德指向的具體操作來體現道德意志。朱子《格物補傳》曰：

> 所謂致知在格物者，言欲致吾之知，在即物而窮其理也。蓋人心之靈莫不有知，而天下之物莫不有理，惟於理有未窮，故其知有不盡也。是以大學始教，必使學者即凡天下之物，莫不因其已知之理而益窮之，以求至乎其極。至於用力之久，而一旦豁然貫通焉，則眾物之表裏精粗無不到，而吾心之全體大用無不明矣。此謂物格，此謂知之至也。〔註21〕

心中本身具有的性理，放在所知上就是眾物之精與裏，放在能知上就是心之體。由此已知之理貫徹落實到具體的事事物物上，則是眾物由「精與裏」達到「表裏精粗」，吾心由「體」達到「全體大用」。從能知上說，這個過程是致知；從所知上說，這個過程是格物。故而，格物必然致知，致知必然格物。

在格物致知之後，則需要誠意。朱子曰：

> 言欲自修者知為善以去其惡，則當實用其力，而禁止其自欺。使其惡惡則如惡惡臭，好善則如好好色，皆務決去，而求必得之，以自快足於己，不可徒苟且以殉外而為人也。〔註22〕

誠意就是在格物致知工夫中，知道如何為善去惡，而由此真知真實地實用其力，去貞定、去發動。朱子尤其看重格物致知與誠意的工夫，其在《大學章

〔註20〕黎靖德：《朱子語類》卷十七，北京：中華書局，1986 年，第 382 頁。

〔註21〕朱熹：《大學章句》，《四書章句集注》，北京：中華書局，1983 年，第 6～7 頁。

〔註22〕朱熹：《大學章句》，《四書章句集注》，北京：中華書局，1983 年，第 7 頁。

句》的結尾言「第五章乃明善之要,第六章乃誠身之本,在初學尤為當務之急,讀者不可以其近而忽之也。」〔註23〕第五章所言格物致知,為知之始,第六章所言誠意,為行之始。知先行後,由此而能走上成德之路。

是故,朱子之格物致知,講的是先天的德性之知如何貫徹落實到具體的事事物物中,而朱子之誠意,講的是後天的心之所發的意如何選擇德性的方向,生發德性擴充的動力。因此,朱子學的成德之教,道德方向歸屬先天,道德動力歸屬後天。在此意義上,談朱子性理之活動與否,就要細分活動的意義。如果活動指性理呈現於氣心上的方向、導向,那麼朱子之性理是活動的;如果活動指性理呈現於氣心上的動力,那麼朱子之性理是不活動的。

如此看來,朱子學的規模是以後天之力擇取、推動先天的德性之知,並將此德性之知落實到具體的事事物物上而為分殊之理,對一事一物都做出合理的安頓。由此可見朱子學的博大精微之處。

〔註23〕朱熹:《大學章句》,《四書章句集注》,北京:中華書局,1983 年,第 13 頁。

第七章　朱陸鵝湖之會異同新探

　　朱陸鵝湖之會儼然成為中國儒學思想史上心學與理學對峙的一樁公案。前賢今彥對此多有論述，但正如馮友蘭先生所說：「一般人之論朱陸異同者，多謂朱子偏重道問學；象山偏重尊德性。……然朱子之學之最終目的，亦在於明吾心之全體大用。此為一般道學家共同之目的。故謂象山不十分注重道問學可；謂朱子不注重尊德性不可。……朱子言性即理。象山言心即理，此一言雖只一字之不同，而代表二人哲學之重要的差異。」〔註1〕馮先生從性即理與心即理分辨二家之異，為朱陸異同的研究作出一大推進。而牟宗三先生認為：「朱子之形態是認識論的形態，是靜態的本體論的存有之形態，而不能復合於本體論的動態的立體直貫之形態，……其距離遠甚於周、張、大程及陸、王也。」〔註2〕在牟先生看來，朱子不但是性即理、心即氣，理氣二分，且其性理是「只存有不活動」；而象山是心性即一，是「即存有即活動」。由此牟先生作出了褒貶，象山合於孟子，而朱子為別出。

　　馮、牟二先生對於朱陸的分判，可以視為現代學人對於朱陸異同理解的兩大高峰，也為後人理解朱陸異同定下了準繩。然而，馮、牟二人談的其實是朱陸之異，他們似乎都忽視了鵝湖之會朱陸之同的一個隱含主題。其實，由此隱含的朱陸之同的主題可以挖掘出朱陸思想異同的另一種解答，同時對心學與理學的理解也會呈現出一種與前人論述迥異的面貌。

〔註1〕 馮友蘭：《中國哲學史》下，《三松堂全集》，鄭州：河南人民出版社，1989年，第348頁。

〔註2〕 牟宗三：《從陸象山到劉蕺山》，《牟宗三先生全集》第八冊，臺北：聯經出版社，2003年，第73～74頁。

一、鵝湖之會論辯內容的敘事遮蔽

鵝湖之會的詳細內容，作為當事人一方的朱子沒有詳盡的記載，而作為另一方的象山有較為詳盡的記載。從《象山語錄》和《象山年譜》上，我們可以看到鵝湖之會主要論辯的內容。

象山在其《象山語錄》中記錄的鵝湖之會，先闡述了他和子壽的兩首詩，於是：

> 元晦大不懌，於是各休息。翌日二公商量數十折議論來，莫不悉破其說。繼日凡致辯，其說隨屈。伯恭甚有虛心相聽之意，意為元晦所尼。〔註3〕

在《象山語錄》裏，可知論詩之後兩日，朱子與呂伯恭與象山等人，尚有論辯主題，可惜並未詳載。我們可以從《象山年譜》中，看到一些當事人的補充記載，如鄒俊父之記錄，如下：

> 朱、呂二公話及九卦之序，先生因亹亹言之。大略謂：復是本心復處，如何列在第三卦，而先之以履與謙？蓋履之為卦，上天下澤，人生斯世，須先辨得俯仰乎天地而有此一身，以達於所履。其所履有得有失，又係于謙與不謙之分。謙則精神渾收聚於內，不謙則精神渾流散於外。惟能辨得吾一身所以在天地間舉錯動作之由，而斂藏其精神，使之在內而不在外，則此心斯可得而復矣。次之以常固，又次之以損益，又次之以困。蓋本心既復，謹始克終，曾不少廢，以得其常，而至於堅固。私欲日以消磨而為損，天理日以澄瑩而為益。雖涉危陷險，所遭多至於困，而此心卓然不動，然後於道有得，左右逢其原，如鑿井取泉，處處皆足。蓋至於此則順理而行，無纖毫透漏，如巽風之散，無往不入，雖密房奧室，有一縫一罅，即能入之矣。二公大服。〔註4〕

又如朱亨道之記錄，如下：

> 鵝湖之會，論及教人。元晦之意，欲令人泛觀博覽，而後歸之約。二陸之意，欲先發明人之本心，而後使之博覽。朱以陸之教人為太簡，陸以朱之教人為支離，此頗不合。〔註5〕

〔註3〕陸九淵：《陸九淵集·語錄》，北京：中華書局，1980年，第428頁。
〔註4〕陸九淵：《陸九淵集·年譜》，北京：中華書局，1980年，第490～491頁。
〔註5〕陸九淵：《陸九淵集·年譜》，北京：中華書局，1980年，第491頁。

　　鄒俊父、朱亨道的敍述雖然偏向象山，但道出了其他論辯主題，即：九卦之序與教人之方。於是，結合象山的記錄，我們可以大致推測出鵝湖之會的三個論辯主題。其一、宗旨之詩；其二、九卦之序；其三、教人之方。

　　在第一個論辯主題上，朱子聽到象山兄弟的詩後，就大不懌，若干年後才做和詩以明自家宗旨反駁二陸之意。〔註6〕因此，在宗旨之詩上，朱陸兩人觀點迥異。在第二個論辯主題上，象山對於九卦之序的解讀為朱子、伯恭所服。因此，在九卦之序上，朱陸兩人觀點相同。在第三個論辯主題上，朱子教人先博後約，象山教人先約後博。因此，在教人之方上，朱陸兩人觀點迥異。

　　在後人引述的鵝湖之會的資料中，宗旨之詩與教人之方的朱陸差異屢屢可見，但九卦之序的相同則多有闕如。譬如，黃宗羲在《宋元學案·象山學案》案語所言：

　　　　宗羲案：先生之學，以尊德性為宗，謂「先立乎其大，而後天之所以與我者，不為小者所奪。夫苟本體不明，而徒致功於外索，是無源之水也」。同時紫陽之學，則以道問學為主，謂「格物窮理，乃吾人入聖之階梯。夫苟信心自是，而惟從事於覃思，是師心之用也」。兩家之意見既不同，⋯⋯繼先生與兄復齋會紫陽於鵝湖，復齋倡詩，有「留情傳注翻榛塞，著意精微轉陸沉」之句，先生和詩，亦云「易簡工夫終久大，支離事業竟浮沉」。紫陽以為譏己，不懌，而朱、陸之異益甚。⋯⋯於是宗朱者詆陸為狂禪，宗陸者以朱為俗學，兩家之學各成門戶，幾如冰炭矣。〔註7〕

　　蓋和詩以明學術宗旨具有趣味與藝術，故為後人所樂道；而其中義理之差異，則在教人之方上有所體現，故此尊德性與道問學也為後人提及。然而，朱陸九卦之同，似不顯兩人之異，而漸有湮沒不聞之患。

　　事實上，宗旨之詩可以視為教人之方的藝術性表達，其義理內涵與教人之方相一致，朱陸宗旨之詩上的對立正是教人之方上對立的反應。而朱陸九卦之序的相同則顯示了朱陸之同。合九卦之序與教人之方而相互考量之，始能真正辨識朱陸思想之異同。

〔註6〕束景南考證說：「陸象山年譜下引朱熹和詩，謂三年後所和，乃誤，朱詩為淳熙六年在觀音寺所和。」參看束景南：《朱熹年譜長編》，上海：華東師範大學出版社，2001年，第532頁。

〔註7〕黃宗羲：《宋元學案》，《黃宗羲全集》第五卷，杭州：浙江古籍出版社，2005年，第278～279頁。

二、朱陸解讀九卦之序的相同之處

九卦之序，講的是履、謙、復、恒、損、益、困、井、巽九卦。出自於《易經・繫辭下》，其文曰：

> 易之興也，其於中古乎！作易者，其有憂患乎！是故履，德之基也；謙，德之柄也；復，德之本也；恒，德之固也；損，德之修也；益，德之裕也；困，德之辨也；井，德之地也；巽，德之制也。履，和而至；謙，尊而光；復，小而辨於物；恒，雜而不厭；損，先難而後易；益，長裕而不設；困，窮而通；井，居其所而遷；巽，稱而隱。履以和行，謙以制禮，復以自知，恒以一德，損以遠害，益以興利，困以寡怨，井以辨義，巽以行權。〔註8〕

象山對於九卦之序的解讀，既有鄒俊父對於鵝湖之會象山解讀大義的簡錄，又有《象山語錄》中象山的詳細闡述。而朱子對於九卦之序的解讀，雖然沒有鵝湖之會的記錄，卻在朱子所著的《周易本義》以及朱子門人所記錄的《朱子語類》中有較為詳盡的敘述。在這些文獻的基礎上，我們可以比照朱子與象山對於九卦之序的理解。由於原文較為駁雜，長短不一，故列表以明之，如下〔註9〕：

朱陸履卦解讀之比較

朱子	履，禮也	上天下澤	定分不易	其德有以為基	踐履為本
象山	禮之本也	上天下澤	理之極致不可易	行為德之基也	君子所行，體履之義

朱陸謙卦解讀之比較

朱子	自卑尊人，謙退	為禮者所當執持	反身修德
象山	有而不居，自卑	自節制以禮	自晦則德益光顯

〔註8〕 李道平：《周易集解纂疏》，北京：中華書局，1994 年，第 659～665 頁。

〔註9〕 表格中所列內容來自於朱熹：《周易本義》，北京：中華書局，2009 年，第 254～255 頁。黎靖德：《朱子語類》第五卷，北京：中華書局，1986 年，第 1952 頁。陸九淵：《陸九淵集・象山語錄》，北京：中華書局，1980 年，第 416～418 頁。

朱陸復卦解讀之比較

朱子	心不外而善端存	孟子所謂自反	陽微
象山	言動之微，念慮之隱，必察其為物所誘與否	知物之為害，而能自反；善者乃吾性之固有	陽復

朱陸恒卦解讀之比較

朱子	守不變而長且久	處雜而常德不厭
象山	不常，則其德不固	能恒者，雖雜而不厭

朱陸損卦解讀之比較

朱子	懲忿窒欲以修身	先難，習熟則易
象山	忿欲之類，為德之害。損者，損其害德	必逆乎情，故先難；損抑以歸於善，故後易

朱陸益卦解讀之比較

朱子	遷善改過以長善	修德益令廣大	充長而不造作
象山	遷善益己之德	善日積而寬裕	有侈大不誠實之意，如是則非所以為益

朱陸困卦解讀之比較

朱子	困以自驗其力	身困而道亨	困而通
象山	患難難處之地以見其德	君子遇困窮，則德益進，道益通	困厄之時，必推致其命

朱陸井卦解讀之比較

朱子	不變其所	不動而及物
象山	居其所，博施濟眾	養人利物，君子之義在於濟物

朱陸巽卦解讀之比較

朱子	順於理，以制事變	稱物之宜而潛隱不露
象山	順於理；順時制宜	其所以稱宜者，非有形跡可見，故隱

　　由以上九卦解讀的比較，可知朱陸九卦的理解非常類似。朱子所述之義，亦為象山所述。象山所述之義，亦為朱子所述。分別各卦來看，朱陸皆有如下共同的看法：履卦復禮，謙卦克己，復卦萌端，恒卦定常，損卦去惡，益卦增善，困卦驗德，井卦濟物，巽卦制宜。總和各卦來看，象山認為：「易道既著則使君子身修而天下治矣。」〔註10〕朱子認為：「九卦皆反身修德以處憂患之事也，而有序焉。」〔註11〕朱陸皆認為九卦之序即是君子道德踐履的過程。（只是象山較樂觀，朱子較謹慎。）

　　朱陸二人共同的意思，依於禮而謙於心，善端就會萌發。隨後定於常道，繼而去惡為善，在艱難的環境下發揚此道。推愛於他人他物，且能夠因地因時制宜而用。

　　如果依照牟先生對朱子學說的判定，可能會對上述的解讀提出異議，即：朱陸所解，辭同義異。這種異議最為可能出現的地方，即對於履卦的解讀。從文獻上看，朱陸二人對於履卦的解釋可以分為兩個層面：一個是客觀層面，即天上澤下，禮之所本；一個是主觀層面，即行德之基，人所踐履。客觀層面可以簡稱為一個禮，主觀層面可以簡稱為一個心。若依照牟先生的朱子理解，那麼朱子之心為氣心，禮中含有理，朱子所解之履卦，則為氣心依照禮而行，氣心久之則能由復禮而得理；象山之心為理心，禮為理的表現，象山所解之履卦，則為本心之發動即表現為禮，本心、理、禮三者一貫。依此解釋，那麼九卦之序辭雖同而義實異。

　　但上述的理解實有不通之處，理由有二：

　　其一，朱子若在初見象山而不明其主旨時，象山如此說，則朱子或許不能明辨象山真正的意思而認同象山。但事實上九卦之序是在宗旨之詩之後方提出，若兩人果真辭同而義異，朱子斷不能不辨其異，斷不能如朱亨道所載的那樣大服於象山。因此，朱子之所以能夠大服於象山，並非朱子為辭同異議所誤，而是實有所同者。

　　其二，朱子認為：「九卦皆反身修德以處憂患之事也，而有序焉」〔註12〕。「皆」者，包含了履卦，履卦亦是反身修德之一序，若將履卦解為氣心依禮而去求理，則何來反身之說？反身者，從自身求，而不是從身外求。因此，朱陸

〔註10〕陸九淵：《陸九淵集‧語錄》，北京：中華書局，1980年，第416頁。
〔註11〕朱熹：《周易本義》，北京：中華書局，2009年，第254頁。
〔註12〕朱熹：《周易本義》，北京：中華書局，2009年，第254頁。

在履卦上也持有通過道德踐履而行道的意思。

　　鑒於以上理由，辭同義異之說不能成立，故朱陸九卦之同乃實有同者，具體在履卦上所表現之同為：作為主觀層面的心即著客觀層面的禮而開展道德踐履，從而逐漸充沛完善。也就是說，人的自我完善的根本源頭在於自我，禮樂是最好依仗的外緣但不起根本的作用，象山如此，朱子亦如此。這是朱陸兩家之通義，其間無有差異。

三、朱子的性是「只存有不活動」嗎？

　　由九卦之序的朱陸之同——尤其是履卦的朱陸之同——所得出的朱陸之同，更像是朱子同於象山，而非象山同於朱子，然其本質上是朱子的心性論已經與牟先生對於朱子的心性論的判定有所不同——朱子的性不是「只存有不活動」，而是「即存有即活動」。

　　事實上，九卦之序只是為朱子心性論翻案的一個切入口，對於朱子思想本身的認定才是朱陸異同的關鍵之所在。〔註13〕朱子思想的變化，大致上可以分為三期：第一期為出入禪學期，第二期為中和舊說期，第三期為中和新說期。在出入禪學期，朱子理解的心只是一個昭昭靈靈，完全是從氣心的功效作用上看，其實根本沒有悟到性體，故由氣心上作用的昭昭靈靈而即用見體，此體只是一個空體，與佛家之空類似。在中和舊說期，朱子師從李延平，延平歿後，又交遊張南軒。朱子思想受到道南與湖湘兩派影響，其結果是中和舊說的形成，即所謂丙戌之悟。此悟以性為未發之體，心為已發之用，與湖湘一派類似。在中和新說期，朱子重新整合了湖湘學派與道南學派的為學路數，性貫靜動，心含寂感。性之靜、心之寂為未發之體；性之動、心之感為已發之用，從而形成了集大成的心統性情的系統。

　　朱陸異同的朱子思想，以朱子第三期的成熟思想為標準。在朱子成熟思想中，對於沒有悟道的學人而言，性是理，心是氣（所謂人心），而悟道之後，則為心性一體（所謂道心）。如何合一法？要麼氣心去合性理，要麼性理降衷氣心。

　　馮友蘭先生分辨了朱子的性是理、心是氣，此為一大卓見，但對於心性如

〔註13〕作為馮友蘭弟子的金春峰先生在《朱熹哲學思想》一書中，就反對馮先生對朱子思想的判定，提出朱子思想是心學。參看：金春峰：《朱熹哲學思想》，臺北：東大圖書股份有限公司，1998 年，自序第 1～7 頁。

何合一的義理依據則闡釋不多。牟宗三先生對於氣心、性理如何合一則有其獨特的思考。牟先生對朱子性理的理解為「只存有不活動」,如此性理自身降衷於氣心的路徑就被截斷了,只剩下氣心合於性理的路徑。牟先生說:

> 性體既只存有而不活動,只剩下理,則性之為理只能靠「存在之然」來對覈其為理,並不是靠其自身之自發自律自定方向自作主宰(此即是其心義、其活動義)來核對其為理。……就客觀地由「存在之然」來逼顯說,是性理之道德意義之減殺;就主觀地由心氣之靈之凝聚來把握這些理說,吾人之實踐之為道德的,是他律道德,蓋理在心氣之外而律之也。(理經由心氣之靈之認知活動而攝具之、內在化之,以成其律心之用以及心之如理,此不得視為心理為一,此仍是心理為二。)〔註14〕

性理不能降衷心氣,而只能依靠心氣合於性理,即是「主觀地由心氣之靈之凝聚來把握這些理」。但是,筆者對牟先生的說法並不贊同,理由有如下三條:

其一、從義理上看,性理「只存有不活動」根本無法悟道。

作為氣的心自身是無法體悟性理的,即「理經由心氣之靈之認知活動而攝具之、內在化之」是無法成立的。因為性理與心氣不同質,即使有性理在氣心的面前,氣心也無法辨識此為性理還是非性理,就好像讓一個盲人去尋找紅色,那麼即使他真的面對紅色,也不知道那個對象就是紅色。也就是說,即使是他律道德,被律的主體也無法分辨其所應遵循的是什麼,對於外在的道德律和外在的非道德律也無法作出分別。因此,如果在性是理、心是氣兩分的格局下來談心性合一,必然不是氣心去合性理,而是性理來合氣心,亦即性理降衷氣心。如此,性理不但存在,還有降衷自身、從氣心上顯現自身的能力,故此性理是「即存有即活動」的性理,而不是「只存有不活動」的性理。

如果一味地認為朱子性理就是「只存有不活動」,那麼,朱子一生就根本無法悟道,以朱子為宗的理學一派也根本無法悟道,那麼宋明道學無異於塌掉半壁江山。性理「只存有不活動」不應該歸於宋明道學中的一支,而應該歸於俗學中的一支了。

其二、從朱子的文獻上看,朱子的性理是「即存有即活動」的。

〔註14〕 牟宗三:《心體與性體》第一冊,《牟宗三先生全集》第五冊,臺北:聯經出版社,2003年,第91頁。

在朱子思想成熟時期的文獻中，朱子對於性理的表述既有「存有」的表述，也有「即存有即活動」的表述，很難有真正的「即存有不活動」的表述。

牟宗三先生所尋出的朱子性理的「即存有不活動」的文獻依據，其實主要是理氣二分，性是理、心是氣的表述，這些表述其實與證成「即存有不活動」還有一段距離，並不能說明作為理的性自身不能降衷、不能在氣上顯現自身。

牟宗三先生對於朱子有明確表述的性理「即存有即活動」的文獻，則說這是語句的滑轉，並對之重新加以自己的解釋。譬如，朱子在注解《大學》「明明德」時說：「明德者，人之所得乎天，而虛靈不昧，以具眾理而應萬事者也。但為氣稟所拘，人慾所蔽，則有時而昏；然其本體之明，則有未嘗息者。故學者當因其所發而遂明之，以復其初也。」〔註15〕其中，本體之明，未嘗息者，即可為性理「即存有即活動」的明證。但牟先生認為：「依朱子之說統，其在《大學》中關於明德所作之注語實當修改如下：『明德』者，人之所得乎天『而可以由虛靈不昧之心知之明義認知地管攝之』之光明正大之性理之謂也」〔註16〕本來朱子之義是性理自身的不息、自身的降衷活動，而牟先生的一經添加，就變成氣心去主動管攝，由性理合心氣改為心氣合性理了。牟先生通過自身的過度詮釋把朱子性理的活動義抹殺，硬生生地將其由縱貫系統轉成了橫攝系統。

其三、從朱子的學思歷程上看，中和新說是對中和舊說的發展而非否定。

朱子中和舊說，為其丙戌之悟；朱子中和新說，為其己丑之悟。若依牟先生的理解，己丑之悟實為別出，那麼之前的丙戌之悟也不可能見道，僅僅是依著張南軒的話頭轉而已。朱子丙戌之悟被張南軒所印證，朱子己丑之悟後又帶動張南軒棄舊從新，這就意味張南軒被一個沒有悟道的朱子牽著跑，張南軒自己也定不住，說明南軒也沒有悟道。牟先生的這類說法，都是為了要論證朱子中和新說之非而逆推得來，不得不否定朱子丙戌之悟，不得不否定張南軒。此外，還有一種可能，即朱子丙戌之悟見道，而己丑之悟不見道。這就是說，中和新說否定了中和舊說。但是這種退轉的說法是很奇怪的，如果剛開始悟道，後來又不悟道，好比盲人眼睛好了以後，看到了紅，卻為了看到更為圓滿的紅，再把眼睛弄瞎掉。

〔註15〕朱熹：《四書章句集注》，北京：中華書局，1983 年，第 3 頁。
〔註16〕牟宗三：《心體與性體》第三冊，《牟宗三先生全集》第七冊，臺北：聯經出版社，2003 年，第 414 頁。

如果肯定朱子丙戌之悟，實為張南軒所傳湖湘之一路，則下面的推論就非常簡易清晰。張南軒印證朱子丙戌之悟，實為本來同道也。而朱子繼而的己丑之悟，則又融合了洛學湖湘、道南兩派。金春峰先生說：「說『新說』否定了『舊說』心性之悟的心學方向，顯然是沒有根據的。自注之『此說非是』，只是指心、性『未發』、『已發』之名頓放得未穩當而已。」〔註17〕新說不是否定舊說，而是發展了舊說，丙戌之悟的合理成分仍舊保留在己丑之悟中，故南軒自然願意隨朱子而更其舊說。

鑒於以上三點理由，朱子雖然理氣為二，性為理、心為氣，但其性理為「即存有即活動」，故可以心性合一。在朱子的成熟思想中，心氣之收斂而為寂，則性理降衷，故以靜名此性理；心氣之發散而為感，則性理降衷，故以動名此性理。性理一直在生生不息，不分動靜而降衷於寂感之氣心。

四、朱陸思想異同與鵝湖之會再詮釋

由於以上的辨析，則可知朱陸義理的理解為：在本體論上，朱子是性即理，心即氣，性理時刻降衷於心氣，心氣之持敬而表現出性理。象山也是性即理，但心不就氣上說，而是即性即理，故稱為本心。本心含有而表現出性理。在工夫論上，朱子需要持敬以保持心氣之正（靜時持敬，如道南涵養工夫；動時持敬，如湖湘察識工夫，若在此處即著察識的對象而言，即是格物），如此性理之必然降衷才能顯出最好的功效。象山需要發明本心，亦是恪守其心，讓心表現出性理的功效。

朱陸之異的核心在心性上。朱子心性是二，性合於心，由二而一；象山心性為一。朱子在由二而一的「一」的層面上所謂的「道心」與象山的「一」的層面上的本心，已無多少區別。唯在朱子的「二」的層面上，分別了理與氣。此氣的部分，可以說有合於理、有不合於理，此不合於理的氣就解釋了世界的負面性存在。這就為心上的持敬、事上的格物提供了存有論依據。持敬者，是從主觀上言的去染還淨；格物者，是從客觀上言的去染還淨，工夫作足，則「眾物之表裏精粗無不到，而吾心之全體大用無不明」。〔註18〕象山力主本心說，故其對待世界的負面性存在，不似朱子在理論上有一界定（朱子由此界定而可以實下做足工夫），而直接就本心之發動而去染還淨，雖然貌似瀟灑光輝、自

〔註17〕 金春峰：《朱熹哲學思想》，臺北：東大圖書股份有限公司，1998年，第54頁。
〔註18〕 朱熹：《四書章句集注》，北京：中華書局，1983年，第7頁。

然樂觀，但不容易真正去除世界的負面性，這也是朱子對其警惕之所在。

朱子既談根本上性理的力量，又有察照的具體的方所，而象山只談根本上性理的力量，察照的方所的客觀存在性則頗顯不足〔註19〕。由於朱子心性是二，故作為性體的光源之照射要落實在氣上，需要一轉折，故德性力量似顯不足；而象山心性是一，無有轉折，故一體的本心的光源之力量顯得較為充足。

朱子對於象山的意見，就是對於世界的負面性存在認識不夠，只就一心的道德力量去充當。朱子批評象山說：「陸子靜之學，只管說一個心本來是好底物事，上面著不得一個字，只是人被私欲遮了。若識得一個心了，萬法流出，更都無許多事。他卻是實見得個道理恁地，所以不怕天，不怕地，一向胡叫胡喊。……子靜卻雜些禪，又有術數，或說或不說。」〔註20〕朱子唯恐象山只求一個本心之體，不在具體事物上承擔，日久則本心之體也會滑落為氣心之昭昭靈靈，如此則與禪學或告子之氣命上的波動無異了。

象山對於朱子的意見，則嫌其學說支離。象山只以為朱子「泰山喬嶽，可惜學不見道，枉費精神，遂自耽擱。」〔註21〕象山認為朱子多在格物上說，不見本體，徒有枝葉而已。而朱子理氣二分，性為理、心為氣的義理系統也容易讓象山誤解。其實朱子在中和舊說的丙戌之悟中已然悟到象山所謂之本心了，繼而到中和新說的己丑之悟，則又有所推進。實在朱子推崇格物之義在於：若學道者不悟本體，則格物之功，可以整頓氣命上的擾動，為性理的降衷做好準備；若學道者悟得本體，則格物之功，可以促使性理降衷之效用不斷推廣，在事事物物上顯現天理。

在上述的朱陸異同理解上，鵝湖之會的宗旨之詩、九卦之序、教人之方的解讀就會呈現出一種新的面貌。

其一，宗旨之詩的解讀

陸氏兄弟的詩作與舊解無異，皆是強調本心之重要，而認為格物之支離。但朱子事後的和詩則另有一番意味。「舊學商量加邃密，新知培養轉深層」，則不是指通過格物講學讀書之法，將心外之物上的理求到心中，而是指在舊學新知的格物工夫下，性理在心物上獲得更為全面的展現，這是朱子自述自己的為

〔註19〕在這一方面，後來王陽明的心學講「有善有惡意之動」、「意之所在即是物」，就樹立了對象的客觀性。

〔註20〕黎靖德：《朱子語類》第一百二十四卷，北京：中華書局，1986 年，第 2981 頁。

〔註21〕陸九淵：《陸九淵集‧語錄》，北京：中華書局，1980 年，第 414 頁。

學宗旨。「只愁說到無言處，不信人間有古今」是指陸氏兄弟先立本心而不注重下學的工夫，深恐其只囿於形上的本體中，甚至漸變為氣心之昭昭靈靈，而落入禪學之以心傳心的無言之教了。如此則根本不關心世間變化，走上了儒家經世致用的反面。

其二，九卦之序的解讀

象山九卦之序的解讀，注重本心的道德踐履，在履卦上為本心由著天地之規模而充沛踐行。朱子九卦之序的解讀，注重性理降衷於氣心而有道德踐履，在履卦上為性理降衷於氣心由著天地之規模而充沛踐行。一為本心，一為性理降衷於氣心，前者圓融說，後者解析說，其實所說為一。至於履卦之後的八卦，則象山之本心，與朱子之性理心氣合一之心，皆是同一物在兩人系統中的類似表述，故朱陸二人實無差異也。

其三，教人之方的解讀

象山教人之方，為先立其大，以本心之道德力量去承擔一切事物，故提倡先約後博。朱子教人之方，並不用力於純粹的性理之降衷，因為性理本身之降衷不假人力之強弱。朱子用力之處，在於協調安頓氣命（兼有心氣與物氣）的秩序，使其利於性理之降衷，展現性理而非蒙蔽性理。李延平曾經告誡朱子：「吾儒之學，所以異於異端者，理一分殊也。理不患其不一，所難者分殊耳！」〔註22〕朱子注重分殊的工夫，不是沒有理一隻求分殊，而是在理一降衷的前提下來協調分殊。如此，分殊上都顯出各有特色的條理，才是理一最好的落實與變現。

朱子好分解說而有氣心與性理之分梳，故側重對付負面性的存在；象山好圓融說而有本心之一貫，故側重發動正面性的力量。鵝湖之會雖不能會歸於一，但亦並非形同水火，在朱陸差異的外在紛擾下，實有極大的相近之處。

〔註22〕趙師夏：《宋嘉定姑孰刻本延平答問跋》，《朱子全書》第十三冊，上海：山海古籍出版社；合肥：安徽教育出版社，2010年，第354頁。

第八章　朱子與陽明《大學》首章詮釋之比較

　　自宋代以降，《大學》由《禮記》中的一篇而上升至《四書》中的一部，益已成為宋明儒者闡發儒門義理的核心文獻。朱子認為《大學》開顯了儒家的義理規模，學習《四書》應從《大學》入門。朱子說：「蓋『格物致知』者，堯舜所謂精一也，『正心誠意』者，堯舜所謂執中也。自古聖人口授心傳而見於行事者，惟此而已。至於孔子，集厥大成，然進而不得其位以施之天下，故退而筆之，以為《六經》，以示後世之為天下國家者，於其間語其本末終始先後之序尤詳且明者，則今見於戴氏之《記》，所謂《大學》篇者是也。」〔註1〕朱子作《大學章句》，調整了文獻的秩序，補充了認為缺漏的地方，重新訓詁了字義，闡釋了其理學的宗旨。

　　朱子之後，許多宋明儒者藉著《大學》而闡釋自身義理。其中，比較著名的有王陽明與劉蕺山對於《大學》的重新解讀。在思想史的脈絡中，陽明的《大學》解讀是比較徹底的扭轉了朱子的詮釋方向，而蕺山的解讀則是基於其自身立場對陽明的部分修正。因此，朱子和陽明的《大學》解讀可以大致上代表《大學》詮釋學的兩種路徑。陽明一生的學問經歷，似乎都與《大學》有著密切的聯繫，譬如：早年的格竹子，以及悟道後的致良知，以及推崇大學古本，刊布《朱子晚年定論》，晚年的《大學問》與四句教都與《大學》的解釋聯繫在一起。可以說，陽明心學之學術問題在很大程度上都是藉著對於朱子《大學章句》

〔註1〕 朱熹：《壬午應詔封事》，《朱子全書》第二十冊，上海：上海古籍出版社，2002年，第572頁。

義理解讀的修正而生成的。

在傳統的理解中，《大學》首章為經，孔子之言，曾子述之，餘下的章節都是對首章經文所作之傳。故《大學》首章最為重要，也是朱子與陽明兩人分歧之所在。

下面依次將以朱子的《大學章句》與陽明的《大學問》為基礎的文獻，結合其他內容，作出相應的解讀與分梳，以明二人詮釋之差異。

一、釋「明明德」

1. 朱子的解讀

> 明，明之也。明德者，人之所得乎天，而虛靈不昧，以具眾理而應萬事者也。但為氣稟所拘，人慾所蔽，則有時而昏；然其本體之明，則有未嘗息者。故學者當因其所發而遂明之，以復其初也。
> 〔註2〕

朱子對於「明明德」的理解與其對於心的理解具有一致性。在朱子的思想中，理與氣具有重要的區別。從心的角度論氣，則氣一方面是昭昭靈靈，一方面是波動變化。從心的角度論理，則理需要給予心之氣以主宰，使其昭昭靈靈有所自覺，使其波動而皆中節。若理失卻其主宰，則心為人心；若理恢復其主宰，則心為道心。

就朱子解「明明德」而言，「明德」的本然狀態似乎是綜合理氣而動態的言心。如朱子在《四書或問》中所言：「惟人之生乃得其氣之正且通者，而其性為最貴，故其方寸之間，虛靈洞徹，萬理咸備，蓋其所以異於禽獸者正在於此，而其所以可為堯舜而能參天地以贊化育者，亦不外焉，是則所謂明德者也。」〔註3〕理和氣皆得乎天。在其本然狀態中，氣是正且通者，虛靈不昧而波動變化。由於心氣之虛靈不昧，理可以具於心氣之中，使其具備眾理；由於心氣之波動變化，理可以即著不同的勢態而散為萬理，並在發動中保持中節，使其應順萬事。但是在具體實踐過程中，心之氣會昏沉，遮蔽理的主宰作用。但是理本身卻一直在發生著主宰的作用。這時候，「明」（動詞）的工夫是就著理的作用而恢復主宰，從而重返本然狀態。

〔註2〕朱熹：《四書章句集注》，北京：中華書局，1983年，第3頁。
〔註3〕朱熹：《四書或問》，《朱子全書》第六冊，上海：上海古籍出版社，2002年，第507～508頁。

2. 陽明的解讀

> 　　大人者，以天地萬物為一體者也，其視天下猶一家，中國猶一人焉。若夫間形骸而分爾我者，小人矣。大人之能以天地萬物為一體也，非意之也，其心之仁本若是，其與天地萬物而為一也。豈惟大人，雖小人之心亦莫不然，彼顧自小之耳。是故見孺子之入井，而必有怵惕惻隱之心焉，是其仁之與孺子而為一體也，孺子猶同類者也；見鳥獸之哀鳴觳觫，而必有不忍之心，是其仁之與鳥獸而為一體也，鳥獸猶有知覺者也；見草木之摧折而必有憫恤之心焉，是其仁之與草木而為一體也，草木猶有生意者也；見瓦石之毀壞而必有顧惜之心焉，是其仁之與瓦石而為一體也，是其一體之仁也。雖小人之心亦必有之，是乃根於天命之性，而自然靈昭不昧者也，是故謂之「明德」。小人之心既已分隔隘陋矣，而其一體之仁猶能不昧若此者，是其未動於欲，而未蔽於私之時也。及其動於欲，蔽於私，而利害相攻，忿怒相激，則將戕物紀類，無所不為，其甚至有骨肉相殘者，而一體之仁亡矣。是故苟無私欲之蔽，則雖小人之心，而其一體之仁猶大人也；一有私欲之蔽，則雖大人之心，而其分隔隘陋猶小人矣。故夫為大人之學者，亦惟去其私欲之蔽，以明其明德，復其天地萬物一體之本然而已耳。非能於本體之外，而有所增益之也。〔註4〕

　　在陽明的解釋中，「明德」是一體之仁的整全狀態。此一體之仁縱貫橫通。在縱貫上，「根於天命之性，自然靈昭不昧」，明德是融合著超越的理與經驗的氣的整體狀態。在橫通上，「以天地萬物為一體」，明德所施仁的範圍包含了孺子、鳥獸、草木、瓦石等一切，如同張載的民胞物與、天地一體的境界。陽明認為，一體之仁的明德人人具有，之所以在現實生活中未必如此，是因為動於欲，蔽於私，而至於不整全的緣故。但雖然如此，天地萬物一體之本然仍舊在發揮著功效，只要人能夠順著本然的作用而去其私欲之蔽，仍然能夠恢復一體之仁。

　　在朱子的詮釋中，明德的狀態是指正通的氣心能夠具眾理應萬事。在陽明的詮釋中，明德的狀態是一體之仁。如果我們從最後的功效上看，正通的氣心

〔註4〕　王陽明：《大學問》，《王陽明全集》，上海：上海古籍出版社，1992年，第968頁。

具眾理應萬事與一體之仁其實沒有多大的差別。但是，朱子之心具眾理似乎凸顯了客觀性維度，而陽明的一體之仁則凸顯了主體性維度。從工夫的進路來看，陽明之一體之仁是一個綜合的大心的擴充，具有整體性的擔當。而朱子之氣心具眾理應萬事則更強調整體性的各個環節的嚴謹。在明明德的依據上看，陽明之天地萬物一體之本然就整體合理氣而言，而朱子之本體之明，則似乎僅僅指理之作用而言。

二、釋「親民」

1. 朱子的解讀

> 程子曰：「親，當作新。」……新者，革其舊之謂也，言既自明其明德，又當推以及人，使之亦有以去其舊染之污也。〔註5〕

朱子將「親」解作「新」。「新」作動詞，使民由舊的「不明德」的狀態轉向新的「明德」狀態。朱子認為：「今吾既幸有以自明矣，則視彼眾人之同得乎此而不能自明者，方且甘心迷惑沒溺於卑污苟賤之中而不自知也，豈不為之惻然而思有以救之哉！故必推吾之所自明者以及之，始於齊家，中於治國，而終及於平天下，使彼有是明德而不能自明者，亦皆有以自明，而去其舊染之污焉，是則所謂新民者，而亦非有所付界增益者也。」〔註6〕新民的主要意思是，我明明德後幫助他人，讓他人也明明德。

2. 陽明的解讀

> 明明德者，立其天地萬物一體之體也，親民者，達其天地萬物一體之用也。故明明德必在於親民，而親民乃所以明其明德也。是故親吾之父，以及人之父，以及天下人之父，而後吾之仁實與吾之父、人之父與天下人之父而為一體矣。實與之為一體，而後孝之明德始明矣。親吾之兄，以及人之兄，以及天下人之兄，而後吾之仁實與吾之兄、人之兄與天下人之兄而為一體矣。實與之為一體，而後弟之明德始明矣。君臣也，夫婦也，朋友也，以至於山川鬼神鳥獸草木也，莫不實有以親之，以達吾一體之仁，然後吾之明德始無不明，而真能以天地萬物為一體矣。夫是之謂明明德於天下，是之

〔註5〕朱熹：《四書章句集注》，北京：中華書局，1983年，第3頁。

〔註6〕朱熹：《四書或問》，《朱子全書》第六冊，上海：上海古籍出版社，2002年，第508～509頁。

　　謂家齊國治而天下平，是之謂盡性。〔註7〕

　　陽明仍舊按「親」來解。「親」的主體是我，客體是他人、他物，由我之仁心擴充而去仁民愛物。明明德就如同我心中的光源，繼而照遍他人、他物，繼而達到天地萬物一體。在擴充照遍的過程中，就是儒家的忠恕之道，推己及人，成人成物，將仁體本具的關懷通過實踐而真正體現出來。

　　在朱子的詮釋中，人與人之間是並列關係，我的明明德在於正通的氣心具眾理應萬事，那麼他人的明明德也可以由正通的氣心具眾理應萬事。在陽明的詮釋中，人與人之間是一貫關係，我的明明德的擴充推廣自然要遍及他人他物。朱子是多個中心點的發用，陽明是一個中心點的發用。但是，我們如果進一步看，朱子的思想中，每個個體的明明德的具眾理應萬事，必然會與他人他物發生關係，「必推吾之所自明者以及之」就會帶有「親」的意思。陽明的思想中，個體的明明德的擴充自然會感召他人，使他人見賢思齊，而能「新」其自身，明其明德。因此，朱熹顯豁了諸個個體的明明德之「新」，但其中必然暗含著「親」；陽明顯豁了個體明明德的擴充功傚之「親」，但其中必然暗含著「新」。

三、釋「止於至善」

1. 朱子的解讀

　　　　止者，必至於是而不遷之意。至善，則事理當然之極也。言明
　　明德、新民，皆當至於至善之地而不遷。蓋必其有以盡夫天理之極，
　　而無一毫人慾之私也。〔註8〕

　　朱子認為止是不遷，至善是事理當然之極。遷的原意是登高。也就是說，明明德與新民都發展到最完善、最高的狀態，無法繼續往上攀登了。在朱熹的思想中，至善是實施工夫之後的圓滿狀態，此時氣心上無有一毫人慾之私，氣心達到完全的正通，於是天理透過人心而圓滿的展現出來。不但我之心可以具眾理應萬事，人人都可以具眾理應萬事。

2. 陽明的解讀

　　　　至善者，明德、親民之極則也。天命之性，粹然至善，其靈昭

〔註7〕王陽明：《大學問》，《王陽明全集》，上海：上海古籍出版社，1992年，第968
　　～969頁。
〔註8〕朱熹：《四書章句集注》，北京：中華書局，1983年，第3頁。

不昧者，此其至善之發見，是乃明德之本體，而即所謂良知也。至善之發見，是而為是，非而為非，輕重厚薄，隨感隨應，變動不居，而亦莫不自有天然之中，是乃民彝物則之極，而不容少有議擬增損於其間也。少有擬議增損於其間，則是私意小智，而非至善之謂矣。自非慎獨之至，惟精惟一者，其孰能與於此乎？後之人惟其不知至善之在吾心，而用其私智以揣摸測度於其外，以為事事物物各有定理也，是以昧其是非之則，支離決裂，人慾肆而天理亡，明德親民之學遂大亂於天下。蓋昔之人固有欲明其明德者矣，然惟不知止於至善，而騖其私心於過高，是以失之虛罔空寂，而無有乎家國天下之施，則二氏之流是矣。固有欲親其民者矣，而惟不知止於至善，而溺其私心於卑瑣，生意失之權謀智術，而無有乎仁愛惻坦之誠，則五伯功利之徒是矣。是皆不知止於至善之過也。故止至善之於明德、親民也，猶之規矩之於方圓也，尺度之於長短也，權衡之於輕重也。故方圓而不止於規矩，爽其則矣；長短而不止於尺度，乖其劑矣；輕重而不止於權衡，失其準矣；明明德、親民而不止於至善，亡其本矣。故止於至善以親民，而明其明德，是之謂大人之學。〔註9〕

　　陽明認為的至善不是工夫實踐的結果，而是貫穿於工夫始終的本體，一直在擴充的過程中發揮其根本性的力量。也正是由於至善的持續作用，最後才有圓滿的功效。陽明說：「至善者性也。性元無一毫之惡，故曰至善。止之，是復其本然而已。」〔註10〕因此，對於「止」的解讀就不再是不遷的意思，而是以至善之性為永恆的主宰、依據，由此而貞定住心體的波動，使其一直持續健康的發生功效。因此，至善是心體的根本，明明德、親民是心的發用，猶如方圓、長短、輕重，而至善是規矩、尺度、權衡。如果不能以至善為止，即不依靠此規矩、尺度、權衡，那麼方圓、長短、輕重就會產生乖謬，失卻至善作為根基的心體作用就會淪落為佛老的虛罔空寂，霸道的權謀智術。

　　朱子的至善是從其理論體系的果位上說，故其止是好到不能再好的意思，

〔註9〕 王陽明：《大學問》，《王陽明全集》，上海：上海古籍出版社，1992年，第969～970頁。

〔註10〕 陳榮捷：《王陽明傳習錄詳注集釋》，上海：華東師範大學出版社，2009年，第67頁。

裏面具有達到極致不變的狀態的內涵。陽明的至善是從其理論體系的因位上說，故其止是保持至善的主宰地位。當然，有其至善的功效，果位上的圓滿也會相應產生。但是，朱子的止蘊涵著歷史的終結，朱子可以說這種止的狀態是理想，未必能夠在真實的歷史中達到，所以人永遠處於止於至善的過程中。陽明的至善作為心之本體（或者說是性體，陽明的性體收在心體中說），是為一切運動之根本依止，並未有終結不動的意味。它一直是心體發生效用的基礎，由於它的存在，心體一直在擴充推廣，由明明德而仁民愛物，萬物一體。朱子果位上論止於至善，但有果位必有因位，故朱子也可以承認超越的性理自身的重要性，這就和陽明一致了。陽明因位上論止於至善，但有因位必有果位，故陽明也可以承認真正現實中達到天下一體之仁的最終狀態，這就和朱子一致了。故雖然兩人對於止於至善的認定不同，但在此層面上，未必有多少理論上的牴牾。

四、釋「知止而後有定，定而後能靜，靜而後能安，安而後能慮，慮而後能得」

1. 朱子的解讀

> 止者，所當止之地，即至善之所在也。知之，則志有定向。靜，謂心不妄動。安，謂所處而安。慮，謂處事精詳。得，謂得其所止。
>
> 〔註11〕

這句話的關鍵在於對止的理解。朱子的止，是外在果位上的止。也就是修道者所確立的奮鬥目標。朱子說：「如射者固欲其中夫正鵠，然不先有以知其正鵠之所在，則不能有以得其所當中者而中之也。」〔註12〕至善之止就如同射箭的靶子，瞄準好靶子，然後定、靜、安、慮，逐層作工夫，最後得，就是射中靶子，達到奮鬥目標。

2. 陽明的解讀

> 人惟不知至善之在吾心，而求之於其外，以為事事物物皆有定理也，而求至善於事事物物之中，生意支離決裂，錯雜紛紜，而莫知有一定之向。今焉既知至善之在吾心，而不假於外求，則志有定

〔註11〕 朱熹：《四書章句集注》，北京：中華書局，1983年，第3頁。
〔註12〕 朱熹：《四書或問》，《朱子全書》第六冊，上海：上海古籍出版社，2002年，第510頁。

向，而無支離決裂、錯雜紛紜之患矣。無支離決裂、錯雜紛紜之患，則心不妄動而能靜矣。心不妄動而能靜，則其日用之間，從容閒暇而能安矣。能安，則凡一念之發，一事之感，其為至善乎？其非至善乎？吾心之良知自有以詳審精察之，而能慮矣。能慮則擇之無不精，處之無不當，而至善於是乎可得矣。〔註13〕

陽明的止，不是外在的奮鬥目標，而是涵養內心貞定的主宰。陽明批評朱子在心外求至善，會導致支離決裂、錯雜紛紜的後果。《中庸》說：「射有似乎君子，失之正鵠，反求諸其身。」〔註14〕射不中目標，不在於目標的問題，而是自己的問題。陽明的知止就是從果位收攝到因位。從心中的本體所發，經過定、靜、安、慮，最後到得。得是射中靶子，在果位上達到一體之仁的實現。

止、定、靜、安、慮、得是從人的主體角度來談三綱領的實施過程。在實施過程中，人還不是聖人，僅僅是一介凡夫，故其心體尚未達到自明的完整狀態。由於對於止於至善的理解不同，故對於「知止」也產生不同的理解。從陽明的系統看，止、定、靜、安、慮、得可以看作是自心的不斷推廣擴充的過程。陽明是完全由內而外的發動，最終達到一體之仁的實現。從朱子的系統來看，止、定、靜、安、慮、得可以看作是氣心對於天理不斷接近直至獲取與擴充的過程，也是每個個體明明德的過程。朱子是經由奮鬥目標的立志過程而後再作持續的奮鬥，最終達到具眾理應萬事的實現。

五、釋「物有本末，事有終始，知所先後，則近道矣」

1. 朱子的解讀

> 明德為本，新民為末。知止為始，能得為終。本始所先，末終所後。〔註15〕

朱子以本釋明德，以末釋新民。以始釋知止，以終釋能得。明德、知止為先，新民、能得為後。由知止到能得，可以看做明德的完整過程。這種過程展現多個人身上，就是親民。達到極致，就是止於至善。

〔註13〕王陽明：《大學問》，《王陽明全集》，上海：上海古籍出版社，1992 年，第 970 頁。

〔註14〕朱熹：《四書章句集注》，北京：中華書局，1983 年，第 24 頁。

〔註15〕朱熹：《四書章句集注》，北京：中華書局，1983 年，第 3 頁。

2. 陽明的解讀

> 終始之說，大略是矣。即以新民為親民，而曰明德為本，親民為末，其說亦未嘗不可，但不當分本末為兩物耳。夫木之幹，謂之本，木之梢，謂之末。惟其一物也，是以謂之本末。若曰兩物，則既為兩物矣，又何可以言本末乎？新民之意，既與親民不同，則明德之功，自與新民為二。若知明明德以親其民，而親民以明其明德，則明德親民焉可析而為兩乎？先儒之說，是蓋不知明德親民之本為一事，而認以為兩事，是以雖知本末之當為一，而亦不得不非為兩物也。〔註16〕

陽明對於朱子的解釋基本贊同。但是陽明指出，本末是一物的本末。但依照朱子的解釋，容易誤解為兩物，如明德是我的明德，新民是他的明德，就變得與我不相干。陽明通過批判朱子來說明天地萬物的不完善都與我相干，這與其所倡導的天地萬物一體之仁一致。

這一段是總括的話。陽明與朱子雖然路數不同，但在大致的成德之教的方向上可以達成一致。只是朱子的總括仍舊是以分解的路子來作綜合，故陽明批評朱子的分解說會導致支離，而陽明的總括更能顯示其圓融一體的意思。

六、釋「八條目」

1. 朱子的解讀

「八條目」的上半部分為「古之欲明明德於天下者，先治其國；欲治其國者，先齊其家；欲齊其家者，先修其身；欲修其身者，先正其心；欲正其心者，先誠其意；欲誠其意者，先致其知；致知在格物」，朱子的解讀為：

> 明明德於天下者，使天下之人皆有以明其明德也。心者，身之所主也。誠，實也。意者，心之所發也。實其心之所發，欲其一於善而無自欺也。致，推極也。知，猶識也。推極吾之知識，欲其所知無不盡也。格，至也。物，猶事也。窮至事物之理，欲其極處無不到也。此八者，大學之條目也。〔註17〕

在朱子的系統中，「明明德於天下者」就是人人之心都能具眾理應萬事，

〔註16〕 王陽明：《大學問》，《王陽明全集》，上海：上海古籍出版社，1992年，第970頁。

〔註17〕 朱熹：《四書章句集注》，北京：中華書局，1983年，第3～4頁。

而「欲明明德於天下者」就是知止的立誌狀態。由天下反推至國、至家、至身、至心。心中更為根本的是心之所發的意。但意有對有錯，要讓意向著正確的方向發動，就要致知。朱子的知識並非是現代意義上的對於客觀對象認識的知識，而是指心的能知。事物之理是所知。能知與所知相對應，並在工夫實踐中做到能知無不盡，所知無不到。

「八條目」的下半部分為：「物格而後知至，知至而後意誠，意誠而後心正，心正而後身修，身修而後家齊，家齊而後國治，國治而後天下平」，朱子的解讀為：

> 物格者，物理之極處無不到也。知至者，吾心之所知無不盡也。
> 知既盡，則意可得而實矣，意既實，則心可得而正矣。修身以上，明明德之事也。齊家以下，新民之事也。物格知至，則知所止矣。意誠以下，則皆得所止之序也。〔註18〕

八條目的核心在於格物。朱子作《格物補傳》曰：「所謂致知在格物者，言欲致吾之知，在即物而窮其理也。蓋人心之靈莫不有知，而天下之物莫不有理，惟於理有未窮，故其知有不盡也。是以大學始教，必使學者即凡天下之物，莫不因其已知之理而益窮之，以求至乎其極。至於用力之久，而一旦豁然貫通焉，則眾物之表裏精粗無不到，而吾心之全體大用無不明矣。此謂物格，此謂知之至也。」〔註19〕格物與致知為一事兩面。物是所知，知是能知，能所相應。在未嘗作工夫之前，我的能知可能僅僅偏於一隅，尚未達到全體大用；我的所知可能僅僅偏於粗略，尚未達到表裏精粗。通過格物致知的工夫，則能知達到「吾心之全體大用無不明」，所知達到「眾物之表裏精粗無不到」。上述過程，這是明明德的關鍵步驟。從主體上說就是致知，從客體上說就是格物。上述過程的結果，從主體上說就是知至，從客體上說就是物格。物格知至，那麼意的發動就會向好的方向發展，於是心就得其正，身就得其修。這樣就與三綱領的明明德相符。朱子認為，明明德包含格物、致知、誠意、正心、修身；新民包含了齊家、治國、平天下。齊家、治國、平天下可以視作上述明明德的過程在其他主體上獲得實現。也就是天下之人皆格物、致知、誠意、正心、修身，皆達到具眾理應萬事的完善狀態。

朱子認為，物格而知至，則為知止，即領悟了止於至善之理，是為知。但

〔註18〕朱熹：《四書章句集注》，北京：中華書局，1983 年，第 4 頁。
〔註19〕朱熹：《四書章句集注》，北京：中華書局，1983 年，第 6～7 頁。

從知止到能得，也就是從領悟止於至善到真正達到止於至善，則需要實踐，是為行，包括從個體的明明德上說的意誠，心正、身修；從群體的新民上說的家齊、國治、天下平。

2. 陽明的解讀

陽明對於上述「八條目」的解讀為：

> 此正詳言明德、親民、止至善之功也。蓋身、心、意、知、物者，是其工夫所用之條理，雖亦各有其所，而其實只是一物。格、致、誠、正、修者，是其條理所用之工夫，雖亦皆有其名，而其實只是一事。何謂身心之形體？運用之謂也。何謂心身之靈明？主宰之謂也。何謂修身？為善而去惡之謂也。吾身自能為善而去惡乎？必其靈明主宰者欲為善而去惡，然後其形體運用者始能為善而去惡也。故欲修其身者，必在於先正其心也。然心之本體則性也，性無不善，則心之本體本無不正也。〔註20〕

陽明認為八條目其實只是一物，亦即一個整體。他詳細闡發了八條目中的作為明明德的格物、致知、誠意、正心、修身。事實上，齊家、治國、平天下可以作為親民而收攝在明明德的發用上說。而正心、修身都可以視作明明德的發用，於是追本溯源可以將關鍵問題聚焦在格物、致知、誠意三事上。

> 何從而用其正之之功乎？蓋心之本體本無不正，自其意念發動，而後有不正。故欲正其心者，必就其意念之所發而正之，凡其一念而善也，好之真如好好色，發一念而惡也，惡之真如惡惡臭，則意無不誠，而心可正矣。然意之所發，有善有惡，不有以明其善惡之分，亦將真妄錯雜，雖欲誠之，不可得而誠矣。故欲誠其意者，必在於致知焉。……凡意念之發，吾心之良知無有不自知者。其善歟，惟吾心之良知自知之，其不善歟，亦惟吾心之良知自知之。是皆無所與於他人者也。……今欲別善惡以誠其意，惟在致其良知之所知焉爾。〔註21〕

在致知與誠意的關係上，陽明認為，心的波動來自於發動的有對有錯的意

〔註20〕王陽明：《大學問》，《王陽明全集》，上海：上海古籍出版社，1992年，第971～972頁。

〔註21〕王陽明：《大學問》，《王陽明全集》，上海：上海古籍出版社，1992年，第971～972頁。

念。辨別意念的對錯，則需要依靠心之良知。良知是性、是至善。促使良知發揮功效就是致良知。陽明的致知並非如朱子那樣需要與格物對舉，而是純粹靈明主宰的發動。因此，致知就具有本體降衷的意義，純善而無惡，能夠辨別並矯正意的發動的對與錯，從而使意由不誠而誠。也就是說，意念的正確與否，判斷的標準在於更為深層次的內心，與外在的事物無關。

> 物者，事也，凡意之所發必有其事，意所在之事謂之物。格者，正也，正其不正以歸於正之謂也。正其不正者，去惡之謂也。歸於正者，為善之謂也。夫是之謂格。……良知所知之善，雖誠欲好之矣，苟不即其意之所在之物而實有以為之，則是物有未格，而好之之意猶為未誠也。良知所知之惡，雖誠欲惡之矣，苟不即其意之所在之物而實有以去之，則是物有未格，而惡之之意猶為未誠也。今焉於其良知所知之善者，即其意之所之之物而實為之，無有乎不盡。於其良知所知之惡者，即其意之所在之物而實去之，無有乎不盡。然後物無不格，吾良知之所知者，無有虧缺障蔽，而得以極其至矣。夫然後吾心快然無復有餘憾而自謙矣，夫然後意之所發者，始無自欺而可以謂之誠矣。故曰：「物格而後知至，知至而後意誠，意誠而後心正，心正而後身修。」蓋其工夫條理雖有先後次序之可言，而其體之惟一，實無先後次序之可分。〔註22〕

在誠意與格物的關係上，陽明又認為意之所在即是物。事物不離開人的意念而存在。事物不正就是意念不誠，當意念由不誠轉變為誠，並在實踐中去不誠而實其誠，則事物就由不正轉變為正，這就是格物。因此，在陽明的系統中，格物就是正物，正物需要依靠誠意，誠意需要依靠致知。故而，陽明以致良知為其根本主旨。

陽明對於八條目的解讀，在物格與知至上顛倒了原文的次序，但其作出的努力是將八條目的先後秩序淡化，最終全部歸於致良知的整體過程之中。也可以說，陽明借用《大學》文本，說明了其致良知的學術主旨。

朱子與陽明在八條目上的解讀，核心問題是格物、致知、誠意的問題。其中，最關鍵的不同是對於致知的知的理解。朱子的知就人的當下狀態而言，主要以氣心之知為始端，具有虛靈不昧的能知功能。這個知本身不是理，只是氣，

〔註22〕王陽明：《大學問》，《王陽明全集》，上海：上海古籍出版社，1992年，第971～972頁。

就像鏡子察照的功能一樣。鏡子需要察照到事物，這樣才能心具眾理，這個察照過程就是格物致知。通過格物致知，由人心變為道心。從人心所發，則意為不誠，由道心所發，則意為誠。意誠則心正，心正則身體力行莫不合道，於是達到身修。陽明的知就人的道德本體而言，是良知，是心之體，是性理在心上的貫徹。修道者只要依靠這個心之體的發用擴充即可，意由此而誠，物由此而正。由此可見，朱子的知在凡夫狀態中並不必然具有理，人的主體性只能進一步澄明知的功能，並在格物的過程中獲取理，知與理合，理具於知，才能達到格物致知的後果。並以此後果作為基礎，進一步展開擴充。陽明的知本身就是超越的理，人的主體性本身具有知，就是本身具有理的發動功效，從而代表了真理的源頭。因此知本身即是擴充的基礎，在此基礎上，再確立事物的價值性以及進一步的開展擴充。可見，朱子致知是為了即著事物去求理，由此再轉向擴充，陽明致知就是直接擴充。

　　由此致知的不同，而導致了格物、誠意解讀的差異。朱子用格物上的不窮盡、致知上的不極致來解釋為什麼現實世界中會有錯誤發生，格物成為改過遷善的關鍵之所在，而誠意完全沒有獨立的地位。而陽明用誠意上的不究竟來解釋為什麼現實世界中會有錯誤發生，誠意成為改過遷善的關鍵之所在，而格物完全附屬於誠意之下。

七、朱子、陽明心性學的區別

朱子、陽明《大學》首章解讀對比表

	朱　子	陽　明
明德	氣心正且通者，而能具眾理應萬事	天地萬物一體之仁
親民	他人之氣心正且通者，而能具眾理應萬事	一體之仁的推廣擴充，及於他人
至善	果位上：天下人皆具眾理應萬事	因位上：心之本體
格物	在所知上擴充開拓	誠意之所在
致知	在能知上擴充開拓	將自身本有的良知擴充開拓
誠意	誠意以致知格物為基礎	誠意以致知為基礎

　　大體上看，朱子以求學者的當下狀態出發，偏向分解說。陽明以至圓境者的聖人境界出發，偏向綜合說。故朱子從下往上講，多有支離之憾，但依其言，則工夫篤實可行；陽明從上往下講，義理一貫順暢，但依其言，則工夫流於空虛。

　　朱子、陽明解釋《大學》首章的差異，主要表現在明明德上。新民與親民的差異和止於至善的差異不是根本，如上文所說，新民的推衍可以達至親民，親民的理論推衍可以達至新民。因位必然包含果位，而果位也必然包含因位。

　　明明德的區別，主要在格物、致知、誠意的工夫論上。朱子以理氣二分來言心，人之工夫主要為協調氣心，從而促使理之具於氣心，再躬身實踐，從而使氣心（人心）轉為道心。其所費工夫多在於氣心上，希望通過氣心的調整來去其遮蔽，從而具足萬物之理。格物致知之旨，即在於此。陽明以一體之仁來言心，人之工夫主要為擴充其良知心。以此良知之功效，糾正一切偏蔽不誠之物。在工夫論的起點，朱子理論中的人的主動性僅僅在於氣心的有限者，而陽明理論中的人的主動性則為性理的無限者，故朱子理論頗費周折，而陽明理論則簡單直截。朱子的格物致知，都是在氣心氣物上調整，並對性理的降衷持守信念，只要遮蔽去掉，則性理定然會顯現。陽明的致知，就是性理的擴充，可謂其理論的全部，由此致知而包含餘下的七個條目。朱子把致知與格物相結合才是明德。陽明的致知就是明德。在朱子的系統中，純粹致知並不能達到真實，而是需要結合格物才能達到真實，因此格物被置於關鍵的地位；在陽明的系統中，純粹致知就能顯現真實，因此致知就被置於關鍵的地位。換句話說，朱子將人心當作有限的存在，需要與理結合，才能達到無限；而陽明將人心自身當作無限的存在，只要內在力量的擴充開拓，就能達到無限。

　　劉述先認為：「陽明之學雖與朱學格格不入，其學始於格物新解，即以朱子為批評之對象。晚年寫『大學問』，對其本身的體驗自有更透徹的發揮，然其理論之規模卻仍需要藉朱學之對反而益顯。」〔註23〕陽明處理朱子所處理的問題，卻給出近乎相反的答案。然而，一旦朱子在格物致知奠基下進行擴充，則與陽明具有一樣的旨向性，甚至比陽明更具有整全性。這時的擴充者，已經是「吾心全體大用無不明」者，與良知相類似；同時，「事物之表裏精粗之無不到」又比良知萬物一體更為周密。固然，萬物一體之仁也可以開展出事物之理，但其中需要費一番周折。如牟宗三先生所言的良知坎陷，由無待之理而自我限定為有待之理。故朱子先為曲折，再擴充；而陽明先擴充，再曲折。兩人的理論在實踐過程中，則會顯現出如上不同的面貌，但一旦致其極，皆可殊途而同歸，堪為聖門之輔翼。

―――――――――

〔註23〕劉述先：《朱子哲學思想的發展與完成》，臺北：學生書局，1995 年，第 517 頁。

第九章　論王陽明《良知問答》中的四類動靜觀

　　動靜觀在宋明理學中是一個十分重要的哲學主題。王陽明作為宋明理學中最具代表性的人物之一，其學說中的動靜觀在一定程度上具有總結性的作用。王陽明與陸元靜二人曾在良知問題上具有諸多交流，劉蕺山的《聖學宗傳》將二人之問答輯錄其內，命之曰「良知答問」。在王陽明《良知問答》中，出現了四類動靜觀，基本上囊括了宋明理學中對於動靜的哲學理解。

　　動靜觀本身是用來描述宋明理學心性問題的，故動靜觀的分析首先需要確立一個通用的心性模型。在理學家的世界理解中，既可以從客觀的面向將整體世界劃分為形上之理與形下之氣，也可以從主體的面向將整體世界劃分為未發之寂然與已發之感通。形上之理與未發之寂然一致，形下之氣與已發之感通一致。主客兩個面向的變動具有內在的聯繫，並皆由一心所開啟。在上述心性模型的基礎上，可以分出四類動靜觀，其一曰妙用無息為動，常體不易為靜；其二曰未發寂然為靜，已發感通為動；其三曰氣之無事為靜，氣之有事為動；其四曰心之循理為靜，心之從欲為動。

一、妙用無息為動，常體不易為靜

　　妙用無息是理的動力屬性，常體不易是理的存在屬性。王陽明解讀周敦頤《太極圖說》「太極動而生陽，動極而靜，靜而生陰，靜極復動」，其言：「太極生生之理，妙用無息，而常體不易。太極之生生，即陰陽之生生，就其生生之中，指其妙用無息者而謂之動，謂之陽之生，非謂動而後生陽也。就其生生

之中,指其常體不易者而謂之靜,謂之陰之生,非謂靜而後生陰也。」〔註1〕陰是指氣的收縮,陽是指氣的擴充,陰陽乃氣的變化,構成時空,成為形而下的世界。然而,理不被時空所束縛,而是超越於氣的形上本體,永遠左右著陰陽二氣的變動。陰陽之生生屬於形而下的經驗世界,然而經驗世界中的生生過程,必然有形上保障,此為太極之理的生生。妙用無息之動,是就著陰陽生生的過程來看其動力依據,即理之動力面向;常體不易之靜,也是就著陰陽生生的過程來看其存在依據,即理之存在面向。因此,妙用無息之動為理之動,常體不易之靜為理之靜。

二、未發寂然為靜,已發感通為動

已發未發問題是中國哲學常討論的重要問題,最早源於《中庸》「喜怒哀樂之未發謂之中,發而中節謂之和」。上文的理之動靜是形而上的動與靜,不會因主體心靈之已發未發而有所改變。但一旦將已發未發與動靜結合,則動靜觀就由形而上向形而下過渡。未發是未與事物相接的本然狀態,此時喜怒哀樂等情感都沒有產生。這個狀態就是中,是大中至正,無所偏倚。未發寂然為靜,此靜與理一,是超驗層面的靜。已發是當心和對象發生聯繫,由感通產生了氣化呈現,故已發感通為動,是經驗層面的動。

王陽明言:「未發在已發之中,而已發之中,未嘗別有未發者在;已發在未發之中,而未發之中未嘗別有已發者存。」〔註2〕未發之理為靜,已發之氣為動,心體之未發必然包含已發之內在傾向,故而有「靜中有動」或者「靜而未靜」之說,心體之已發必然包含未發之性理之貞定,故而有「動中有靜」或者「動而未動」之說。

三、氣之無事為靜,氣之有事為動

所謂有事無事,並不必然聯繫到形上之理,而是在徹底的形而下的經驗生活中來談有無,也就是我們日常生活中可分為有事的狀況與無事的狀況。有事就是與物交接,進入到與經驗事物的對象性關係之中,所以有事為動。無事是沒有與物交接,並沒有與經驗事物發生對象性關係,所以無事為靜。

〔註1〕 陳榮捷:《王陽明〈傳習錄〉詳注集評》,上海:華東師範大學出版社,2009 年,第 131 頁。

〔註2〕 陳榮捷:《王陽明〈傳習錄〉詳注集評》,上海:華東師範大學出版社,2009 年,第 131 頁。

　　如果再加上形上之理的存在與活動，就可以變得稍微複雜一點。比如王陽明言：「有事而感通，固可以言動，然而寂然者未嘗有增也。無事而寂然，固可以言靜，然而感通者未嘗有減也。」有事感通，是為動，再加上形上之理的先天存在，此先天存在被稱之為靜，於是可以說「動中未嘗無靜」〔註3〕。無事寂然，是為靜，再加上形上之理的潛在動力，此潛在動力被稱之為動，於是可以說「靜中未嘗無動」。同時，良知這一形上之理具有超越性，不因有事或無事而有任何改變，所以又可以稱為「動而無動，靜而無靜」。

四、心之循理為靜，心之從欲為動

　　形而下之事，必然聯繫到形上之理。王陽明言，「理無動者也，動即為欲，循理則雖酬酢萬變而未嘗動也；從欲則雖槁心一念而未嘗靜也。」〔註4〕形上之理自身一直生生不息。理之動力落於心，而心自由自願地表達此理，即為靜。理之動力落於心，而心不去自由自願地表達此理，而心一旦不去自由自願地表達此理，則必然為欲望所牽，故不循理必然從欲，從欲即為動。在循理的基礎之上，即使個體在經驗上如何酬酢萬變，也是「未嘗動」。此時因為心理是合一的，即使面對情景有所不同，經驗下的動的形式有所不同，但這些動都是心體自身本然實在狀態的展現，從根本上說都是靜。在從欲的基礎之上，即使是枯槁無念，但仍舊是用僵化的心念壓制住活潑潑的良知發動，隱藏了從欲的病根，從根本上說都是動。由此而言，無論有事無事，只要心與理一，皆為靜；無論有事無事，只要心去逐欲，皆為動。

　　妙用無息為動，常體不易為靜，此說動靜皆屬理。寂然為靜，感通為動，此說靜屬理，動屬氣。無事為靜，有事為動；循理為靜，從欲為動，此兩說動靜皆屬氣，前者就純粹經驗言，後者則需附著理的動力方向而言。由以上論述可知，王陽明對於動靜二字的使用，並沒有嚴格的、概念式的認定，而是順著答問之語言脈絡應機說法。這固然對於動靜觀的解讀產生了一定的困難，但同時也可以揭示出動靜觀本身僅僅是對於理學系統的一種工具性說明，故在表述理學系統不同側面時可以允許相異的用法。

〔註3〕　陳榮捷：《王陽明〈傳習錄〉詳注集評》，上海：華東師範大學出版社，2009年，第131頁。
〔註4〕　陳榮捷：《王陽明〈傳習錄〉詳注集評》，上海：華東師範大學出版社，2009年，第131頁。

第十章　論牟宗三對陽明心學格物說的詮釋與發展

　　陽明的格物說為其心學之要旨，其訓格物為正物，訓物為意之所在以及明覺感應，皆能發前人之所未發。牟宗三對於陽明心學的闡釋散見於一生的著作中，其比較集中的論述為《從陸象山到劉蕺山》中的第三章《王學之分化與發展》以及《王陽明致良知教》一書〔註1〕。本文由此兩篇文獻為主，由格物說作為切入點，試圖尋找牟宗三對於陽明心學的詮釋理路，並分析其在格物副套上的理論創新。

〔註1〕　雖然牟宗三在《從陸象山到劉蕺山》一書的序中說：「《致知疑難》則更早見於《王陽明致良知教》一小冊中（此小冊寫於民國四十一年）。今該小冊可作廢，而《致知疑難》一段至今不變」（牟宗三：《從陸象山到劉蕺山・序》，《牟宗三先生全集》第八冊，臺北：聯經出版社，2003年，第3頁），然而正如牟宗三的弟子楊祖漢所言：「牟先生後來對宋明儒學的見解有所精進，對本書並不滿意，在《陸象山到劉蕺山》的《序》中表示此書『可作廢』。其實此書見解精闢，且可據此瞭解牟先生中期（四十歲）之思想，並不可廢也。」（楊祖漢：《《王陽明致良知教》全集本編校說明》，《牟宗三先生全集》第八冊，臺北：聯經出版社，2003年，第1頁）所謂「對宋明儒學的見解有所精進」，主要是指牟宗三對於朱子的判斷在其思想的中期與後期有所不同，並以朱子之理的即存有不活動而判定為別子為宗作為其理解朱子的定論。然而，牟宗三在《王陽明致良知教》中尚未如此判定朱子，故有「可廢」之論。我們先不論朱子學判定的變化與是非，而就此書中陽明學的理解來看，則牟宗三先生中晚期應該具有一貫的理解。此外，《致知疑難》一文為牟宗三對於陽明心學的獨特貢獻，為其晚年所認可，而《王陽明致良知教》一書與《致知疑難》具有內在的關聯，由此可知《王陽明致良知教》仍有不廢的價值。故以此書來論牟宗三的陽明心學的詮釋，應不會有錯。

　　格物說雖然來自《大學》，但其解讀卻依照著不同思想家的思想系統而有不同的解讀。就陽明的良知教來看，格物說理論的詮釋與解析需要釐清如下三個問題：其一、物的理解。其二、物與心、意的關係。其三、物的實現原則。然而，牟宗三在分析此三個問題時，又能顯示陽明舊說之不足，故陽明格物說不能以上述回答來自限，繼而發展出格物副套之意義。

一、物的兩層理解

　　在陽明系統中，物是就著人所投身的事件而言。陽明曰：「意之所在便是物。如意在於事親，即事親便是一物。意在於事君，即事君便是一物。意在於仁民愛物，即仁民愛物便是一物。意在於視聽言動，即視聽言動便是一物。」〔註2〕事親、事君、仁民愛物、視聽言動，都是與德性主體具有緊密聯繫的事件，而不是孤立的、不以人的意識為轉移的客觀之物。

　　牟宗三對陽明所言之物的解釋為：「陽明在此所謂『物』是吾日常生活所牽連之種種行為也，實即具體之種種生活相也。既是生活相或生活行為，自必繫於吾之心意。吾之每一生活、每一行為，吾自必對之負全部責任。」〔註3〕在此意義上，物與人的行為相關聯，仍舊是在人的道德實踐意義上而言的物。

　　然而，牟宗三對於物的論述還有深入一層的解析，其言：「物是事，事是行為，故吾亦曾以『行為物』說之。擴大言之，亦可以是『存有物』。」〔註4〕行為物是道德實踐意義上說的物，然而存有物則是形上本體確立下的物。由行為物進至存有物，則有道德實踐進至道德形上學。

　　從存有物的角度來看，行為物自然也屬於存有物之一種，即在道德實踐背後又貞定其形上本體，故此道德實踐仍舊成立，行為物也仍舊成立。故而，從存有物而論行為物，則為陽明心學理解物的一大關鍵。牟宗三聯繫康德哲學，認為此行為存有物，由於具有道德本體的貞定，故並非是時空中的現象，而是價值本體的存在，其說「屬於氣並非即是現象義。物亦並非無氣。著跡著相是

〔註2〕王陽明撰、鄧艾民注：《傳習錄注疏》，上海：上海古籍出版社，2005 年，第13～14 頁。

〔註3〕牟宗三：《致知疑難》，《牟宗三先生全集》第八冊，臺北：聯經出版社，2003 年，第201 頁。

〔註4〕牟宗三：《從陸象山到劉蕺山》，《牟宗三先生全集》第八冊，臺北：聯經出版社，2003 年，第191 頁。

現象。著相而排列之於時空中並依範疇去思解之，它便是現象。但明覺感應中成己之事不著相，它是明覺感應中之一切活動皆是知體之流行……只是『在其自己』之如相。如相無相，是即實相；不但無善惡相，並亦無生滅來去一異常斷相，焉得視為現象？」〔註5〕行為存有物並非只是物之理，而是就著具體的事件而言，故仍舊需要氣的材質，但此材質不在時空的範疇中確立其認識的客觀範式，而是就著良知心體的道德意義來成就其自身，故此氣不可從時空範疇器具而言，而是需要從氣的秉持的道德方向而生生不息、流行不拘來看待，故其氣不是呈現認知的具體相狀，而是呈現先天的本相，此本相無人的認知所賦予的具體相狀，而僅僅是事物之在其自身之相。

　　上述對於物的理解，可謂牟宗三順著陽明學中物的理解而作出的解析。然而，牟宗三並不止於此，其需要進一步討論作為認知對象的物的意義。其言：「關於桌子椅子之一套與陽明子致良知之一套完全兩回事，然而不能不通而歸於一。桌子椅子亦在天心天理之貫徹中，此將亦為可成之命題。然徒由吾人日常生活之致良知上則不能成立之。」〔註6〕「用桌子」與人的道德實踐有關，故「用桌子」是一個行為物，而「桌子」可以是客觀存在的不以人意識為轉移的對象，故「桌子」不是一個行為物。如果從道德形上學角度，「用桌子」可以由存有論來貞定，那麼「桌子」是否也可以由存有論來貞定呢？如果承認陽明心外無理、心外無物的基本判定，那麼「桌子」的成立，必然也應該包含在道德形上學的思想系統中。牟宗三說：「良知能斷制『用桌子』之行為，而不能斷制『桌子』之何所是。然則桌子之何所是，亦將何以攝入致良知中有以解之而予以安置耶？良知斷制吾『用桌子』之行為，亦斷制吾『造桌子』之行為。」〔註7〕雖然「用桌子」與「造桌子」都可以出自良知之斷制，但如何「造桌子」，則以良知當下的作用而言則起不了任何作用。「汝當知此桌子之結構本性之何所是，汝當知造桌子之手術程序何所是。否則，汝將無所措手足。雖有造桌子之誠意，而意不能達；雖有良知天理之判決此行為之必應作，然終無由以試其作。此不得咎良知天理之不足，蓋良知天理

〔註5〕牟宗三：《從陸象山到劉蕺山》，《牟宗三先生全集》第八冊，臺北：聯經出版社，2003年，第200頁。
〔註6〕牟宗三：《致知疑難》，《牟宗三先生全集》第八冊，臺北：聯經出版社，2003年，第202～203頁。
〔註7〕牟宗三：《致知疑難》，《牟宗三先生全集》第八冊，臺北：聯經出版社，2003年，第205頁。

所負之責任不在此。」〔註8〕「桌子」之知識從根本上說，需要歸根於道德形上學的良知天理，但與現成的良知天理又並無關係。這種作為認識對象的物的意義應該如何處置，則成為牟宗三發展陽明心學的一大關鍵。

由此可見，雖然陽明學只論述了「用桌子」的心學意涵，但其實依照其理論進路，還需要進一步解釋「桌子」的心學意涵。然而，傳統心學在這一方面則有所不足，故牟宗三對於陽明格物說的完善就需要從心學系統中補充作為認知對象之物的理論地位。

二、物與意的關係

在陽明學說，物與意具有緊密的聯繫。物作為行為物，需要人的參與，而人參與的主宰則在心，而心之變動則在意。意可以遵循心之體的方向而發動，也可以被私欲牽引、隱沒心之體的方向而任意發動。從本體上說，人人都有心之體，人人皆有良知，故人人都可以秉持心之體的道德方向，並在欲望遮蓋狀態中當下知道此狀態的錯誤而有改正的念頭，由此而知道在行為物中應該如何操作。然而，即使在此狀態中，仍舊有人可以秉持心體之方向而行使道德實踐，仍舊有人可以迷途知返、懸崖勒馬而改過從善，仍舊有人執迷不悟、放縱慾望的激蕩肆虐。此中的差別，就在於意之誠與不誠的一念之間。

牟宗三分辨了陽明講的意與物的關係，認為存在兩種說法。一種是從意之所用說物，一種是從明覺感應說物。其言：「心之發動為意，發動之明覺為知，明覺之感應為物。發動得明覺，則意即是從知之意。但有時為感性條件所影響，亦可發動得不明覺，此便不是從知之意。從知不從知，良知皆知之。故必須致良知以誠其意。意之所用為物。」〔註9〕又言：「從明覺之感應說物，嚴格講，與從意之所用說物，是不同層次的。後者的說法，意與物是有種種顏色的，故必有待於致良知以誠之與正之。而前者的說法，則無如許參差，唯是良知天理之流行，意不待誠而自誠，物不待正而自正。後來王龍溪即喜從此處著眼，所謂四無，所謂先天之學，皆是從此處說。」〔註10〕意之所用說物，則意可以有

〔註8〕牟宗三：《致知疑難》，《牟宗三先生全集》第八冊，臺北：聯經出版社，2003年，第205頁。

〔註9〕牟宗三：《從陸象山到劉蕺山》，《牟宗三先生全集》第八冊，臺北：聯經出版社，2003年，第192頁。

〔註10〕牟宗三：《從陸象山到劉蕺山》，《牟宗三先生全集》第八冊，臺北：聯經出版社，2003年，第193頁。

誠有不誠，故相應的物可以有正有不正。從知之意為物，此物為既正之物，不從知之意為物，此物為不正之物。明覺感應說物，則為意誠狀態下的物，是從知之意為物，故物皆得其正。通過良知的力量，意由不從知到從知，物由不正到正，則為格物。

在意之所用說物上，則可以講誠意格物的工夫，故成聖工夫就在此處。而在明覺感應說物上，則已是工夫做完之後所呈現的境界，此處無工夫可用。故在接引學人上，牟宗三仍舊認為陽明四句教可以接引上下根器之人，而王龍溪的四無教則為境界論的描述，雖則不錯，但不具有工夫論的價值。

以上牟宗三的解析可將陽明心學之意物關係說盡，然而牟宗三仍舊對之有所疑慮與補充，主要體現在對於陽明論述學問思辨的知行合一上。陽明曰：「蓋學之不能以無疑，則有問。問即學也，即行也。又不能無疑，則有思。思即學也，即行也。又不能無疑，則有辨。辨即學也，即行也。辨既明矣，思既慎矣，問既審矣，學既成矣，又從而不息其功焉，斯之謂篤行。」〔註11〕對於王陽明上述論斷，牟宗三提出不同意見，其言：「惟所言之學行合一，其意似與致良知之知行合一不甚相同。問、思、辨，皆即學即行。等於說：問，即要實際去問，此即行其問矣。故云：問，即學也，即行也。推之，思、辨亦然……蓋學問思辨之窮理中之『行』很可以只是認真去作、實際去作，此是作一種事，而道德實踐之篤行，則可只注意於道德動機之純不純，以及道德行為之是不是、善不善、此兩者『行』的意思固不同也。」〔註12〕牟宗三批評學行合一，並沒有道德的方向，與真正的知行合一併不一樣。如果我們從意之所發上看，此意就是一昧地在學問思辨上用功。學問思辨是中性，個體既可以是為了成就天下人的幸福來學習知識，也可以是為了獲得個人的陞官發財來學習知識，其道德性是完全依附於背後的動力而來。故僅僅從中性的立場而言，學習知識的意談不上從不從良知之知的問題，那麼這種談不上良知之知的學行合一就與秉持良知方向的知行合一就有了一定的距離。前者是意中無知，後者是意中有知。此無知之意與有知之意具有很大的異質性，兩者如何皆源於良知，且兩者關係如何協調，則是良知學的內在理論問題。

〔註11〕王陽明撰、鄧艾民注：《傳習錄注疏》，上海：上海古籍出版社，2005 年，第101～102 頁。
〔註12〕牟宗三：《王陽明致良知教》，《牟宗三先生全集》第八冊，臺北：聯經出版社，2003 年，第30～31 頁。

三、物的實現原則

　　物的實現，在於釐清物在整體性哲學學說中所處的位置，給予物以本體論的基礎。在西方文化中，物的本體論基礎於有限的人無關，要麼是純粹的理念，要麼是超絕的上帝。而在中國的儒家思想中，人雖有限而無限，具有內在超越性，故心的本體就是天地萬物之本體，故物的本體論基礎需要涵攝在人的明覺感知中而言。

　　就陽明學來說，物的實現可以從物的面向來看，也可以從人的面向來看。從物的面向來看，物的成立來自意的有知。此知為良知天理，良知天理既是本體論，又是認知論（此認知論不是思維的，而是價值的）。牟宗三認為：「人與天地萬物為同體，而且人與天地萬物俱在此靈明同體之涵蓋中。此是一個本體論的涵蓋原則。此由感應之幾而建立一個客觀的本體論原則。由此本體論的涵蓋原則覆函一天地萬物之存在原則：此即天地萬物之所以為天地萬物必須在此靈明中而始然也。即必在此靈明之貫徹中而始得其呈現也。此存在原則亦名『實現原則』。此存在原則歸於感應上復成功一『認識原則』。」〔註13〕在本體論意義上，可以講存在原則，而此本體就是良知本體，故又含有道德的認識原則。兩者合講，即是在靈明感應中確立天地萬物的存有原則，由此可以說實現了天地萬物。在此意義上，牟宗三可以得出如下結論：「『物』同時是道德實踐的，同時也是存有論的，兩者間並無距離，並非兩個路頭。」〔註14〕

　　從人的面向來看，人的存在在於致良知。「『致良知』是把良知之天理或良知所覺之是非善惡不讓它為私欲所間隔而充分地把它呈現出來以使之見於行事，即成道德行為。……在此機緣上如此，在彼機緣上亦如此，隨事所覺皆如此，今日如此，明日亦如此，時時皆如此。」〔註15〕良知需要所覺不同機緣，就不同機緣之所覺而言就是物。良知本身既是一切存有的本體，又是認知感知的主體，故良知天理呈現擴充就是人的道德實踐。人在道德實踐中成己成物，既實現了自我的德性又實現了事物的價值與意義。牟宗三在解析王陽明南鎮觀花的語錄時，認為陽明的致良知「相當於柏克萊的最後依於神心之層次。『依

〔註13〕牟宗三：《王陽明致良知教》，《牟宗三先生全集》第八冊，臺北：聯經出版社，2003年，第95頁。

〔註14〕牟宗三：《從陸象山到劉蕺山》，《牟宗三先生全集》第八冊，臺北：聯經出版社，2003年，第185頁。

〔註15〕牟宗三：《從陸象山到劉蕺山》，《牟宗三先生全集》第八冊，臺北：聯經出版社，2003年，第188頁。

於神心』是存有論的、縱貫的；『依於有限心』是認知的、橫列的。這是兩個不同的層次，其度向亦不同。」〔註16〕依於神心，既是感知認識，又是存有論的，故是實現此花的存在。依於有限心，則不具有存有論的本體基礎，只是感性經驗的雜染而已。致良知的神心，是一切造化的根源，是天地萬物的生化之理。在此意義上，牟宗三可以得出如下結論：「『良知是造化的精靈』，這是存有論地說。『人若復得他』以下是實踐地說。『復得他完完全全，無少虧欠』，即函著圓頓之教。」〔註17〕

　　結合人與物兩面來看，人與物是實現原則的一體兩面，只不過在實現過程中，人的奮鬥佔有了主動性。物之實現與否，完全在於人的道德實踐的誠與不誠。

　　以上所論，似乎已將陽明心學物之實現的義理敘述完備，然而牟宗三對於此仍覺不足。物的實現固然需要本體的確立，不然就沒有根本，變成漂浮不定的零碎片段。然而，物的圓滿實現在本體的貞定基礎上似乎還需要知性所成就的物理。比如說，道德主體在實踐過程中良知判斷需要用桌子來成就課堂教學工作；然而現在沒有桌子以及無法購買桌子，於是就需要自己造桌子。製作桌子就需要研究桌子的材質結構等物理問題。在這些專業知識的幫助下，吾人才能製作好桌子，並使用桌子來為課堂教學服務。因為，就課堂教學這一事件的物而言，我要興辦教育的道德實踐的願望固然可以在明覺感應中貞定此事件的本體，但如果光光只有道德願望，而沒有製作桌子的專業知識，那麼興辦教育的實踐仍舊缺乏真正的圓滿，無法徹底的實現。故而，從實現原則上說，圓滿的實現必然包含著知性所成就的物理的輔助。牟宗三說：「意志律是此行為之形式因，事物律則是其材質因。依是，就在『致』字上，吾人不單有天理之貫徹以正當此行為，且即於此而透露出一『物理』以實現此行為。（實現不只靠物理，而物理卻也是實現之一具）」〔註18〕

　　牟宗三從陽明心學的性理學中逼顯出物理學，性理學之圓成必然包含物理學，故物理學必然是物之實現原則所應當開出的一條道路。

〔註16〕牟宗三：《從陸象山到劉蕺山》，《牟宗三先生全集》第八冊，臺北：聯經出版社，2003 年，第 187～188 頁。

〔註17〕牟宗三：《從陸象山到劉蕺山》，《牟宗三先生全集》第八冊，臺北：聯經出版社，2003 年，第 188 頁。

〔註18〕牟宗三：《致知疑難》，《牟宗三先生全集》第八冊，臺北：聯經出版社，2003 年，第 206 頁。

四、格物副套系統

如果從陽明心學的自身的表述系統來看，物為行為事件之物，物為意之所用而格正為明覺感應之物，物在良知天理的明覺中而貞定其存有論基礎之物，此三個物的理解，層層遞進，基本窮盡陽明學中關於物的論斷。然而，牟宗三在探究陽明學的內在理路中，對於其義理有所發揮又感其不足，故在承認上述理解的核心作用之外，又提出需要追加一個認知性的副套。

牟宗三認為：「從明覺感應說萬物一體，仁心無外，我們不能原則上說仁心之感通或明覺之感應到何處為止，我們不能從原則上給它畫一個界限，其極必是以天地萬物為一體。這個『一體』同時是道德實踐的，同時也是存有論的——圓教下的存有論的。」〔註19〕一方面，仁心是一切的根基，又在理論上必然達至天地萬物為一體的圓教存有論；另一方面，物的實現又需要知性精神所成就的物理的輔助。故而，需要成立一種學說來協調仁心與知性的關聯。由此，牟宗三提出行為宇宙與知識宇宙的兩分。行為宇宙是道德性的，知識宇宙是思辨性的。良知的圓滿實現，既需要行為宇宙，也需要知識宇宙。如果說行為宇宙是格物的主套，那麼知識宇宙就是格物的副套。

在格物副套中，物不是行為物，而是獨立的、客觀的存在物；物不是與意的有知相一貫的那個實相，也不是與意的無知相牽絆的那個妄相，而是無所謂知與不知（知是指良知）的中性的範疇規範；物不是直接與道德本體一體貫徹的實體，而是與道德本體無直接關聯的輔助物。如果我們在主套中可以看到良知天理、誠意、格物一貫的理路進展，那麼在副套中就無法看到這樣的模式，反而呈現如下的兩種不同狀態。

1. 意物的對待關係

在原本的意物關係中，攝物歸意，意物一體，故並無主客對待之相。即使在意之所發未秉持心體方向時，良知仍能夠逆覺其自身，而此逆覺亦無主客的對待，牟宗三說：「逆覺之覺就是那良知明覺之自照。自己覺其自己，其根據即是此良知明覺之自身。說時有能所，實處只是通過其自己之震動而自認其自己，故最後能所消融為一，只是其自己之真切地貞定與朗現。」〔註20〕

〔註19〕牟宗三：《從陸象山到劉蕺山》，《牟宗三先生全集》第八冊，臺北：聯經出版社，2003 年，第 185～186 頁。
〔註20〕牟宗三：《從陸象山到劉蕺山》，《牟宗三先生全集》第八冊，臺北：聯經出版社，2003 年，第 190 頁。

　　然而在格物副套的意物關係上，意物關係就由原來的主客無待變成了主客相待。意自身分裂為能知性認知的主體，而剩下的所靜觀認識物的意則轉為客體。這個時候，其意一心在認知對象上，比如上述的學行合一，一心在學問思辨上，而成就知識宇宙的中的事物。在這樣認知下，物就成了客觀的、獨立存在的物，與人的主觀意識無關的物。（所謂與人的主觀意識無關，或者不以人的意識為轉移，其中的意識是指有限性的意識，而不是指與良知一貫的誠意之意。）基於這樣的認識，認知主體可以獲得關於物理的相關知識與規律。

　　牟宗三認為，在成就具體知識的基礎上，人可以繼續對這種知性認識過程進行反思從而成就知識論，其言：「在知『親』、知『事親』，乃至知『桌子』、知『造桌子』之知識行為中，吾人一份獲得對象之知識，而成功知識之系統，一方對此『知識行為』加以反省而明白如何成知，此就是知識論。在此步反省中，知識方法、邏輯、數學、純幾何，乃至一切知識條件，皆有安頓。」〔註21〕

　　從格物副套而言，對於具體事物的知識，以及架空具體事物而成就抽象的知識論，都是此過程中所產生的結果。此結果與良知沒有直接的關聯，並不具有價值意味，既不能說善的，也不能說惡的。但這種結果，可以進一步輔助道德實踐的完成，促成物的完滿實現。

2. 良知自我坎陷說

　　格物主套的行為宇宙與格物副套的知識宇宙具有完全不同的格局，但又不能承認兩套宇宙各自成立。（如果承認各自成立，就成為二元論，於是儒家的道德形上學的一元論的本體地位就會動搖。）因此，牟宗三必須將知識宇宙的副套納入到行為宇宙的主套中去。牟宗三說：「大凡一成知識系統，便須客化而靜化，靜化而置定之為一『是』。既為一『是』矣，便須與心對而為外，而此時之心亦為了別心。一成行為系統，便須主體化動態化，動態化而提之屬於主屬於能。既屬於能矣，自不能與心為對也，而此時之心即為一天心。原來天心與了別心只是一心。」〔註22〕牟宗三認為，開顯知識宇宙的了別心與開顯行為宇宙的天心，原來就是一心。但這兩種狀態卻都為一心是何以可能的呢？

〔註21〕牟宗三：《致知疑難》，《牟宗三先生全集》第八冊，臺北：聯經出版社，2003年，第210頁。

〔註22〕牟宗三：《致知疑難》，《牟宗三先生全集》第八冊，臺北：聯經出版社，2003年，第209頁。

並且如何進行主次排序呢？牟宗三認為，「每一致良知行為自身有一雙重性：一是天心天理所決定斷制之行為系統，一是天心自己決定坎陷其自己所轉化之了別心所成之知識系統。此兩者在每一致良知之行為中是凝一的。」〔註23〕由此可見，主套的天心為核心基調，此天心開顯行為宇宙；而天心自我坎陷而成就副套的了別心，此了別心開顯知識宇宙。故雖然統於一心，仍舊具有主次關係。

這一說法即是牟宗三孤明先發的「良知坎陷」說。此說是在陽明心學乃至中國傳統哲學中道德形上學體系必然蘊含的義理。唐君毅先生對此有較為中肯的評價其言：「此其為說，雖仍在以陽明之教立本，然亦更能對一般聞見之知或清末人所謂格致之知，及今人所謂純粹知識之知或科學之知，與以一相對獨立之範圍。而其言吾人之良知，必須自己決定成立此知識宇宙，乃有此知識宇宙之成立，亦無異於謂中國重德性之知之文化學術，必須自己決定轉化出重知識之一義，乃能攝納西方之科學，開創入中國未來之科學，以為通中西文化學術之郵。吾人承認科學是知識，然吾人之決定要科學之一決定，則非知識，而只是吾人之良知之決定。此決定，乃斷然在科學知識之上一層次者。科學本身，依於其上一層次之良知之決定，要他有而有，則科學之知，自亦不能攝盡一切之知，而必以良知為之主。而中國傳統思想中之重德性之知及良知之教，在原則上決不可動搖，亦由此而見矣。」〔註24〕道德實踐所彰顯的天理性體必然是一元論的本體，同時天理性體的完滿實現必然需要知性物理的輔助。於是，知性物理必然需要納入到天理性體的變化中，成為良知自我轉現的成果。

「坎陷」一詞，具有自我否定，自我降位的意思。良知所彰顯的天理性體本身是精神的直貫，是主客無待。而知性物理則精神的曲折，為天理性體轉出主客對待，絕對的一分化出主體的自我與客體的對象，從而成立獨立的自我與獨立的對象。獨立的自我成為認識主體可以思維客觀對象而成就具體知識，繼而又對思維本身進行思維而成就一般抽象的知識論系統，故良知與坎陷後的良知為異質的關係。需要指出的是，這種異質關係並不具有對抗性，並非非此

〔註23〕牟宗三：《致知疑難》，《牟宗三先生全集》第八冊，臺北：聯經出版社，2003年，第208頁。
〔註24〕唐君毅：《中國哲學原論·導論篇》，北京：中國社會科學出版社，2005年，第218～219頁。

即彼的替代關係，而是相互並存的互補關係。

「坎陷」一詞，具有良知佔據主動性的意思。良知尚未坎陷時，良知一體平鋪；良知坎陷時，則良知轉化為知性。但是，知性後面仍舊具有隱藏的良知。此良知仍舊具有自我復位的主動性。亦即是說，良知坎陷的主動權仍舊掌握在良知本身，該坎陷即坎陷，該復位即復位，坎陷而復位，復位而坎陷，由良知掌握主動權而不是認知心掌握主動權。

「坎陷」一詞，雖然是良知不占主位，但不是被欲望蒙蔽的狀態，而是與道德判斷無關的中性狀態。因此，我們可以說人的精神狀態可以呈現出三類，一類是良知呈現，即心之意的行動與心之體的方向為一致；一類是良知蒙蔽，即心之意的行動與心之體的方向衝突；一類是良知坎陷，即心之意的行動與心之體的方向既不一致也不衝突。前兩者為傳統心學所蘊含，後一者為牟宗三所發揮的新意。前兩者的一致與衝突都是在感知的當下運用中立言；而後一者的既不一致也不衝突則是在感知的架構中立言，出現了固化的認知主體與認識客體。感知的運用表現就如水流之順方向的流動或逆方向的迴旋；而感知的架構表現就如水流結成冰塊，而此冰塊既可以順方向流動也可以逆方向迴旋。在此三類精神狀態中，作為心之體的良知天理一直起著作用，如水無不就下也。（只是，在第一類狀態中，良知天理的作用比較顯著，在第二、三種狀態中，良知天理的作用是奠基性的，顯得較為隱秘。）三類精神狀態轉化為關鍵在於意的變化。意的發動順著心之體就是良知呈現；意的發動違背心之體就是良知蒙蔽；意的發動架空而起分化反觀就是良知坎陷。意如何行動，完全是在一念之間。此一念固然有良知的動力，但具體事件上如何發動，則為實踐的自由。〔註25〕

牟宗三的格物副套是對陽明心學自身內在義理的邏輯推衍，是從心學義理內部逼顯出來的理論系統。這套系統啟示我們：致良知的道德意願只是核心基礎，但要達到事物的圓成還需要有專門的知識系統。傳統社會中不重視知識

〔註25〕學界一般對於「良知坎陷」的批評，更多地來源於不認同牟先生的哲學體系或者誤解「坎陷」為由善生惡。從前者看，牟先生以徹底的唯心論來看待中國哲學傳統，故一切萬法皆由自由無限心所開出。萬法中的善、惡、與中性的知性，都由此無限心開出。善是心體的直接朗現，惡是心體的沉溺蒙蔽，知性是心體的轉折對待。此思路自是由陽明學承接三教之傳統而來，非能輕易否定。從後者看，「坎陷」並非造成良知自我對立面的惡，而是造成善惡之外的知性。良知通過知性之輔翼從而更好地成就善。

系統或許問題還不明顯，但在現代社會專業分工越來越精細、科技含量越來越高的情況下，知識系統對於致良知具有越來越大的作用，故而致良知也需要越來越正視知識系統的作用。

第十一章　現代新儒家的陽明學研究

　　近代中國思想界的一大趨勢即是陸王心學的復興，而承擔這一復興的學者群體被稱為現代新儒家。劉述先提出了現代新儒家的三代四群說，認為第一代第一群為：梁漱溟、熊十力、馬一浮、張君勱；第二群為：馮友蘭、賀麟、錢穆、方東美。第二代第三群為：唐君毅、牟宗三、徐復觀。第三代第四群為：余英時、劉述先、成中英、杜維明。此四群新儒家，從二十世紀 20 年代到 80 年代，每二十年為一波，總共四波。由於第四群新儒家大部分尚且存世，故本文所涉及的現代新儒家即以前三群為限。

　　現代新儒家的陽明學研究，是在西學東漸背景下發生和持續的。他們的陽明學研究不僅僅是使用現代哲學術語重新解說陽明學的義理，更是從陽明學中尋找到了中國哲學走向現代的理論可行性，故希望借助陽明學的闡釋來解決新的時代問題。統觀現代新儒家群體的陽明學研究，主要呈現出三條路徑。一是以外釋中，即以佛學、西方哲學等外來哲學系統解讀陽明學；一是會通朱、王，即化解朱子學與陽明學之間的對立，通過重新詮釋其差異處來化解兩者的矛盾；一是面向現代，即通過在陽明學中增添知識理性的方式來確立物理世界，建立現代政治制度。

一、第一代第一群新儒家的陽明學研究

　　第一代第一群新儒家群體主要以梁漱溟、熊十力、馬一浮、張君勱為代表，他們自二十世紀 20 年代左右開始活躍於學術領域。他們對於陽明學的研究，開啟了現代新儒家陽明學研究的一代風氣。

1. 直覺訓仁：梁漱溟陽明學研究

梁漱溟的哲學思想，主要受到柏格森與陽明後學中泰州學派的影響。柏格森的生命哲學認為，生命是永無休止之「綿延」，是唯一的實在。「綿延」是自由的創造，創造精神和生命形式，而「綿延」的停滯或削弱則成就物質。「綿延」不能靠理性認知，只能靠直覺把握。理性是用符號概念去人為地把握對象世界，已經離開了生命本源，而直覺是對生命的直接體悟。柏格森的直覺主義哲學與梁漱溟所推崇的泰州學派有相通之處。泰州學派的王艮尤其注重不慮而知，不學而能的天然自有之理。梁漱溟借用了柏格森哲學，高舉直覺的大旗，認為王艮講的良知良能，就是直覺。而這個直覺，就是仁。

梁漱溟以知覺與非直覺來分判天理人慾，認為天理是自然流行日用不知的法則，是完全聽憑直覺的，而人慾則是人為的一切打量、計較、安排。欲念多動一分，直覺就多鈍一分；欲念亂動的時候，直覺就鈍到了極點。因此，我們要保證直覺的自然而行，就要做到無欲，順其自然，放棄人為的操作計量。

對於直覺的境界，梁漱溟吸收了王陽明、王艮「樂是心之本體」的說法，強調生機的活潑、暢達，並認為這種活潑、暢達，是生命本體自得的樂，絕對的樂。而達到這種境界的仁者，「雖有事亦行所無事，都是所謂隨遇而應，過而不留，安和自在，泰然無事。」〔註1〕無論外境順暢抑或困厄，都不能干擾到仁者內心之樂。

梁漱溟認為王陽明講的知行合一，並非僅僅是針對先知後行補偏救弊的權說，而是講的是知行之本然。在梁漱溟看來，王陽明所謂的知，是「總要發生行為的主觀上有情味的知」，而不是與行為無關的客觀物理知識的知。王陽明所謂的行，是「念念相續的一念上所有的情意」。知即在行上，行即在知上，知行都在一念上。這樣一來，知行合一不是分開的知與行的相合，而是知行本來合一。

2. 開出量智：熊十力的陽明學研究

熊十力是現代新儒家群體中極為重要的人物，他不但以《新唯識論》為代表開創了「體用不二」、「翕闢成變」的哲學體系，而且還培養了牟宗三、唐君毅、徐復觀等傑出弟子，在現代新儒家群體中開創出港臺新儒學這一學脈。

〔註1〕梁漱溟：《孔家思想史》，《梁漱溟全集》第 7 卷，濟南：山東人民出版社，2005年，第 909 頁。

　　熊十力對王陽明基本上持肯定態度，但對於陽明後學則持批評態度，認為陽明後學「淪空滯寂，隳廢大用」。而對於陽明後學的這種流弊，陽明其實也應該負有一定的責任。王陽明之學說，重在人生修養，但輕視了物理世界。故而熊十力對於王陽明哲學，做出了進一步的創新與發展。這一番工夫，充分體現在他對王陽明四句教的解讀上。

　　熊十力解讀「無善無惡心之體」，認為心體是絕對的本源，具有的「虛寂」、「清淨」的一面。就這一面而言，心體能出生萬善（或發現萬善），而又不留萬善之跡。人們通常所謂的善，是後起的善惡相對的善。如果將心體稱為善，很容易將之誤解善惡相對之善。熊十力還指出，心體還有「剛健」、「日新」的一面，這正是儒佛之區別處。熊十力又認為，宇宙本體具有「翕闢成變」的作用，發生在宇宙萬物上。所謂「翕」，就是一種展開、創新的勢用，所謂「闢」，就是一種攝聚、成形的勢用。兩種勢用，相續不斷，生生不息，持續生成又不斷革新整個宇宙。而人的本心，就是來自於此宇宙本體的勢用，故只要反觀自己，就能認識到宇宙本體。

　　熊十力解讀「有善有惡意之動」，認為善意與惡意具有不同的來源。意直接發端於心體，則為善意；意發端於心體時，即有私欲俱起。一旦沉湎於私欲，則為惡意。那麼私欲又是怎麼生起的呢？「私欲者，吾人有生以來，役於形，而成乎習，其類萬端，盤結深固，恒與意相緣附以行者也。」〔註2〕私欲本身沒有實體，需要依附於本心之發動，但在發動的同時，不斷受到認識器官，認識對象，認識功能等有形物之限制與影響，慢慢成就習心。在習心的牽引下，就有惡意之產生。

　　熊十力解讀「知善知惡是良知」，認為良知是心的自體或自性，具有心之為心的本質屬性，具有「至善至惡」、「好善惡惡」、「為善去惡」之能力。而良知之知最為根本的關鍵在於良知體悟自身，體悟體用不二的大化流行。

　　熊十力解讀「為善去惡是格物」，認為王陽明的格物將「格」訓為「正」，將「物」解為「意之所在」，於是格物就轉成誠意。這樣一來，格物就變成去除私欲。熊十力認為王陽明的解讀，注重了道德實踐，但卻忽視了知識，故而導致陽明後學生出玄虛的弊端。熊十力主張將朱子的格物納入陽明學中，訓「格」為「量也，度也」，這樣既有道德實踐的性智，又有物理知識的量智，從而為保住物理世界、發展科學技術給出了哲學形上學的方案。

〔註2〕熊十力：《讀經示要》，長沙：嶽麓書社，2013年，第79頁。

3. 朱王是同：馬一浮的陽明學研究

　　馬一浮的儒學思想具有融合的特質，他以儒家六藝之學融合一切學術。在此學術宗旨下，馬一浮認為朱子、陽明皆為明心見性的一代大師，他們的區別僅僅是隨機攝化的不同，並沒有本質上的差異。

　　馬一浮建立了心體與性體合一的哲學體系，並以此來融合朱子學與陽明學。在心性論上，馬一浮批評陽明講「心即理」講得太易，導致陽明後學誤認氣心、欲望為理。馬一浮的心性論只在心之本體上承認心與性理的相通，故其讚賞朱子「性即理」之說，認為心之體即性即理，心之用即情即氣。在由性理貞定的心體的前提下，馬一浮也可以說「心外無物，事外無理，事雖萬殊，不離一心。」〔註3〕在上述心性理解下，馬一浮以此模式貫通儒佛，在他看來，《起信論》中「不生不滅與生滅和合，非一非異」的阿賴耶識，張載的「心統性情」，《通書》的「無極之真，二五之精，妙合而凝」，三者可以會通。其實，《起信論》的阿賴耶識，是真常心的系統，不生不滅的真如理體具有覺性，如此的覺性即能關照生滅之法而顯其空性。將此真常心繫的心性理論貫徹到儒家學說上，那麼「心統性情」則可以解為：心中的性體時刻具有覺性，由心的抉擇故能讓性體去貞定住情感之發動，從而使情感發而皆中節。同理，「無極之真」解為性體，「二五之精」解為陰陽和五行的精華。性體之理與二五之氣，凝結而成心靈。此「無極之真」的性體就是心靈的本體。馬一浮用了《起信論》、張載、周敦頤的語句，但解讀之義理卻有陽明學的影響。由於張載的「心統性情」成為朱子學的核心，故馬一浮對於張載「心統性情」的王學式解讀也就是對於朱子心性學的王學式解讀。馬一浮的心性論，較之王陽明則將心性的貫通收到體上說，顯得更緊；較之朱子則打通了性心的理氣分隔，顯得一貫。

　　在格物說上，馬一浮也套用了朱子的語句，但其解讀則又有鮮明的王學特徵。馬一浮認為朱子釋「格物」，就是窮至事物之理；「致知」，就是推極吾心之知。知，就是知理，而知具於心，而理不在心外。馬一浮所謂的心，既具有理，又具有認知功能，而此心的認知，主要在於求取性理。在這層意義上，馬一浮的格物與王陽明的格物已經沒有太大差別了。同時，馬一浮又吸收了《易經》的思想，對王學之心物論做出了一定的發展。馬一浮認為：「言『有』者，謂法爾如然，非是執有。言『生』者，謂依性起相，非是沈空。從緣顯現故謂

〔註3〕馬一浮：《馬一浮集》（第一冊），杭州：浙江古籍出版社，浙江教育出版社，1996 年，第 111 頁。

生，乃不生而生，遍諸法界為體故謂有，乃不有而有」〔註4〕「法爾如然」確立了物顯現背後的性體的客觀基礎。萬法的存在，並非妄識而顯，而是有心中之性體的本體基礎，再由心之發動而生成的。這樣，萬法的存在就有本體論上的客觀性，可以杜絕陽明後學玄虛遺物之流弊。

在工夫論上，馬一浮力倡篤行，他認為：「知是本於理性所現起之觀照，自覺自證境界，亦名為見地。能是隨其才質發見於事為之著者，屬行履邊事，亦名為行」〔註5〕知是理覺於事，行是氣發於事。而理覺必然體現於氣發，氣發則以理覺為主宰。如此，馬一浮之篤行又與王陽明的知行合一相合。

4. 建立事業：張君勱的陽明學研究

張君勱一生遊走於政治與學術之間，既有學術的理性又有政治的抱負，故其對於陽明學的思考，更多地關注在陽明學在近代政治轉型中的作用。對照中國儒學，張君勱考察了日本儒學，他認為日本的儒學有五大優點：其一，具有兼容並包的特徵；其二，日本王學對於「知行合一」、「即知即行」尤為看重；其三，日本人具有濃厚的忠君愛國的觀念；其四，日本以自主的殺身成仁成為積極的死諫；其五，日本的政黨學說之爭，不會動武以至於動搖國本。張君勱借用日本學者高瀨武次郎的話來分別中日陽明學的不同，認為陽明學有事業的陽明學和枯禪的陽明學，事業的陽明學可以興國，枯禪的陽明學可以亡國。日本的陽明學屬於事業的陽明學，其學說尤其注重忠孝，不講無善無惡，而且不喜歡玄談空想，更不會摻雜太多的禪宗思想。而中國的陽明學屬於枯禪的陽明學，故張君勱認為中國陽明學既要學習日本陽明學的「事業」特徵，又要從禪宗思想中解脫出來，建構新的陽明學理論。

張君勱認為陽明學有兩個來源：一是孟子，一是禪宗。因此，陽明學中既有孟子的成分，又有禪宗的成分。張君勱認為要建設事業的陽明學，就需要將陽明學中內含的禪宗成分進行改造，保留禪宗「訴諸本心」、「冥想靜坐」的部分，而拋棄「有無雙遣」、「無善無惡」等部分。經過改造後的陽明學，既要保留深厚的理論思考，又要能夠立起真正的事業，建立一套現代的學術話語，完成自身的現代轉換。

〔註4〕 馬一浮：《馬一浮集》（第一冊），杭州：浙江古籍出版社，浙江教育出版社，1996年，第842頁。

〔註5〕 馬一浮：《馬一浮集》（第一冊），杭州：浙江古籍出版社，浙江教育出版社，1996年，第41頁。

綜闚第一代第一群現代新儒家的陽明學研究來看，梁漱溟以柏格森直覺主義來解讀陽明學，熊十力借用印度唯識學的術語來解讀陽明學，張君勱以日本陽明學來對照中國陽明學，這都是以外釋中的詮釋方法。馬一浮的儒學體系建構，則是開啟了現代新儒家會通朱、王的先聲。熊十力要在心中開出量智的努力，則是現代新儒家在心性學中發展知識、重視物理的肇始。

二、第一代第二群新儒家的陽明學研究

第一代第二群新儒家群體主要以馮友蘭、賀麟、錢穆、方東美為代表，他們自二十世紀 40 年代左右開始活躍於學術領域。他們對於陽明學的研究，基本上繼承了第一代第一群的研究方向，並又深化了對於朱子學、陽明學的理解。

1. 客觀唯心：馮友蘭的陽明學研究

馮友蘭作為現代新儒家，其思想具有前後期的變化。早期的思想將西方新實在論與中國程朱理學進行融合而建立新理學體系，其代表性著作為《貞元六書》。後期的思想則是晚年自覺吸收馬克思主義哲學進行中哲史研究，其代表性著作為《中國哲學史新編》。馮友蘭的王陽明研究，主要體現在哲學思想史上的源流梳理，以及在馬克思主義哲學史框架下的理論定位。

在哲學史研究上，馮友蘭認為以前統稱二程思想不夠精細，其實程顥與程頤的思想具有較大的差異，程顥的思想開出心學一脈，程頤的思想開出理學一脈。而在心學一脈的思想系統中，陸象山著重說明了人人都具有良知，陽明則在此基礎上則著重論述了致良知。陸象山談知，但談行不夠，而陽明特別注重行，而言知行合一。馮友蘭認為《大學問》是王陽明的代表作，並對《大學問》做了很高的評價，認為《大學問》既繼承了周敦頤、程頤、陸九淵的思想路線，又將《大學》的綱目進行重新安排和融合，具有更為嚴謹的邏輯性和形上特性。而在晚年的《中國哲學史新編》中，馮友蘭更是對《大學問》進行了新的定位。在常規的馬克思主義哲學史的定位中，王陽明的思想一般被認為是主觀唯心主義。而馮友蘭則挑戰了這種看法，他認為《大學問》闡明了天地萬物與人為一體的思想，天地萬物的世界是公共的。公共性就是客觀的，而非主觀的。因此，《大學問》的思想並非主觀唯心主義，而是客觀唯心主義。由此進一步審視王陽明的思想，則王陽明的思想也是客觀唯心主義的，只是具有主觀唯心主義的傾向和色彩而已。

2. 知行新說：賀麟的陽明學研究

賀麟的唯心論體系，結合了德國古典哲學與中國陸王心學，是在陸王心學的框架中塞進了康德、黑格爾的理性精神。賀麟指出王陽明的知行觀僅僅侷限在德行和涵養心性方面，而知行觀的新發展，需要將學習科學知識和發展科學技術的實踐融攝到知行範疇之中。因此，賀麟唯心論中所論之心，就包含了極強的黑格爾哲學的色彩。賀麟認為，心可以分為心理意義上的心和邏輯意義上的心。而賀麟所重視的，正是邏輯意義上的心。「邏輯意義的心乃一理想的超經驗的精神原則，但為經驗知識以及評價之主體。此心乃經驗的統攝者，行為的主宰者，知識的組織者，價值的評判者。自然與人生之可以理解，之所以有意義，條理，及價值皆出於此心即理之心。」〔註6〕在此意義上，賀麟之唯心論也可以說「人同此心，心同此理」，也可以說「離心而無物」。但此心又比純粹的陸王之心增加了邏輯理性的意涵，而其對於世界的開顯似乎也更多地來自於理性對經驗世界的規範與判定。

在知行關係上，賀麟吸收王陽明的「知行並進」論，建立了知行平行論。賀麟認為，就一串的意識活動而言，可謂知；就一串的生理活動而言，可謂行。然而，意識（知）活動的歷程和身體活動（行）的歷程是同時並進，次序相同；知行不能相互影響和彼此決定或互為因果；知行各有分界，不能互相解釋，各自自成系統，不能把對方的含義包含於自身之內。因此，知行合一即是知行並進、知行平行。但是知行的平行並不代表知行各行其是，賀麟吸收王陽明「知是行的主意，行是知的工夫」的觀點，認為邏輯之心與世界萬物之關係就是主從關係或體用關係。這落實在知行關係上，就是知為主，行為從。而且這個知行，也從原來的道德體悟與道德實踐進一步擴充為科學知識的掌握與科學知識在生產實踐中的運用。當賀麟把科學知識和技術融入知行合一的命題中時，那麼對於社會整體的知識與實踐就無法由一人來承擔，於是賀麟提出「社會的知行合一」，即每個人都做好知或行、以及某一部分知、某一部分行的分工，部分合一為整體，就是社會的知行合一。在這樣的思想指導下，賀麟希望儒家思想發展，為人人所共具。士農工商各階層都有儒者氣象，一方面由其專業技能從事工作而為士、為農、為工、為商等等，另一方面又具有道德修養而為儒士、為儒農、為儒工、為儒商。賀麟希望道德精神並不限於知識分子，而是體現在從事於各行各業的人中。

〔註6〕賀麟：《哲學與哲學史論文集》，北京：商務印書館，1990年，第131頁。

3. 崇朱黜王：錢穆的陽明學研究

錢穆對於王陽明的評價具有前後期的轉變。在其思想早期，錢穆閱讀《傳習錄》、《近思錄》、以及《宋元學案》、《明儒學案》等宋明儒學的著作，偏嗜陽明。錢穆認為，明道、象山之學偏於內，其流弊是涵養持守而無進學，不免於空疏；伊川、朱子學偏於外，其流弊是記誦博覽而無湊泊，不免於支離。唯獨陽明學，拈出「感應」一詞，使內心與外物同時分明起來，如同百川之赴海，心物兼賅，體用一源。此外，錢穆還認為，陽明的「知行合一」，就是對北宋以來「敬」字的繼承；陽明的「致良知」，就是對北宋以來「義」字的繼承。但北宋以來，「敬義夾持」，分作兩截，而在陽明的理論中，「知行合一」與「致良知」實為一事，故敬、義也就渾化為一。面對他人對於陽明四句教「無善無惡心之體」的攻擊，錢穆認為：「後人對陽明《四句教》引起很多爭論，有人認為《四句教》的第一句『無善無惡心之體』當改為『至善無惡心之體』才對。其實這種改法也是多餘的。因『無善無惡』就是『至善』的意思。比方說：人的眼睛沒有任何遮蔽的時候，就是他能看到東西極清明的時候，因此人之心體在『無善無惡習』的時候，也就是他能識別『至善』的時候」〔註7〕

然而，錢穆在 1944 年病中通讀《朱子語類》之後，則逐漸對朱子學的體認不斷加深，而對於陽明學的評價則由高明轉為空疏。錢穆認為《孟子》中的良知良能與《大學》中的致知，並非同義。《大學》是荀子學的系統。陽明的良知來自於孟子，用此良知來解讀《大學》的致知屬於範疇之誤用。由此，錢穆也開始批判四句教的「無善無惡心之體」，認為心既然是無善無惡，《大學》何來講正心？繼而認為，陽明的四句教用來解讀《大學》中的「正心、誠意、良知、格物」皆不相合。在後期評價中，錢穆認為陽明學只能適用於人生方面，不能擴展到宇宙方面。他說：「陽明良知學，最先立腳在人生實踐上，很近象山。後來要邁進宇宙論範圍，也就窒礙叢生了。」〔註8〕

綜觀錢穆對於陽明學前後期的評價，其不變的評價標準似乎是一種心物兼備的整體觀，前期之所以盛讚陽明，則在於錢穆認為陽明學符合了這個標準，而後期之所以責難陽明學，亦在於錢穆認為陽明學不能符合這個標準。其

〔註7〕 錢穆：《講堂遺錄‧中國學術思想史十八講》，北京：九州出版社，2010 年，第167～168 頁。
〔註8〕 錢穆：《中國學術思想史論叢》卷五，合肥：安徽教育出版社，2004 年，第266頁。

問題之關鍵，在於心之感應明覺之物，是否包含現實客觀世界之物，而錢穆由於受到朱子學的影響，似乎對此持否定的答案。

4. 渾然一體：方東美的陽明學研究

方東美認為中國哲學具有機體主義的特徵，即「以天地萬物為一體，從心之靈明發竅處感應，而一視同仁。」〔註9〕這樣的機體主義特徵，也同樣適用於陽明學。方東美認為，陽明學是對象山學的超越。象山學承認理普遍存在於天地之間，又存在於人心之中，仍沒有徹底地心理合一，故方東美稱之為「超越理想性原理」。而陽明學則已徹底地心理合一，方東美稱之為「內在理想性原理」。陽明學的「內在理想性原理」比象山學的「超越理想性原理」更符合機體主義的特徵。在方東美看來，陽明學「心物合一」的觀點摒棄了心、物二元論的對立，「致知合一」的觀點又是價值的一貫，故陽明學將人性與宇宙融合在一個整體的系統之中。

在良知的理解上，方東美總結了良知對於事物的兩大要旨。其一，人心存乎天理，專一守己，故能不役於物；其二，至善是心之本體，只是明明德而至精至一處便是，然也未嘗離事物。前一要旨講心不役於物，後一要旨講心不離於物。而對於良知本身「無善無惡」的理解上，方東美給出了三種理解途徑。其一，「無善無惡」者，指價值中立，將一切存在均價值漂白；其二，指絕對至善超越一切正負相對價值（如以「善、惡」名之者）之限制；其三，指心體本身光明瑩潔、純淨無染，不執著於外界善惡觀念，視為悉由外界種種環境影響所構成者。方東美繼而認為，第一種解讀不符合陽明哲學本身。第二、三種解讀則為陽明哲學所包含。方東美認為，第二種解讀表明陽明受到道家影響。《老子》言：「天下皆知美之為美，斯惡已；天下皆知善之為善，斯不善已。」世俗的善惡是對立兩分存在的。而真正的大道，就是要超越世俗善惡對立兩分的狀態。陽明的良知就具有這種超越性，故而言「無善無惡」。第三種解讀表明陽明受到禪宗的影響。禪宗講「不思善、不思惡時認識本來面目」，陽明的良知心體就是這一光明瑩潔、純淨無染，不執著於外界善惡觀念的道德主體。雖然二、三兩種解讀吸收道家、佛教的義理也為陽明學本身所包含，但這都是就著陽明心學與佛老相通之共法處而言，而在根本主旨上，良知本體的道德動力仍舊具有鮮明的儒家立場。

〔註9〕方東美：《生生之德》，北京：中華書局，2013年，第306頁。

綜闊第一代第二群現代新儒家的陽明學研究來看，馮友蘭以哲學史家的身份闡發了陽明學的精義，而方東美的「內在理想性原理」也大大豐富了陽明學的內涵。這些研究，都可以說比傳統的陽明學研究更富有哲學意味。方東美的機體主義詮釋視角，賀麟的德國古典哲學的融入，也可以視為以外釋中的繼續。錢穆後期對於王學的批評，可以視為融合朱、王思潮的反向運動。賀麟對於知行關係的新解，也可以看作是陽明學面向現代的嘗試。

三、第二代新儒家的陽明學研究

第二代新儒家群體主要以唐君毅、牟宗三、徐復觀為代表，他們都是熊十力的弟子，自二十世紀 60 年代左右開始活躍於學術領域。由於他們都是由大陸輾轉去了港臺，多有傳統文化花果飄零之歎，故他們的傳統研究，具有自覺的「靈根再植」的使命感。他們的陽明學研究繼承了前面兩代人的命題，並在哲學的深度和廣度上獲得了新的成就。

1. 朱陸通郵：唐君毅的陽明學研究

唐君毅評價陽明為「朱陸之通郵」。此「通郵」之義，從朱子一面說，陽明之學說所欲解決的問題正是承朱子而來，並且陽明處理此類問題之法乃是將朱子分解之法轉為綜合之法以解決之；從象山一面說，陽明之學說根本主旨如「心即理」義暗合於象山之學。故在唐君毅看來，傳統程朱、陸王之派別劃分並非無異議，陽明學更多來自於朱子學，而非象山學。

唐君毅曾比較朱子、象山、陽明三人學說之同異，並給出以下五點結論。其一，從知行關係上看，朱子、象山皆知行為二，而陽明主張知行合一；其二，從工夫次第上看，象山「先立乎其大」為第一義工夫，而朱子之格物致知與陽明之致良知於事事物物，均屬象山之第二義工夫；其三，從天理人慾上看，象山倡天理而不對言人慾，朱子、陽明則皆重天理人慾之辨；其四，從佛、道觀上看，朱子以理之實虛分別儒學與佛老；象山以公私義利分別儒學與佛老，而陽明則以廳堂三間之喻納佛老於儒門。其五，從推尊孔門弟子上看，象山推尊仲弓，朱子推尊顏子之克己復禮，陽明推尊顏子之真見。就以上五點而論，陽明未必同於象山而異於朱子，更可以說，三人各有異同。

就陽明學本身而言，唐君毅認為陽明學之本體，基本上繼承發展了朱子學，而陽明學之工夫，則既融攝了象山與朱子的兩種工夫形態，又有對朱子學的發展。從本體上看，唐君毅對於朱子學理解不同於一般心學家的觀點。唐君毅認

為，朱子詮釋《大學》，將格物致知與誠意分為知與行兩個階段。在格物致知的知的階段，朱子之心本身具有性理之發動，這一點與陸王並無差異。但是，心中所具之性理之發動由於形氣之桎梏而不能完全，這時候需要格物致知，人之心知之向於外之物理，以拉出其心之性理之事。唐君毅言：「即物窮理之事，如以粗俗之言喻之，實似人之心知之向於外之物理，以拉出其心之性理之事，如船上之一卷之繩索，將一頭拴在岸上，則船移，而繩皆自出。」〔註10〕就事一面而言為實然之理，就心一面而言為應然之理。在誠意的行的階段，作為心之所發的意需要順著應然之理去發動實踐。應然之理本身即給予了誠意的動力。在朱子系統中，應然之理之知與應然之理之行，是分為兩個階段。而陽明將此兩個階段融為一個整體，故格物、致知、誠意即為一事，就是知行合一。真正知其理必然行，真正行其理必然知。實則陽明這樣的融合，就是將朱子之心具理轉為心即理而來。依照朱子，此說可以分為三步，其一，性理自動顯現於氣心；其二，氣心所顯之純粹道德意識就其觀照之事物給出一應然之理；其三，心切實地去實行此應然之理。但依照陽明，則將此三步全部收為「致良知」中，可謂由分解說轉為綜合說。從工夫上看，朱子詮釋《中庸》，針對已發、未發兩種心靈狀態提出兩種工夫路徑。未發時，需要做存養居敬工夫，已發時，需要做省察克治工夫。而陽明將兩類工夫合而為一，用戒慎恐懼之工夫，貫通了已發未發。此外，唐君毅認為陽明好善惡惡，為善去惡的工夫，又是對象山與朱子工夫的綜合。象山之工夫形態是「依正以成正」，由發明本心而當下成就真理。朱子之工夫形態是「反反以顯正」，通過對於識心負面因素的去除來顯出真理。唐君毅認為陽明之好善惡惡，為善去惡之工夫，就好善為善言，則為象山工夫形態之吸收，就惡惡、去惡言，則為朱子工夫形態之吸收。

2. 良知坎陷：牟宗三的陽明學研究

　　牟宗三繼承了熊十力的思考，從陽明學中轉出一套知識系統。而這套兼具道德與知識的體系，也成就了其自身的道德形上學。

　　牟宗三認為傳統的心學理論僅僅在道德意願上貫徹了本體與行動的一貫，但缺乏對於物的知識系統的理解，故而難以真正達成道德事件的圓滿實現。由此，牟宗三提出了格物副套，在行為宇宙中嵌入知識宇宙，建立知識理

〔註10〕唐君毅：《中國哲學原論・原教篇》，北京：中國社會科學出版社，2006 年，
　　　　第 175 頁。

性的重要地位，並將之統攝於道德理性的系統中，建立了良知坎陷說。良知坎陷說是心學系統自身義理的邏輯開展，是對格物說的發展與完善。

　　牟宗三解讀陽明學中對於物的實現的理解，認為良知天理既是本體論，又是價值論。物在良知天理的觀照下而貞定其價值性的存有。牟宗三認為：「人與天地萬物為同體，而且人與天地萬物俱在此靈明同體之涵蓋中。此是一個本體論的涵蓋原則。此由感應之幾而建立一個客觀的本體論原則。由此本體論的涵蓋原則覆函一天地萬物之存在原則：此即天地萬物之所以為天地萬物必須在此靈明中而始然也。即必在此靈明之貫徹中而始得其呈現也。此存在原則亦名『實現原則』。此存在原則歸於感應上復成功一『認識原則』。」〔註11〕實現原則是存有論的，而認識原則是價值論的，物由於良知天理而成為道德價值的存有物。在牟宗三看來，道德價值的存有物就是物之自身，是物最為本然的狀態。

　　物的實現固然需要本體的確立，不然就沒有根本，變成漂浮不定的零碎片段。然而，物的圓滿實現在本體的貞定基礎上還需要知性所成就的物理。比如說，道德主體在實踐過程中良知判斷需要用桌子來成就課堂教學工作；然而現在沒有桌子以及無法購買桌子，於是就需要自己造桌子。製作桌子就需要研究桌子的材質結構等物理問題。在這些專業知識的幫助下，吾人才能製作好桌子，並使用桌子來為課堂教學服務。因為，就課堂教學這一事件的物而言，我要興辦教育的道德實踐的願望固然可以在明覺感應中貞定此事件的本體，但如果光光只有道德願望，而沒有製作桌子的專業知識，那麼興辦教育的實踐仍舊缺乏真正的圓滿，無法徹底的實現。故而，從實現原則上說，圓滿的實現必然包含著知性所成就的物理的輔助。牟宗三從陽明心學的性理學中逼顯出物理學，性理學之圓成必然包含物理學，故物理學必然是物之實現原則所應當開出的一條道路。由此，牟宗三提出行為宇宙與知識宇宙的兩分。行為宇宙是道德性的，知識宇宙是思辨性的。良知的圓滿實現，既需要行為宇宙，也需要知識宇宙。如果說行為宇宙是格物的主套，那麼知識宇宙就是格物的副套。在格物副套中，物不是行為物，而是獨立的、客觀的存在物；物不是與意的有知相一貫的那個實相，也不是與意的無知相牽絆的那個妄相，而是無所謂知與不知（知是指良知）的中性的範疇規範；物不是直接與道德本體一體貫徹的實體，

〔註11〕牟宗三：《王陽明致良知教》，《牟宗三先生全集》第八冊，臺北：聯經出版社，2003 年，第 95 頁。

而是與道德本體無直接關聯的輔助物。如果我們在主套中可以看到良知天理、誠意、格物一貫的理路進展，那麼在副套中就無法看到這樣的模式。

在原本的意物關係中，攝物歸意，意物一體，故並無主客對待之相。即使在意之所發未秉持心體方向時，良知仍能夠逆覺其自身，而此逆覺亦無主客的對待。然而在格物副套的意物關係上，意物關係就由原來的主客無待變成了主客相待。意自身分裂為能知性認知的主體，而剩下的所靜觀認識物的意則轉為客體。在這樣認知下，物就成了客觀的、獨立存在的物，與人的主觀意識無關的物。基於這樣的認識，認知主體可以獲得關於物理的相關知識與規律。從格物副套而言，對於具體事物的知識，以及架空具體事物而成就抽象的知識論，都是此過程中所產生的結果。此結果與良知沒有直接的關聯，並不具有價值意味，既不能說善的，也不能說惡的。但這種結果，可以進一步輔助道德實踐的完成，促成物的完滿實現。

格物主套的行為宇宙與格物副套的知識宇宙具有完全不同的格局，但又不能承認兩套宇宙各自成立。（如果承認各自成立，就成為二元論，於是儒家的道德形上學的一元論的本體地位就會動搖。）因此，牟宗三必須將知識宇宙的副套納入到行為宇宙的主套中去。牟宗三認為，開顯知識宇宙的了別心與開顯行為宇宙的天心，原來就是一心。但這兩種狀態卻都為一心是何以可能的呢？並且如何進行主次排序呢？牟宗三認為，「每一致良知行為自身有一雙重性：一是天心天理所決定斷制之行為系統，一是天心自己決定坎陷其自己所轉化之了別心所成之知識系統。此兩者在每一致良知之行為中是凝一的。」〔註12〕由此可見，主套的天心為核心基調，此天心開顯行為宇宙；而天心自我坎陷而成就副套的了別心，此了別心開顯知識宇宙。故雖然統於一心，仍舊具有主次關係。這一說法即是牟宗三孤明先發的「良知坎陷」說。此說在陽明學的心性系統中創造性地添加了知識理性的形上依據，借用康德哲學構建兩層存有論，並以黑格爾絕對精神辯證開顯的模式，為中國傳統哲學開出架構理性的科學與民主奠定了本體論基礎。

3. 事上用功：徐復觀的陽明學研究

徐復觀雖然為現代新儒家代表人物之一，但是他並不贊同像唐君毅、牟宗

〔註12〕牟宗三：《致知疑難》，《牟宗三先生全集》第八冊，臺北：聯經出版社，2003年，第208頁。

三等人那樣，借助西方哲學系統建構中國哲學。在徐復觀看來，中國文化與西方文化，在發軔之初，其動機已不相同。由於中西文化走的是兩種不同的發展路徑，故用西方哲學比附中國哲學，不僅不能發現中國哲學的精髓，反而會加深對中國哲學的誤解。在王陽明思想的解讀上，徐復觀明確表示反對方東美以「機體主義」解讀陽明心學，他說：「把王學完全觀念化了，完全脫離了事上用功的切義，而只勾畫出一幅濟濟蕩蕩的虛境。所以凡屬方東美這一類型的哲學家。都不能把握到儒家的命脈。」〔註13〕徐復觀認為方東美的解讀，抽離了「事上用功」的實踐，僅僅用「機體主義」的套子將陽明心學解讀成一套玄學思辨的系統。徐復觀給王陽明冠以「政治家」的稱號，並非在於王陽明個人的卓越事功，而是要挖掘出「事」在心學系統中的核心地位，揭示出陽明學「事上用功」的旨向。這種「事上用功」的旨向，使心學擔負著修齊治平的政治重任。

秉承上述切於實用的主旨，徐復觀對於陽明學的「教法三變」作出了新的解讀。錢德洪曾將王陽明教法劃分為三個階段，一為知行合一，一為靜坐，一為致良知。徐復觀認為，靜坐教法時間太短，只有七月，而且靜坐僅為一種方法上的嘗試，無關教學的內容，故靜坐作為一個獨立階段的教法並不能成立。而關於知行合一與致良知的相互關係，徐復觀認為：「所要求的知行合一，即是『致良知』。『致』是把良知實現於事物之上，故『致』即是『行』。而致良知之致，乃良知自身的要求，所以致與良知實為一體。其真實內容，即是知行合一。」〔註14〕這樣一來，知行合一與致良知別無二致。徐復觀認為，之所以有知行合一、致良知兩種不同的闡釋方式，是因為王陽明在講「知行合一」、「知行本體」時，雖然在體驗上已觸到根源之地，但觀念上還未完全透徹。等到王陽明體悟到「致良知」時，才把「知行合一」的本體通透出來。所以，兩者的差異，只是表述的不同，而不能劃歸為兩個不同的獨立教法。無論是「知行合一」，還是「致良知」，王陽明的教法都是主張良知的發動要投身於事事物物中，「修己之仁」必須通過事上磨煉才能獲得真正的證成。這樣一來，良知就對人的政治活動具有積極的作用，而陽明心學也必然是一種能夠指導現實

〔註13〕徐復觀：《一個政治家的王陽明》，載《儒家思想與現代社會》，北京：九州出版社，2014 年，第 224 頁。

〔註14〕徐復觀：《一個政治家的王陽明》，載《儒家思想與現代社會》，北京：九州出版社，2014 年，第 222 頁。

政治實踐的政治哲學。

綜闚第二代現代新儒家的陽明學研究來看，牟宗三借用康德哲學、黑格爾哲學創造了良知坎陷，是對於以外釋中的繼承。唐君毅朱陸通郵之說，則是會通朱、王的集大成者。牟宗三架構理性的確立，以及徐復觀以政治哲學解讀陽明學，都是將陽明學推向現代，希望陽明學可以容納民主科學的現代文化。

四、結論

現代新儒家的陽明學研究，可以說是近代中國接受西學的歷史進程的哲學反映。他們以西釋中，極大凸顯了陽明學中的形上意涵，並希望這種形上學的論說方式可以進入世界的哲學話語體系，以及這種論說方式所彰顯的東方價值具有超越西方形上學的地位。他們通過建構整全的哲學體系，重新對朱子學、陽明學的差異進行新的解釋，從而在一個更高的理論平臺上化解了宋明儒學內部的差異，達成儒學內部的圓滿融合。他們在陽明學本有的道德涵養之中，增加新的思辨理性和物理知識，從而將物理世界收納進來，為現代性的開展奠定了理論上的基礎。這些哲學體系的構建、哲學史敘述範式的轉變，以及哲學現代新開展的努力，代表著近代中國時代精神的變遷。而現代新儒家的陽明學創新性詮釋，就是在這一時代精神變遷下所交出的理想答卷。

道家玄思篇

第一章 論物極必反非老子自然之道的本旨——以《道德經·三十六章》為契入的「反者道之動」實義之省察

    一種較為普遍的解讀老子「反者道之動」的觀點認為：老子揭示了事物發展的規律，即事物發展到了極端就會向相反的方向轉化。這個規律是道自身的體現。〔註1〕這種解讀因為蘊涵著辯證法的意味，故國內學者在黑格爾、馬克思的辯證思想背景的影響下，更為突出地闡釋這一種解讀方式。

    然而，筆者認為，物極必反並非老子之道的本義。對於此一問題的揭示可以從分疏《道德經·三十六章》為契入，在排除物極必反的陰謀論與自然論的誤解的同時，為「反者道之動」作出一種更為周全的闡釋。

一、《道德經·三十六章》陰謀論與自然論的解讀

    《道德經·三十六章》的部分原文如下：

> 將欲歙之，必固張之。將欲弱之，必固強之。將欲廢之，必固興之。將欲取之，必固與之。是謂微明。柔弱勝剛強。魚不可脫於

〔註1〕如張豈之先生所說：「有一個規律，任何社會、個人都擋不住的，這就是『物極必反』的法則，任何事物發展到頂點就會向相反的方面發展。老子在《道德經五千言》中將『反者道之動』的『物極必反』規律講得十分透徹，比當時任何一部著作都要講得透徹。」張豈之：《張豈之談中華優秀傳統文化》，西安：太白文藝出版社，2012年，第100頁。

淵，國之利器不可以示人。〔註2〕

針對這一文獻，歷來具有多種解讀，總括而言之，大抵上可以分為兩類。一類是陰謀論的解讀方式，一類是自然論的解讀方式。

陰謀論的解讀方式可以從《韓非子・喻老》中找到源頭，其文如下：

> 越王入宦於吳，而觀之伐齊以弊吳。吳兵既勝齊人於艾陵，張之於江、濟，強之於黃池，故可制於五湖。故曰：「將欲翕之，必固張之；將欲弱之，必固強之。」晉獻公將欲襲虞，遺之以璧馬；知伯將襲仇由，遺之以廣車。故曰：「將欲取之，必固與之。」起事於無形，而要大功於天下，「是謂微明」。處小弱而重自卑，謂「損弱勝強」也。〔註3〕

案：《韓非子・喻老》用法家思想來解讀《道德經・三十六章》。吳伐齊而大勝，對應了「張」、「強」，但最後兵力耗盡卻被伺伏的越人所打敗，對應了「翕」、「弱」。虞獲得晉國所贈的璧馬、仇由獲得知伯所贈的廣車，對應了「與」，但最後兩國皆被攻取，對應了「取」。吳、虞、仇由表面上的收益卻暗藏著極大的損失。越、晉、知伯表面上的損失卻得到最終的收益。《韓非子・喻老》篇中，讚賞的是越、晉、知伯，他們「起事於無形，而要大功於天下」，是柔弱勝剛強的典範。由此來看，《道德經・三十六章》中的「之」皆指代由強而變弱的對手，而「將欲……」、「必固……」前面省略的主語則是指增強這種轉變趨勢並伺機取勝的陰謀家。

> 勢重者，人君之淵也。君人者，勢重於人臣之間，失則不可復得矣。簡公失之於田成，晉公失之於六卿，而邦亡身死。故曰：「魚不可脫於深淵。」賞罰者，邦之利器也，在君則制臣，在臣則勝君。君見賞，臣則損之以為德；君見罰，臣則益之以為威。人君見賞，則人臣用其勢；人君見罰，而人臣乘其威。故曰：「邦之利器，不可以示人。」〔註4〕

案：法家以權勢為「淵」，君主為「魚」，並以簡公、晉公的大權旁落、邦亡身死來說明「魚脫於深淵」的惡果。又以賞罰為「利器」，如果君主流露出賞罰的意圖，大臣就有了準備，可以變動賞罰來增強自己的威勢。〔註5〕這樣

〔註2〕《道德經・三十六章》。
〔註3〕《韓非子・喻老》。
〔註4〕《韓非子・喻老》。
〔註5〕「臣則損之以為德」可以理解為大臣將君主的賞賜截留一部分劃在自己名下

君主所操的利器就被大臣所利用，君主反而被大臣所牽制，故而君主賞罰的意圖不能輕易示人。君主駕馭臣下，要完全掌控好權勢，不表露自己的賞罰之意，讓大臣無有可乘之機。不然，君主就要由強轉弱，大臣就要由弱轉強了。

　　以法家思想解讀老子，則完全陷於陰謀論，視老子等同一陰謀家。陰謀論的解釋都在人為層面上說話，不但與《道德經》中道體寂兮寥兮的狀態不符，而且與修道之人的致虛守靜的境界迥異。如果以陰謀論貫通《道德經》作解，那麼道家的「無為而無不為」、「不爭而天下莫能與之爭」完全成為潛伏自身、伺機出洞的謀略。「無為」、「不爭」僅僅是手段，「無不為」、「莫能與之爭」才是最終的目的。

　　對於陰謀論的解讀，歷來注家多有反對者，故有自然論的解讀，此處不妨以明代高僧憨山德清的注解為代表，其文如下：

> 此言物勢之自然，而人不能察，天下之物，勢極則反。譬夫日之將昃，必盛赫；月之將缺，必極盈；燈之將滅，必熾明。斯皆物勢之自然也。故固張者，翕之象也；固強者，弱之萌也；固興者，廢之機也；固與者，奪之兆也。天時人事，物理自然。第人所遇而不測識，故曰微明。斯蓋「柔弱勝剛強」之義耳。譬夫淵為魚之利處，但可潛行而不可脫，脫則塊然無能為。柔弱者國之利器，人主但可恭默自處，不可揭示於人，示人則致敵而招侮，將反見其不利也，夫是之謂微明。世之觀此章，皆謂老子用機智，大非本指。蓋老子所以觀天之道，執天之行是已，殆非機智之端也。〔註6〕

　　案：憨山德清的解讀可以分作兩個部分，一部分是對於事物運行規則的解讀，即自然論〔註7〕；一部分是君主知道自然論之後應該如何操作，即工夫論。

　　憨山德清認為「天下之物，勢極則反」是「物勢之自然」。這種不參雜人為而顯露出來的事物運動規則，是人所不容易測識的「天時人事，物理自然」。因此，「將欲……」、「必固……」的關係則是指天道運行的必然趨勢，省略的

　　　　來給予被賞賜者，讓被賞賜者對自己心存感激。「臣則益之以為威」可以理解
　　　　為大臣將君主的刑法增加一部分，藉此在受刑者面前樹立自己的威望。
〔註6〕釋德清：《道德經解》，上海：華東師範大學出版社，2009年，第85～86頁。
〔註7〕筆者之所以稱之為自然論，因為持此觀點者，將物極必反視作自然本身的狀態，也就是道的狀態。「道法自然」（《第二十五章》）意為「道效法自己這個樣子」，可以說道就是自然。

主語是指天地之間任何事物，「之」僅僅是虛詞，無實際的意思。因此，如日、月、燈這些事物，都符合「勢極則反」的規則。

「柔弱」尚不成勢，具有發展的前景；「剛強」勢已成極，不久要向反方向發展了。「勢極則反」揭示了「柔弱勝剛強」的道理。「柔弱」比作「淵」，君主比作「魚」，以「柔弱勝剛強」的法則來治國，就是「國之利器」。君主不能將「柔弱勝剛強」的道理明示於人，不然揭露天機會對自己不利。

憨山德清指出老子揭露的是天道，而不是機智。機智屬於人為，在《道德經》中是負面的狀態，而天道屬於自然，在《道德經》中是正面的狀態。由此，「天下之物，勢極則反」（與「物極必反」相類似）則成為天道的規律，成為自然本身應有之意。但是，對於君主或者修道者而言，理解天道，卻並非完全依照天道「由弱變強，由強轉弱」來行動，而是在盡可能的情況下守住弱勢，從而不至於衰亡得太快。並且，這種「柔弱勝剛強」的韜略還不可以示人，這樣或多或少帶有些陰謀論的影子。

順著這層意思，我們推進一步想，法家的解讀也可以承認自然論。陰謀家自己懂得「物極必反」的道理，而受害者不知道「物極必反」的道理，陰謀家利用「物極必反」的自然規律以及對方不懂這條規律的有利條件，而拼命「捧殺」對方。這樣一來，自然論反而是陰謀論的基礎。陰謀家是利用自然論的「物極必反」來為自己謀利，借助「無為」、「不爭」的自然之勢達成「無不為」、「莫能與之爭」的目的，如那些恭默自處的君主；而非陰謀家則是將此自然論的「物極必反」規則揭示給大家，讓大家都合道而行，不要上陰謀家的當，如傳說中留下《道德經》五千言給關尹子的老聃。

自然論的解讀與陰謀論的解讀相比較，則自然論更能顯示自然之道的辯證運動，更具有道家哲學意味，並且最為關鍵之處，可以與《道德經》前後文相貫通，〔註8〕尤其與「反者道之動，弱者道之用」〔註9〕一句十分匹配，可以互釋其義。正如陳鼓應先生所指出的：「《三十六章》這段文字被普遍誤解為含有權詐之術。其實老子這些話只在於分析事物發展的規律，他指出事物常依『物極必反』的規律運行；這是自然之理，任何事物都有向它的對立面轉換的

〔註8〕如「五色令人目盲，五音令人耳聾，五味令人口爽，馳騁畋獵令人心發狂，難得之貨令人行妨。」（《道德經・十二章》）「禍兮，福之所倚；福兮，禍之所伏。」（《道德經・五十八章》）。
〔註9〕《道德經・四十章》。

可能，當事物發展到某一個極限時，它就會向相反的方向運轉，所以老子認為：在事物發展中，張開是閉合的一種徵兆，強盛是衰弱的一種徵兆。這裡面並沒有權詐的思想。」〔註10〕

二、「反者道之動」的相反義與返回義

對於「反者道之動」的理解，陳鼓應先生指出：

> 在這裡「反」字是歧義的：它可以作相反講，又可以作返回講（「反」與「返」通）。但在老子哲學中，這兩種意義都被蘊涵了，它蘊涵了兩個觀念：相反對立與返本復初。這兩個觀念在老子哲學中都很重視的。老子認為自然界中事物的運動和變化莫不依循著某些規律，其中的一個總規律就是「反」：事物向相反的方向運動發展；同時事物的運動發展總要返回到原來基始的狀態。〔註11〕

「反者道之動」具有相反對立與返本復初兩層意思。從相反對立的意思上看，就是上述自然論的物極必反。也就是說，真正的自然之道，發展到極端之後就要反向運動，因此可以說，事物是不能保持長久的。從返本復初的意思上看，則與上述的說法不同。事物的運動發展需要返回到原來基始的狀態。這種返本復初的意思，我們可以結合《道德經》中相關文獻做一佐證。

> 有物混成，先天地生，寂兮寥兮。獨立不改，周行而不殆，可以為天下母。吾不知其名，強字之曰道，強為之名曰大。大曰逝，逝曰遠，遠曰反。故道大、天大、地大、人亦大。域中有四大，而人居其一焉。人法地，地法天，天法道，道法自然。〔註12〕

案：「有物混成，先天地生，寂兮廖兮獨立不改，周行而不殆，可以為天下母。」是指道體。「寂兮廖兮」是指道體之無，「獨立不改，周行而不殆」是指道體之有，有無持續地不斷作用，而為天下母。

「大曰逝，逝曰遠，遠曰反。」中的「反」若解釋為相反對立，則要回復到小、溯、近的狀態中，這樣的解釋與後文肯定道天地人的四大就不符了。所以「反」解釋成為返本復初，就可以開出一條新路。返本復初不是要現象上回到過去，而是要以道體為事物存在的根本。道體的功效廣大、流逝、深

〔註10〕陳鼓應：《老子注釋及評價》，北京：中華書局，1984年，第17頁。
〔註11〕陳鼓應：《老子注釋及評價》，北京：中華書局，1984年，第225～226頁。
〔註12〕《道德經‧二十五章》。

遠，在此功效中保存住天地萬物。天地萬物的生長變化根本上不能離開道體，故說「遠曰反」。這個反不是現象上的回到事物初始的階段，而是在生長的過程中不離開作為基礎的道體，源源不斷地向道體吸收存在的養料。大、逝、遠可以是現象上的說法，但反是本體上的說法。現象上事物的發展不能離開本體上道體的滋養。只有道體滋養的不斷維持，現象上事物的發展才能持續穩定。域中四大仍舊存在並得以發展，但四大的維持都要以自然為根基。這種思想也表現在「夫物芸芸，各復歸其根」〔註13〕以及「天下有始，以為天下母。既得其母，以知其子，既知其子，復守其母，沒身不殆」〔註14〕等處。芸芸是子，道體是母。復歸其根，不是不要芸芸，而是在芸芸的現象中，本體上守住道體這一根本。或者可以說，只有守住了道體的根本，才能有大、逝、遠的發展。

在守住道體，返回道體的本體論基礎上，可以有現象的持續穩定的發展，於是《道德經》有如下的表述：

> 功成事遂，百姓皆謂我自然。〔註15〕

> 知止可以不殆。〔註16〕

> 不失其所者久，死而不亡者壽。〔註17〕

> 知足不辱，知止不殆，可以長久。〔註18〕

> 終日號而不嗄。〔註19〕

> 深根固柢，長生久視之道。〔註20〕

「功成事遂」、「不殆」、「壽」、「長久」、「終日號而不嗄」、「長生久視」這些詞彙都是表示事物長久。「自然」、「知止」、「知足」、「不失其所」、「深根固柢」這些詞彙都是表示返守道體。也就是說，事物之所以可以久長，因為這些事物守候著作為基礎的道體，事物的久長就是道體的功效。也就是說，從返本復初的意思上看，事物能夠保持長久。

〔註13〕《道德經・十六章》。
〔註14〕《道德經・五十二章》。
〔註15〕《道德經・十七章》。
〔註16〕《道德經・三十二章》。
〔註17〕《道德經・三十三章》。
〔註18〕《道德經・四十四章》。
〔註19〕《道德經・五十五章》。
〔註20〕《道德經・五十九章》。

　　鑒於以上的分析，我們可以發現一組矛盾：「反者道之動」之「反」，若從相反解，則事物不能長久；若從返回解，則可以長久。不長久與長久矛盾，於是「反者道之動」之「反」的解釋不能兼有兩者的意思，只能捨一而取一。

三、基於道體與道用一貫性的考察

　　相反還是返回？哪一種理解更為接近《道德經》的本義？筆者認為，若承認《道德經》文本的有機聯繫，那麼取捨的標準就在於道體與道用的一貫性，即：有什麼樣的道體就能生成什麼樣的道用；就道用什麼樣的開展可以看到道體什麼樣的特徵。前者為由體達用，後者為即用見體。

　　其一，從由體達用上進行考察，《道德經》中相關文獻如下：

　　　　視之不見名曰夷，聽之不聞名曰希，搏之不得名曰微，此三者不可致詰，故混而為一。其上不皦，其下不昧，繩繩不可名，復歸於無物。是謂無狀之狀，無物之象，是謂惚恍。迎之不見其首，隨之不見其後。〔註21〕

　　案：道體視不可見，聽不可聞，搏不可得，不是感官經驗所能把握。沒有光暗上下的區別，發生著有無相生的玄妙作用而又不能用概念去理解，其本身只是帶著事物回歸其自然，故不具實體性的特徵。道體沒有象狀，若有若無而不確定。沒有方所，卻又無所不在。

　　　　孔德之容，惟道是從，道之為物，惟恍惟惚。惚兮恍兮，其中有象，恍兮惚兮，其中有物，窈兮冥兮，其中有精。其精甚真，其中有信。自古及今，其名不去以閱眾甫。吾何以知眾甫之狀哉！以此。〔註22〕

　　案：人得到道，是謂德。道本身的狀態是恍惚不定，深遠不已，象與物以及最基礎的物質由之而生成。天下萬物在大道自古以來的作用中生成發展。

　　《道德經》中的道體不具有任何規定性，在恍惚窈冥中發生功效，從而讓天地萬物順遂自身而自然地變化發展。也就是說，道體本身具有的是保證萬物自然而然地存在的功效，而不具備物極必反的功效。

　　其二，從即用見體上進行考察，《道德經》中相關文獻如下：

　　　　五色令人目盲，五音令人耳聾，五味令人口爽，馳騁畋獵令人

〔註21〕《道德經‧十四章》。
〔註22〕《道德經‧二十一章》。

心發狂，難得之貨令人行妨。是以聖人，為腹不為目，故去彼取此。
〔註23〕

案：目看顏色越多反而會導致目盲；同樣地耳、口、心、行的極致使用也會導致相反的結果。這是物極必反的實例。但此例不是正面的例子，而是反面的例子。聖人「為腹」是回歸自我的天然樸實，聖人「不為目」是不為外在的人為的感官刺激所牽引。所以要回歸道體之此，而去除人為之彼。

物壯則老，是謂不道，不道早已。〔註24〕

案：「物壯則老」是指氣勢壯盛就會趨於衰敗，這是物極必反的實例。此例也不是正面的例子，而是反面的例子。這種狀態正是由於不守持道才會發生，不守持道就會很快消亡。

物極必反在上述例子裏都是明顯作為反例而出現。因此，物極必反並不是道體所蘊含的特徵，反而是違背自然所導致的錯誤狀態。

一方面，從由體達用上看，不具有物極必反的功效；從即用見體上看，物極必反卻是錯誤的用。另一方面，從由體達用上看，道體一直保存萬物自然生長的動力；從即用見體上看，物極必反的錯誤就是不返回道的惡果。所以，「反者道之動」之「反」的理解應該為「返回」，而不是「相反」。

此外，《道德經》中還有許多物極必反以及正言若反的描述。有些物極必反的例子由於缺乏上下文，既可以做正面例子的理解，也可以做反面例子的理解，比如：

禍兮，福之所倚，福兮，禍之所伏，孰知其極，其無正。〔註25〕

案：「福兮禍兮」也是表達物極必反的意思。如果做正面例子的理解，就具有自然論的意思，這也是通常的解法，這樣就會導致與上述文獻的矛盾。筆者以為，不如做反面例子來理解更為通順。禍福的相互對立轉化正是人為刻意追求所產生的後果，這裡面沒有真正的標準。

還有一些正言若反的例子，則不能平面地看待，而是要將反言看成是守持道體的象徵語言。

曲則全，枉則直，窪則盈，敝則新，少則得，多則惑，是以聖
人抱一為天下式。不自見故明；不自是故彰；不自伐故有功；不自

〔註23〕《道德經・十二章》。
〔註24〕《道德經・三十章》。
〔註25〕《道德經・五十八章》。

矜故長。夫唯不爭，故天下莫能與之爭。古之所謂曲則全者，豈虛言哉！誠全而歸之。〔註26〕

案：曲與全，枉與直，窪與盈，敝與新，少與多，這些都是反言。但這些反言並不是經驗層上的橫向的相反對立。因為曲、枉、窪、敝、少等詞彙意指聖人抱一為天下式的狀態。「一」是指道，「抱一」是指「返求於道，持守於道」，這樣的反言就是縱向的關係，其實質是返本復初與返本復初效用的關係。前者是指道，也是指有德之人的體道境界，「生而不有，為而不恃，長而不宰」的虛懷若谷的處世狀態；後者是指持守道體之後所開顯的大、逝、遠的道用之利。其他類似正言若反的例子，也可以做如此的理解，「正」是大、逝、遠的道用，「反」是通過反言來表達「抱一」的道體。

事實上，道的玄妙生物的作用，並不一定保證天下萬物永遠不壞。道只是自然，萬物隨其自身本然之變化，其壽長則長，其壽短則短，是為道。如果由於人為而變短為長，或變長為短，都不合於道。道用上的長久，只是讓天下萬物順其自然狀態而盡其天年，而人為造作狀態下的物極必反卻縮短了事物存在的年限，由此對比反而襯托出順應自然可以更為長久。〔註27〕

四、實踐狀態下的有為有執與無為無執

「反者道之動」應以返本復初、持守道體、順遂自然來解，那麼相互對立、物極必反的狀態又是如何形成的呢？我們需要給予物極必反一定的解釋，並妥當安置物極必反在《道德經》中的適當地位。

道本身無所不在，無時不在，一直綿綿若存地發生著功效。但道的功效在事物上的正常表現，則需要主體的體道與行道。這樣「道生萬物」的本體論意味就需要依靠境界論的主體實踐來獲得落實。「當老子肯定『道生萬物』時，實際上並不必然是設定一個實體性的存在而生出萬物。『道』不過是對存在之『自然』意義的深切體認和理性提煉。不是什麼實體性的『道』創造著和主宰

〔註26〕《道德經・二十二章》。
〔註27〕比如深受道家思想影響的《黃帝內經素問》上說：「上古之人，其知道者，法於陰陽，和於術數，食飲有節，起居有常，不妄作勞，故能形與神俱，而盡終其天年，度百歲乃去。今時之人不然也，以酒為漿，以妄為常，醉以入房，以欲竭其精，以耗散其真，不知持滿，不時御神，務快其心，逆於生樂，起居無節，故半百而衰也。」王冰：《重廣補注黃帝內經素問》，北京：科學技術文獻出版社，2011 年，第 2 頁。

著宇宙萬有，宇宙萬有本是自然而然地、無目的性地存在著和創造著。什麼是『道』？就是讓萬物自生自成，自然而然，天機自暢，不去宰制，不去干涉。如此，『道生萬物』其實就是讓萬物自生自成。如此，修道、體道或合道就不是執定一種形而上學的立場或規定，而是在實踐的過程中，回歸存在的本真與意義。」〔註28〕

　　道的效用從客觀性落實到主體性，德之道轉向了道之德，主體對道的體悟與展開就成為關鍵因素。

　　　　昔之得一者：天得一以清，地得一以寧，神得一以靈，谷得一以盈，萬物得一以生，侯王得一以為天下正。其致之也，謂天無以清將恐裂，地無以寧將恐廢，神無以靈將恐歇，谷無以盈將恐竭，萬物無以生將恐滅，侯王無以正將恐蹶。〔註29〕

　　案：一指道，天、地、神、谷、萬物、侯王都需要得道體道行道，以道為根基才能得到良好的功效，如果失去了道，都將無以為繼。

　　　　為者敗之，執者失之，是以聖人無為故無敗，無執故無失。〔註30〕

　　案：體道行道的聖人是無為無執，逆道而行者是有為有執。無為無執就能夠致虛守靜，觀復歸根，明於大道，從而顯現自然之道的功效。有為有執便會心起執著，遠離大道，人為地紛紛擾擾，則會導致「持而盈之，不如其已；揣而銳之，不可長保；金玉滿堂，莫之能守；富貴而驕，自遺其咎」〔註31〕的物極必反的惡果。

五、餘論

　　如果無為無執，則如「終日號而不嗄」〔註32〕般的長生久視；如果有為有執，則如「飄風不終朝、驟雨不終日」〔註33〕般的物極必反。因此，修道者當下的實踐就顯得非常重要了。從此角度，我們可以重新給予《道德經‧三十六章》以新的解釋。

　　「將欲……」、「必固……」可以視為有為有執的違道狀態。主語省略的是

〔註28〕白欲曉：《論老子的「觀」》，南京大學學報，2011 年第 5 期。
〔註29〕《道德經‧三十九章》。
〔註30〕《道德經‧六十四章》。
〔註31〕《道德經‧九章》。
〔註32〕《道德經‧五十五章》。
〔註33〕《道德經‧二十三章》。

有為有執的事物,「之」是虛詞,這段文辭意為:如果事物具有將要轉向翕合的趨勢,那必然是現在一直堅持張開的緣故;如果事物具有將要轉向衰弱的趨勢,那必然是現在一直堅持強大的緣故;如果事物具有將要轉向荒廢的趨勢,那必然是現在一直堅持興盛的緣故;如果事物具有將要轉向剝奪的趨勢,那必然是現在一直堅持獲取的緣故。從轉化的趨勢找出形成轉化的原因,從微小處看到事物的轉化趨勢,可以稱之為微明。

　　「柔弱」是反言,意指「抱一」得道的狀態,「剛強」指事物刻意發展至極,「物壯則老」的狀態。「柔弱」具有大、逝、遠的道用,而「剛強」則馬上會趨向其反面,離毀滅不遠了。所以說「柔弱勝剛強」。「魚」指修道者,「淵」指自然之道。因為道用的功效「治大國若烹小鮮」[註34],所以道就是國之利器。又由於道本身非感官經驗所得,故說「不可以示人」。道的存在,需要體道者致虛守靜、滌除玄鑒地工夫始能真正理解與運用。

　　綜上所述,「反者道之動」從自然之道的體用一貫上來說,只能解之以返本復初,而不能解之以相反對立。相反對立是違反自然之道之後所產生的狀態,不是老子自然之道的本旨。也就是說,在無為無執的自然狀態下,由於達到返本復初而泯除了相反對立,從而產生了久長的道用效果;在有為有執的人為狀態下,由於不能返本復初而豎立了相反對立,從而產生了物極必反的錯誤結果。

〔註34〕《道德經・六十章》。

第二章　老子的反戰思想

　　如果我們承認《道德經》一書思想的一貫性，八十一章內容都是思想的同質性展開，那麼老子針對戰爭的論述就應該與老子對於道的描述達成一致。在前人的理解中，有一種理解方式將老子視為陰謀家，通過「無為」、「不爭」的手段達成「無不為」、「天下莫能與之爭」的目的。這樣的理解，將老子的道與陰謀劃為同類，正如章太炎所說：「老氏之清靜，效用於漢。然其言曰：『將欲取之，必固與之。』其所以制人者，雖范蠡、文種，不陰鷙於此矣。……老聃為柱下史，多識故事，約《金版》、《六韜》之旨，著五千言，以為後世陰謀者法。」[註1] 依照章太炎的解讀，老子儼然是一位善於征戰的軍事家、謀略家。他的思想為「柔弱勝剛強」奠定了理論基礎，並且也成為法家、兵家的理論源泉。

　　在對老子道論的研究中，如果我們對道的理解轉換一種姿態，那麼老子自然之道其本身並不含任何與陰謀論相聯繫的東西。上述的一種定勢的理解將會徹底推翻，老子將洗去軍事謀略家的塵垢，而恢復無為無爭的原型。

一、道體與道用

　　老子的軍事思想、戰爭思想可以視作老子自然之道在軍事戰爭方面的體現。我們不妨以體用關係來對兩者進行闡釋。有什麼樣的體，就有相應的用；有什麼樣的用，就有相應的體；體與用具有一貫性。老子的軍事、戰爭思想屬於道用，它們應該與老子對於道體的描述相一致。

〔註1〕章太炎：《訄書·儒道》，梁濤：《訄書評注》，西安：陝西人民出版社，2003年，第51頁。

　　事實上，對於老子道體的理解，也有相當大的歧義，但主要可以分為實體義與價值義兩類。「實際上老子以道概念討論了存有論問題，以及價值意識的本體論問題，此兩路數的命題主張是不能互為推演的。而價值義的本體論問題則能與論工夫、論境界問題合構為一整套互為推演的系統。同樣的，老子的無概念亦被安置在這兩套不同的哲學問題中表述。」〔註2〕存有論的理解持有了道的客觀性，價值義的理解持有了道的主體性。客觀性的實然與主體性的應然導致了各種道體解讀的差距。

　　限於文章主題的限制，我們不妨僅僅從老子的軍事戰爭思想來切入這個問題。老子軍事戰爭思想是道用的某一面，而道用又是道體的顯現。因此，老子軍事思想應該與道體的理解具有緊密的聯繫。

　　如果我們以陰謀論來理解老子，那麼老子的道體就是陰謀的淵藪，顯得極其陰森莫測。事實上，歷來想將老子思想與陰謀論撇開的前賢已經做了努力。正如明代高僧憨山德清所言：「此言物勢之自然，而人不能察，天下之物，勢極則反。譬夫日之將昃，必盛赫；月之將缺，必極盈；燈之將滅，必熾明。斯皆物勢之自然也。故固張者，翕之象也；固強者，弱之萌也；固興者，廢之機也；固與者，奪之兆也。天時人事，物理自然。第人所遇而不測識，故曰微明。斯蓋「柔弱勝剛強」之義耳。譬夫淵為魚之利處，但可潛行而不可脫，脫則塊然無能為。柔弱者國之利器，人主但可恭默自處，不可揭示於人，示人則致敵而招侮，將反見其不利也，夫是之謂微明。世之觀此章，皆謂老子用機智，大非本指。蓋老子所以觀天之道，執天之行是已，殆非機智之端也。」〔註3〕憨山德清的解讀可以視作將人為的陰謀論轉化為客觀的自然論。然而，王邦雄先生認為這種解讀「雖然消解了老子是權謀思想的質疑，卻將老子貫串整部經典之主體生命的靈動玄妙，往外推出，成了物理現象的自然歸趨，使虛靜明照的生命大智慧，就此失落無存。」〔註4〕筆者甚至覺得，憨山德清的解釋雖然意欲以自然論來撇清陰謀論，但結果可能適得其反。如果物極必反是老子揭示的一條規律，而一些人掌握它、運用它；其他一些人卻不瞭解它；掌握規律的人就可以利用這條規律來傷害不瞭解這條規律的人，從而為自己牟取利益。陰謀

〔註2〕杜保瑞：《當代老學道論研究的基本哲學問題解析》，《華中師範大學學報》2006年第6期。

〔註3〕釋德清：《道德經解》，上海：華東師範大學出版社，2009年，第85～86頁。

〔註4〕王邦雄：《老子道德經的現代解讀》，長春：吉林出版集團，第137頁。

論所遵循的規則正是自然論，甚至可以說，自然論是陰謀論得以成立的基礎。

　　因此，筆者認為，如果要承認老子的物極必反的自然論，那就必然會引申出陰謀論的調子。唯一可以解決的方式，就是打破固有的自然論的解讀，物極必反不是自然狀態，反而是不自然的狀態、人為的造作的狀態。在自然狀態下，事物可以長生久視；在不自然狀態下，事物就會物極必反。物極必反是老子所反對的，而不是正面肯定的，所以利用老子所反對的東西來暗使陰謀詭計就與老子思想無關，而與法家、縱橫家歸為一類了。

　　道體的恍兮惚兮、窈兮冥兮與其閱眾甫的道用是一致的。當道體本身不具有任何規定性之時，道用也不可能有任何規定性。因此，才可以說生而不有、為而不恃、長而不宰，天下萬物自然而然的生長就體現了道用。上述客觀的道體道用的狀態又是與體道者的主觀境界是一致的。當體道者能夠致虛極、守靜篤，與道合一時，那麼他的實踐行動就是無為之為、不爭之爭，獨與天地精神相往來了。當主體不能領悟大道，而造作人為時，主體的心境急於求成，客觀的事態被揠苗助長，與此人相關的存在域就顯現物極必反的錯誤狀態，最後導致物壯則老的悲劇。在這樣的解讀中，客觀性的實然與主體性的應然可以統一起來：道的長久作用與人的體道境界一致，事物的物極必反與人為造作一致。

　　需要指出的是，與道合一的長生久視的自然狀態也並非永遠保持不變。老子說：「覆命曰常，知常曰明。不知常，妄作凶。知常容，容乃公，公乃全，全乃天，天乃道，道乃久，沒身不殆。」〔註5〕「不知常，妄作凶」固然要遭到物極必反的惡果，「覆命知常」的容、公、全、天、道、久都是指在復歸道體作用下的自然生存。這個生存有其自然的存與沒，但其存是自然而然的存，其沒也是自然而然的沒，由於沒有人為的刻意造作，所以雖沒而沒有危殆。也就是說，自然而然並不是永存，而是能夠使事物順其自身的狀態發展，事物如其自身就是最好的狀態：天年長的就如其長，天年短的就如其短，各順其自性的發展。但是一有人為的造作，就會產生揠苗助長的後果，還沒有真正盡其天年，就由於過度消耗了自身而向相反的下坡路滑轉，反而消亡地更快。

　　綜上所述，遵從清淨無為的道體，就會有相應的長生久視、功成事遂的效果；違反清淨無為的道體，不斷地人為造作，就會有相應的物極必反的惡果。老子對於戰爭的看法，也可以從以上兩個方面去考察。

〔註5〕《道德經‧第十六章》。

二、君與民的關係

戰爭是一部分人與另一部分人的武力相鬥，以迫對方服從其意志的行為。在老子所處的時代，這種戰爭可能發生在一個國家內部的不同群體之間，也可能發生在若干國家（諸侯國）之間。因此，考察君與民的關係、國與國的關係就是老子戰爭思想的主要著眼點。

在第十七章裏，老子描述了君民關係的幾個不同狀態。

> 太上，下知有之。其次，親而譽之。其次，畏之。其次，侮之。
>
> 信不足焉，有不信焉。悠兮其貴言。功成事遂，百姓皆謂：我自然。
>
> 〔註6〕

從「太上，下知有之」一直到「侮之」。前者是符合道的自然狀態，在上者「悠兮其貴言」，在下者「自然而化」，故而可以達到功成事遂的合道境界。後者是違背道的人為狀態，在上者「信不足焉」，在下者「有不信焉」。政府失去公信力，人民群眾對政府沒有忠誠度，甚至與政府對立起來，那麼物極必反的時刻遲早會到來。

1. 以道治國的自然狀態

依照老子的觀點，在上者應該順著道而去治理天下。老子以「芻狗」為比喻。芻狗指草紮的狗，從草叢中來，回草叢中去。就如人源出於道，又回歸於道。「聖人不仁」是指不要刻意地執著自我的仁心，不要用自以為正確的己意去干涉百姓的自然生存，而應該放開百姓、讓他們與大化同在。在此意義上，可以說「聖人無常心，以百姓心為心」。「聖人無常心」體現的是在上者的自然狀態，他不應該把持天下，而應該還天下以天下。另一方面，天下之人也不可把持造作，而應該順道而行。因此「百姓心」不是指每個百姓私欲造作的人為的心，而是百姓的自然而然的心。在聖人教導百姓不要人為造作的意義上，老子又認為：「古之善為道者，非以明民，將以愚之。民之難治，以其智多。故以智治國，國之賊。不以智治國，國之福。知此兩者，亦稽式。常知稽式，是謂玄德。玄德深矣、遠矣！與物反矣，然後乃至大順。」〔註7〕老子的愚民之義，僅僅是讓百姓順從天然的心智，不要起偽，不要起幾心。當百姓私欲多了，互相以智謀來套取好處，那麼國家就難治了。一旦在上者用智巧來治理天下，

那麼在下者也會用智巧來制定相應的對策。只有順著百姓自然之心，在上者不用陰謀來控制百姓，百姓也不會想到用陰謀對付在上者。百姓自然，在上者以百姓自然之心以為心，那麼天下事物都能在返歸大道的作用下生存成長，達到大順的自然狀態。

當百姓達到自然，則在上者以百姓之自然為自然；當百姓不自然，則在上者就要以自然之義化導百姓。這種化導主要是做減法，「損之又損，以至於無為」，最後與百姓一起達到無為。這種自然的無為，不是完全不為，而是雖然為其實無心為，一切的運動都是自然如此。從其不起意看，可謂無為；而從其所作一切的自然的運作變化來看，可謂無不為。無為無不為的狀態，才能「誠全而歸之」。

由此，老子的治國之術，則是「治大國若烹小鮮」。當在上者不自以為是地以己意去攪動世界的安寧時，鬼神聖凡都順其自然而存在，互相之間都不越位來要求對方遵循己意，反而雙方都得於自然之道，歸於天地大化之中。

2. 以智治國的人為狀態

智是道的反面，僅僅是一種自以為是的人為的私智。在上者不以道治國，而以智治國，則會以己意為根本，而不願意敞開自己，那麼道就由此隱沒，天下由於在上者的私意而堵塞了生機。在老子的視域中，即使是在上者刻意地行善施仁都是錯誤的，更不要說刻意地集權斂財、與民爭利了。「甚愛必大費，多藏必厚亡」指出了愛與藏的貪執反而會物極必反，導向事物變化的反面。老子睿智地指出：

> 民之饑，以其上食稅之多，是以饑。民之難治，以其上之有為，是以難治。民之輕死，以其求生之厚，是以輕死。夫唯無以生為者，是賢於貴生。〔註8〕

在上者的收稅之多、有所作為、求生之厚，最終導致了百姓的飢餓、難治、輕死。百姓飢餓、難治、輕死會反過來威脅在上者收稅、作為、生存。這樣，在上者刻意的行為本來想增強自己、肯定自己，結果卻反而削弱了自己、否定了自己。如果在上者再不知悔改，想用高壓政策來壓制這種反抗的力量，那麼「民不畏死，奈何以死懼之」，反而會激起更為強烈的民變。

因此，在君與民的關係上，老子希望用道治的方法來達成君民和諧的自然

〔註8〕《道德經·第七十五章》。

關係，而反對違背道的強壓行為。並且，強壓行為的實施並不能取得預想的狀態，反而會導向危殆的惡果。

三、國與國的關係

國與國的關係雖然在範圍上與君與民的關係有很大的不同，但在處理方式上，則具有極大的交集。國與國之間是和平還是戰爭，與合道與否有著緊密的關聯。

> 天下有道，卻走馬以糞。天下無道，戎馬生於郊。禍莫大於不
> 知足，咎莫大於欲得，故知足之足，常足矣。〔註9〕

天下有道的和平狀態，戰馬用來耕種糞田；天下無道的戰爭狀態，生孕的母馬都要被拉上戰場。馬用來耕種糞田是自然的狀態，故馬由戰而歸田，是回歸自然，回歸大道；馬由農而趨戰，是違背自然，違背大道。天下無道的大亂，都是基於人的不知足，有欲得。所以老子勸慰大家要知足。知足之足，是要返於道。能夠返於道，那麼這種知足才是真正的本性具足的足，可謂常足。

1. 天下有道的自然狀態

在老子的視域中，得道的聖人「抱一為天下式」，他不自我表現，不自以為是，不自我誇耀，不傲慢自大。這些特徵都可以作為天下的範式。天下以此來效學，都不以自己為先，而讓他人順其自然而發展，那麼天下的真相就會明瞭，天下的整體就會彰顯，天下的功效就會發用，天下的存在就會長久。這樣的人不與天下相爭，天下就敞開了自身，故天下也不會有人與其來相爭。這樣，天下最終就可以全體而歸之於道。老子這樣描述天下有道的狀態：

> 小國寡民，使有什佰之器而不用，使民重死而不遠徙。雖有舟
> 與無所乘之，雖有甲兵無所陳之，使民復結繩而用之。甘其食、美
> 其服、安其居、樂其俗。鄰國相望，雞犬之聲相聞，民至老死不相
> 往來。〔註10〕

「小」與「寡」是指不以大國眾民自居的姿態。正因為這種柔弱不爭的姿態，才是真正的「抱一」，也是道的狀態。由於「民多利器國家滋昏，人多伎巧奇物滋起」〔註11〕，利器奇物會引發機心，割裂了大道，所以治國不用什佰

〔註 9〕 《道德經・第四十六章》。
〔註10〕 《道德經・第八十章》。
〔註11〕 《道德經・第五十七章》。

之器，使民眾看重自己當下的自然狀態，而不去其他地方冒險。舟輿、甲兵等器雖有而無所用。民眾在其本然的生活中得到自然的快樂，相互之間保持各自的生活狀態，沒有干涉與把持。

2. 天下無道的人為狀態

國與國關係的不穩定，主要來自於取天下的野心。在老子看來，取天下已經落入人為，最終也不可能得到天下。「天下神器，不可為也，為者敗之，執者失之。」〔註12〕天下神器是「樸散則為器」，器中蘊涵著道。天下本身自然運行，而要刻意左右天下者，必然物極必反而敗之失之。無道者擾亂大道的運行，就會使執著的事物向相反的方向變化，「物或行或隨，或歔或吹，或強或羸，或挫或隳」；真正的得道的聖人要「去甚、去奢、去泰」來讓天下自己展開自己。

老子反對戰爭，他認為「以道佐人主者，不以兵強天下，其事好還。師之所處荊棘生焉，大軍之後必有凶年。」〔註13〕戰爭不但會導致城鎮的荒蕪，生產的凋敝，而且兵強天下者，自己一定會反遭兵災。「物壯則老，是謂不道，不道早已」，在老子看來，自己發動的錯誤侵略會加速自己的滅亡，不道的戰爭完全是愚昧的行動。

四、善戰者的狀態

善戰者可以從宏觀到微觀的不同狀態來闡釋。首先，在體道而行的層面，善戰者讓戰爭根本沒有發動起來的可能；其次，在兩國關係中，善戰者可以讓每個國家各得所欲，從而也化干戈為玉帛；再次，在戰爭不可避免時，善戰者會以悲憫與謹慎的心理狀態來應戰。

1. 萬物自賓

老子反對戰爭，並不是在箭撥弩張的當口以靜制動，而是指出了合道的狀態本身就不可能產生衝突矛盾，天下萬物本來就是自處自得。如老子所言：「道常無名，樸雖小天下莫能臣也。侯王若能守之，萬物將自賓。」〔註14〕以道治國，以道治天下，這是無為的侯王應該守護的。侯王的治理若能達到這種自然狀態，那麼萬物都將自行處於不作主、不把持的狀態，戰爭就會消失在萌芽之

〔註12〕《道德經‧第二十九章》。
〔註13〕《道德經‧第三十章》。
〔註14〕《道德經‧第三十二章》。

中。反之，則是人為造作的「以正治國」，相應地產生「以奇用兵」的副作用。以正治國，以奇用兵，正好驗證了違反道而物極必反的後果。王邦雄先生認為，「有正則有奇，治國而以正道自我標榜，會逼出其他諸侯國『以奇用兵』的奇變回應。何為『奇變』？即以仿冒作假等詐術來符合正道的標準，或以黑函造謠等手段來顛覆正道之形象，你凸顯禮樂教化之正道，我則擺出征伐縱橫之奇變，來為自己平反，以求得兩國間的恐怖平衡。」〔註15〕「正」與「奇」皆是老子所反對的，不是老子正面表達的意思。正是由於實施了「正」與「奇」，才會有「天下多忌諱而民彌貧，民多利器國家滋昏，人多伎巧奇物滋起，法令滋彰盜賊多有」的動盪。老子要求得道者「以無事取天下」，這樣才能取得「我無為而民自化，我好靜而民自正，我無事而民自富，我無欲而民自樸」〔註16〕的效果。

2. 大國下流

天下的混亂始於以正治國，以奇用兵。不但在君與民的關係上不能以正治國，在國與國的關係上也不能以正治國。也就是說，正的主張不能強行百姓來實行，也不能強行其他國家來實行。如果以一種傲居人上的姿態要求他人他國來遵守自我訂立的規則，那就是以一己的人為之正代替了各得其所的自然。老子說：

> 大國者下流，天下之交，天下之牝。牝常以靜勝牡，以靜為下。故大國以下小國，則取小國；小國以下大國，則取大國。故或下以取，或下而取。大國不過欲兼畜人，小國不過欲入事人，夫兩者各得所欲，大者宜為下。〔註17〕

處理兩國的關係，不要自以為大，應該放低姿態。在國勢強弱對比懸殊的狀態下，大國欲兼畜，小國欲入事，是一種自然的平衡狀態。這種平衡狀態需要以相互居下的姿態來維持。如果相互居上，則大國的兼畜會轉為假借正當理由的侵略，小國的入事會轉為以奇用兵的抵抗，甚至淪為恐怖主義的報復。因此，老子反覆強調要以道的姿態來處下。大國處下，可以贏得小國的歸附；小國處下，可以獲取大國的庇護。而此兩者之間，大國更應該主動處下，消除小國備戰的驚恐，從而雙方都可以轉入和平的建設，在保持各自特性發展的前提

〔註15〕 王邦雄：《老子道德經的現代解讀》，長春：吉林出版集團，第 215 頁。
〔註16〕 《道德經‧第五十七章》。
〔註17〕 《道德經‧第六十一章》。

下，利益可以互補，達到雙贏的效果。

3. 用兵不爭

如果真正體悟道體，依道而行，則在很大程度上，戰爭就可以避免。但在極端情況下，敵手爭強好勝，那麼戰爭就不可避免，這時候用兵就是不得已的事情。老子說：

> 夫佳兵者，不祥之器，物或惡之，故有道者不處。……兵者不祥之器，非君子之器，不得已而用之，恬淡為上。勝而不美，而美之者，是樂殺人。夫樂殺人者，則不可得志於天下矣。〔註18〕

無論是什麼樣的戰爭，兵革總是不祥的東西。有兵革，就有殺人。老子指出，只能不得已而殺人，而不能樂意去殺人，不然就違背大道，不能得志於天下。在老子的思想中，善戰者不得已而用兵時，人不應該有戰爭的狂熱，嗜血的衝動，輕率的進兵，而是要持有如下兩種心態。其一，對於戰爭持有道德上的否定，總體上認為戰爭是不祥的事情，具有憫世、淑世的關懷。其二，對於戰爭持有認知上的謹慎，不會輕敵冒進。這兩種心態都是體道者的反映。當敵方以武力侵犯時，敵方已經違反了大道，具有物極必反的趨勢。敵方違反了道，而造成的災害是我所悲哀可歎的，由此而有第一種狀態；同時敵方與我的征戰，又迫使我不得不成為敵方的對立面，我需要順著敵方反向的趨勢而擊敗他，卻也需要時刻提防自己，不能由此而將自己捲入另一個極端，在不得已中也違背了大道，由此而有第二種狀態。由此兩種狀態，善戰者在征戰中就會保持以下德行：「善為士者不武，善戰者不怒，善勝敵者不與，善用人者為之下。是謂不爭之德，是謂用人之力，是謂配天之極。」〔註19〕「不武」、「不怒」、「不與」、「為之下」這些不爭的無人為、無私心的境界狀態，既是人之德，也是天之道。由此可見，善戰者最大的特徵是不爭。真正的善戰者，不是滅敵，而是保生，保住自己的自然之性，順著自然而生存。老子說：

> 蓋聞善攝生者，陸行不遇凶虎，入軍不被甲兵，兕無所投其角，虎無所措其爪，兵無所容其刃。夫何故？以其無死地。〔註20〕

無死地不是指永遠不會死，而是指不會作死，即不會因為人為的緣故而違反自然從而縮短自己的年壽。無死地的人會保持和平，消解戰爭，協調矛盾，

〔註18〕《道德經‧第三十一章》。
〔註19〕《道德經‧第六十八章》。
〔註20〕《道德經‧第五十章》。

化除對立，實在不得已參戰也會悲憫謹慎，趁著自然之勢來扭轉局面。

五、反戰思想的價值

老子的反戰，不僅僅是基於戰爭的危害，或者人道主義的仁慈，而是基於對於戰爭本質的洞察。在老子看來，戰爭是違反道的行為，其自身必然物極必反而最終殆亡。所以，發動戰爭者想依靠戰爭要獲取的東西並不能真正獲得，而發動戰爭者自己也會失敗。

對於每一個修道者而言，「修之於身其德乃真，修之於家其德乃餘，修之於鄉其德乃長，修之於邦其德乃豐，修之於天下其德乃普。故以身觀身，以家觀家，以鄉觀鄉，以邦觀邦，以天下觀天下。吾何以知天下然哉？以此。」〔註21〕其修道的過程，就是保持身、家、鄉、邦、天下自然而然的狀態，不去宰制它們、左右它們。真正的悟道狀態，要以身自身的自然狀態來瞭解身，以家自身的自然狀態來瞭解家，以鄉自身的自然狀態來瞭解鄉，以邦自身的自然狀態來瞭解邦，以天下自身的自然狀態來瞭解天下。這種「以物觀物」的精神境界就是道的體現、德的體現。

從鄉、邦、天下的自然狀態來看，老子正面表述的是崇尚自由反對專制的社會狀態。在上者「生而不有，為而不恃，長而不宰」〔註22〕，不去阻塞社會的生機；「聖人無常心，以百姓心為心」〔註23〕，在上者的治理之道是順著社會每個成員的自然秉性來實施。嚴復認為，「夫黃老之道，民主之國之所用也。故能『長而不宰』，『無為而無不為』。君主之國，未有能用黃老者也。」〔註24〕用老子思想來治國的黃老之道暗合於民主自由的主旨。在具有上述主旨的社會狀態中，沒有強權宰制的力量，人與人都依照自己的天性發展。這對於任何以客觀真理為理由——或者是道德的、或者是理性的、或者是科學的——從而要求大家普遍服從的統治下的人民，無疑是一股清醒劑；而對於那些以實現客觀真理為名義的聖戰，也是一次徹底的否定。

〔註21〕《道德經‧第五十四章》。
〔註22〕《道德經‧第五十一章》。
〔註23〕《道德經‧第四十九章》。
〔註24〕嚴復：《〈老子〉評語》，《嚴復集》第四冊，北京：中華書局1986年，第1079頁。

第三章　論莊子自然思想在他物、
　　　　　自我、他人之間的倫理表達

　　「自然」是道家思想中最為重要的觀念。「自然」不是現代漢語中與人類社會相對的荒野山林，而是指萬物成就自己那個樣子。〔註1〕《道德經》中說「道法自然」〔註2〕，「自然」是萬物自己成就自身，道不具有獨自的形上實體和統一要求，而是讓萬物按照其自我的本性來自我生長。這樣的自然觀成為道家學說的底色，並在莊子的思想中也有充分的體現。

　　在《莊子·內篇》中，出現了兩次「自然」，一次是「不以好惡內傷其身，常因自然而不益生」〔註3〕，一次是「遊心於淡，合氣於漠，順物自然，而無容私焉，而天下治矣」〔註4〕。「常因自然」、「順物自然」，都是指悟道者需要因循萬物自己的本性。在《莊子》的其他章節中，雖然沒有出現「自然」一詞，但同樣的思想在不同的場合反覆出現並引發出一系列的理論問題：自然是指事物稟氣的自性，還是指依循事物稟氣的自性的心靈？如何確立心靈上的自然？在他人不自然地對待我的前提下，我如何自然地對待他人？而且，在孔子「天之戮民」的解讀上，如果承認孔子仁愛的本性屬於自然，並且順其義理可以推斷出盜跖害人的本性也屬於自然，這樣就會導致一種弔詭的理論，即：孔子與盜跖都可以順其本性，無心而為，展露出高妙的玄境。這樣一來，道家的

〔註1〕當然，相比人類社會中各種違背萬物本性的人為造作，荒野山林中的事物可能保留著更多的自身本性，故荒野山林比人類社會更趨近於自然。
〔註2〕《道德經·第二十五章》。
〔註3〕《莊子·德充符》。
〔註4〕《莊子·應帝王》。

玄境似乎超越了世俗的善惡分別，但同時也為惡人行惡做了文飾，成為助紂為虐的擋箭牌。

基於以上問題，我們需要進一步釐清莊子自然思想的三層表達：對於他物的自然；對於自我的自然；對於他人的自然。通過對物、我、人的三種倫理關係的分析，從而獲得對於莊子自然思想的整全性理解。

一、自然之道的特徵

在道家思想中，自然與道幾乎近為同義。道本義為人行走的道路，後來引申為人生的道理。這是一個形式化的字，不同的思想流派可以將自我的學說主旨塞入道這個字中，賦予道以具體的內涵。比如，仁愛，就是儒家學說賦予道的內涵；而自然，就是道家學說賦予道的內涵。

自然之道，本身不具有實體性。在老子思想中，道仍舊保留了一些實體意味的描述，比如：「有物混成，先天地生。寂兮寥兮，獨立不改，周行而不殆，可以為天下母。吾不知其名，字之曰道，強為之名曰大……人法地，地法天，天法道，道法自然。」〔註5〕「獨立不改」似乎是講其體，「周行而不殆」則是講其用。但這個體卻沒有任何必然性、普遍性的主張，其主張僅僅是法自然而已。法自然，就是萬物復歸於萬物，沒有統一的主張。故老子雖然用了實體意味的描述，但其實際效用卻是去實體化的。而在莊子思想中，更是去除了道的實體性，並在道的作用上愈加發揮了順物無為的效用。

1. 無為無形，生天生地

莊子的自然之道，不具有普遍的必然性要求，而是順應萬物自身來成就萬物，其言：

> 夫道，有情有信，無為無形；可傳而不可受，可得而不可見；自本自根，未有天地，自古以固存；神鬼神帝，生天生地；在太極之先而不為高，在六極之下而不為深；先天地生而不為久，長於上古而不為老。〔註6〕

道，本身具有真實的效用，但沒有任何行動和形象。真實效用具有古老的歷史。有了道的效用，鬼、帝才能如其自身那樣的具有神妙之功、天、地才能如其自身那樣的生成變化。天、地、帝、鬼，是天下萬物之總括，而自然之道

〔註5〕《道德經·第二十五章》。
〔註6〕《莊子·大宗師》。

可為其本根。道本身無形無象，而其有情有信，則體現在鬼帝自神、天地自生上。神是鬼帝的自身特性，自然之道順之而成之；生是天地的自身特性，自然之道順之而成之。故自然之道自身沒有主張，都是順應萬物之自性而成。

> 物固有所然，物固有所可。無物不然，無物不可。故為是舉莛
> 與楹，厲與西施，恢恑憰怪，道通為一。〔註7〕

然是事實判斷、可是價值判斷。一切事物本來有其然的地方，有其可的地方。從其然上說，沒有一件事物不然的；從其可上說，沒有一件事物不可的。這其實就是對事物自我的本性而言，都是然的，都是可的。所以，橫的莛有其橫的本性，是如此也應該如此；豎的楹有其豎的本性，是如此也應該如此。醜陋的厲有其醜陋的本性，是如此也應該如此；美麗的西施有其美麗的本性，是如此也應該如此。這樣一來，各種表面上稀奇古怪的東西都有符合各自本性的實然與應然，在符合各自本性上都是一致的。所以，道對於莛與楹，厲與西施，以及各種恢恑憰怪沒有普遍性的主張，都是順其本性而證成之，故能道通為一。

2. 溺之所為，不可使復

莊子的自然之道，對於違背事物本性的非自然狀態，則會讓其物極必反，自我怠亡。這種物極必反，也是自然之道的效用，其比正面的效用更為明顯。它或許是一種比較緩和的方式，扭轉了錯誤的傾向，如老子所言「為學日益，為道日損。損之又損，以至於無為。」〔註8〕這樣，偏執的錯誤、成心的充塞慢慢減少淡化，最終達到無為自然的狀態。它或許是一種比較激烈的方式，如老子所言：「飄風不終朝，驟雨不終日。」〔註9〕激烈的狂風、暴雨必然導致自我的消亡，這樣世界又回復到了平靜。莊子言：

> 大知閑閑，小知間間；大言炎炎，小言詹詹。其寐也魂交，其
> 覺也形開，與接為構，日以心鬥。縵者，窖者，密者。小恐惴惴，大
> 恐縵縵。其發若機栝，其司是非之謂也；其留如詛盟，其守勝之謂
> 也；其殺如秋冬，以言其日消也；其溺之所為之，不可使復之也；
> 其厭也如緘，以言其老洫也；近死之心，莫使復陽也。〔註10〕

〔註7〕《莊子・齊物論》。
〔註8〕《道德經・第四十八章》。
〔註9〕《道德經・第二十三章》。
〔註10〕《莊子・齊物論》。

　　世界上存在著各種自以為是的普遍性的價值判斷，這些錯誤的雜念堵塞了人的心靈，對於別人的指責評價就如同射箭一樣快速，對於自己的僵化意見就如同賭咒盟誓一樣固守。這種人為造作，非但不能創造任何價值，反而會導致物極必反，讓人為造作的主體自我殆亡。

　　從以上分析可以看出，莊子自然之道的特徵，在正面意義上，沒有任何主張，順物而成；在負面意義上，則會導致違背自性的狀況適得其反，主體若是能夠汲取錯誤，尚能回歸自然；如果仍舊變本加厲，就會自我殆亡。

二、對於他物的自然

　　他物是指沒有心靈的事物，比如草木瓦石、飛禽走獸、以及在客觀上自我無法改變的事件等。就其他們自身的自然來說，它們沒有心靈，故無所謂心靈的有待與無待；它們的自然本性就是它們自身稟氣的特徵。

1. 他物靜止的稟氣特徵

　　他物靜止的稟氣特徵多從草木瓦石、飛禽走獸言之，比如：

> 民濕寢則腰疾偏死，鰍然乎哉？木處則惴慄恂懼，猨猴然乎哉？三者孰知正處？民食芻豢，麋鹿食薦，蝍且甘帶，鴟鴉耆鼠，四者孰知正味？猨，猵狙以為雌，麋與鹿交，鰍與魚游。毛嬙、麗姬，人之所美也，魚見之深入，鳥見之高飛，麋鹿見之決驟。四者孰知天下之正色哉？〔註11〕

　　在上文裏，「民」所指的人，僅僅是指稟氣意義上的人，只就稟氣而言，並不牽扯到人的心靈問題。人、鰍、木、猨猴的居所，依據各自的稟氣特徵而有不同，故居所的好壞沒有統一標準；人、麋鹿、蝍、鴟鴉的食物，依據各自的稟氣特徵而有不同，故食物的優劣沒有統一標準；猵狙與雌猨做配偶，麋與鹿交合，鰍與魚相交，毛嬙、麗姬是人所公認的美女，但魚鳥麋鹿都害怕她們，這些人和動物的配偶，依據各自的稟氣特徵而有不同，故配偶的美醜沒有統一標準。故他物的自然，就是他物自身稟氣的特徵，由於稟氣不同，故自然樣態各異。

2. 他物變動的稟氣特徵

　　他物稟氣的特徵，除了有上述固定靜止的樣態，還有運動變化的樣態，比如：

〔註11〕《莊子・齊物論》。

> 麗之姬，艾封人之子也。晉國之始得之也，涕泣沾襟；及其至
> 於王所，與王同筐床，食芻豢，而後悔其泣也。予惡乎知夫死者不
> 悔其始之蘄生乎！夢飲酒者，旦而哭泣；夢哭泣者，旦而田獵。方
> 其夢也，不知其夢也。夢之中又占其夢焉，覺而後知其夢也。且有
> 大覺而後知此其大夢也，而愚者自以為覺，竊竊然知之。〔註12〕

此文用了麗姬出嫁的故事來說明事物自身本性是運動變化的。出嫁這一事件包含了出嫁前的狀態和出嫁後的狀態，兩種狀態並不一樣，卻是一個出嫁事件自然而然的組成部分。正確的態度應該是在出嫁前順著出嫁前的狀態，在出嫁後順應著出嫁後的狀態。而文中的麗姬則沒有如此，在出嫁前，她貪戀出嫁前狀態而刻意揣測出嫁後狀態的不好；在出嫁後，她又貪戀出嫁後狀態而後悔出嫁前狀態的哭泣，面對前後狀態都是人為的造作，沒有順應事物自身的本性。莊子以此為例，更深一層說，人的生死也是事物變化的自然狀態，生的狀態轉換為死的狀態。人也不需要貪生怕死，而是物來順應即可。

3. 他物複雜的稟氣特徵

他物除了靜止與運動的稟氣狀態外，還有一種綜合的他物稟氣的狀態，就是對於自我而言，客觀上無法改變的事件，比如：

> 天下有大戒二：其一，命也；其一，義也。子之愛親，命也，
> 不可解於心；臣之事君，義也，無適而非君也，無所逃於天地之間。
> 是之謂大戒。〔註13〕

這句話是孔子對葉公子高所言。在這則寓言裏，孔子儼然是一位道家人物，其說的話符合道家義理，而不是儒家義理。命在這裡是指血緣關係，屬於氣稟自身的必然衍生關係；義在這裡是指「應然的社會生活的存在規範」〔註14〕，也是氣稟自身的衍生關係。在道家的理想中，君王無為而治，君臣之義並非必然的存在。但是，面對既成的事實，則君臣之義仍舊繞不過，還是難逃於天地之間。這種外在的阻礙與困難，遠比草木瓦石、飛禽走獸的本性或者變動事件的本性來得複雜。這種難逃於天地之間的命與義，可能是由多個主體、多個事件互動而形成，其中的主體與事件既可以有自然，也可以

〔註12〕《莊子・齊物論》。
〔註13〕《莊子・人間世》。
〔註14〕陳鼓應：《莊子今注今譯》，北京：中華書局：1983年，第137頁。

有不自然。但無論是自然還是不自然構建的命與義，對於面對此命與義的人而言，都是無可奈何、無法撼動的客觀存在。

草木瓦石、飛禽走獸的本性，出嫁、生死的變動本性，以及命與義的難逃於天地之間的強制性，其共同的特徵是：主體無法改變這些事物，故從道家看來，主體需要「知其無可奈何而安之若命」〔註15〕，不要去人為干涉這些事物的特性。

4. 不自然對待他物的後果

若是對於他物沒有進行自然的順應，而是強去以人為的想法、人為的力量去干涉，那麼就會導致物極必反的後果。在《莊子》一書中曾有魯侯養鳥的例子，足證人為造作的惡果。

> 昔者海鳥止於魯郊，魯侯御而觴之於廟，奏九韶以為樂，具太
> 牢以為善。鳥乃眩視憂悲，不敢食一臠，不敢飲一杯，三日而死。
> 此以己養養鳥也，非以鳥養養鳥也。夫以鳥養養鳥者，宜棲之深林，
> 遊之壇陸，浮之江湖，食之鰍鰷，隨行列而止，委蛇而處。〔註16〕

魯侯不以養鳥的方式來對待海鳥，反而以養人的方式來對待海鳥，違背海鳥本性的養鳥方式導致海鳥非但沒有被養好，反而三日而死。他物具有他物的本性，對待他物沒有順應他物的本性，反而戕賊他物的本性，於是就有適得其反的後果。

三、對於自我的自然

從自我而言，自我既包含了心靈部分，又包含稟氣部分。從稟氣部分而言，倘若依照世俗的見解，就有高低、美醜、壽夭等區別。這種高低、美醜、壽夭可以看作是類同於他物的自然本性。然而，當自我除了具有稟氣的物質屬性之外，還有心靈的精神屬性時，心靈的自然就顯得更為重要。

1. 心靈的自然在於無待於氣稟特性

心靈的自然，在於去除世俗對於氣稟特性的各類成見，比如：

> 自其異者視之，肝膽楚越也；自其同者視之，萬物皆一也。夫
> 若然者，且不知耳目之所宜，而遊心於德之和，物視其所一，而不

〔註15〕《莊子・人間世》。
〔註16〕《莊子・至樂》。

> 見其所喪，視喪其足，猶遺土也。〔註17〕

那些身體殘疾的得道之人，雖然自身稟氣與其他人稟氣多有差異，但他們並不注重用耳目來尋求自身稟氣的差異性，而是遊心於德之和。德，得於道，是對於自然之道的領悟。人領悟了自然之道，就不會在萬物稟氣之差異性上去比較衡量，而是無差別地順著萬物的差異性而對待之。這樣，雖然萬物各自特徵仍舊存在，但悟道者自我卻是用一樣的方式對待之。那麼，某人的高、壽、美，與自我的低、夭、醜，都在無區別的對待中化解了。自我的這些特徵與他人的那些特徵僅僅是各自稟氣的自性而已，實在沒有高低貴賤的差別，也無多大重要，自我失落一條腳如同失落一塊土一樣無足輕重。

在庖丁解牛的例子中，我們也可以看到同樣的思想，庖丁言：

> 臣以神遇而不一目視，官知止而神欲行。依乎天理，批大郤，
> 導大窾，因其固然。技經肯綮之未嘗，而況大軱乎！〔註18〕

庖丁不從耳目之官來分辨判斷這頭牛，而是用道家精神來體察牛的稟氣特性。批大郤，導大窾，都是因著牛的物質形體的本性而來，故庖丁解牛不會戕賊其本性，反而順其本性來行事，故而解牛是牛自然機理本身所含，並非外在強力所致。

故而，對於具有心靈的自我而言，不被稟氣的自性所干擾，不以成見之心去左右衡量事物特性而生成人為的偏見，而是順著自我與萬物的稟氣自性，成就各自的差異性，就是真正的自然。在這層意思上，其實氣稟的本性不是自然的真意，僅僅是成就自然的一個條件。真正的自然，不在稟氣特性，而在於心靈對於稟氣特性之無待。無待，即不以各類偏見（來自自我的偏見，或者來自對象的偏見，或者來自社會的偏見）來看待事物的各自差異性的特徵，而是就著事物的各自差異性的特徵來成就之。在無待狀態中，悟道者既不被自己的特性所左右，也不被對象物的特性所左右。

2. 心靈的自然在於無為後的自我開顯

心靈不去執著於氣質的稟賦，不受自身與外在事物的氣質影響。這個心靈就能達到精神的自由，在自由狀態下，顯現出的是自我真正的本然狀態。此本然狀態與自我的物質稟氣無關。

〔註17〕《莊子·德充符》。
〔註18〕《莊子·養生主》。

　　　　無為名尸，無為謀府，無為事任，無為知主。體盡無窮，而遊
　　　無朕，盡其所受於天，而無見得，亦虛而已。至人之用心若鏡，不
　　　將不迎，應而不藏，故能勝物而不傷。〔註19〕

　　心靈不去求名，不去謀慮，不去專斷，不去作主。「體盡無窮」，是指心靈
體悟在道的境界下去除人為價值判斷的萬物。「盡其所受於天」，是指心靈無待
而順應萬物稟氣的天然本性。在這種狀態中，心靈是無朕無得，亦虛而已，不
會去生成一種普遍的必然性。聖人的心靈如同明鏡一樣，不會去刻意執愛某事
物，也不會去刻意挽留某事物，只是如實反映事物的特性，與之無待而處之。
故而心靈的自然，似乎沒有自身固定而必然普遍的主張，而是順應事物而來，
事物一旦消逝，則主張亦隨之變化。

3. 不自然對待自我心靈的後果

　　如果心靈不能順應萬物的特性，而是偏要把持、主宰萬物，則其後果不但
會殃及萬物的生長，而且自己也會受到損傷。我們可以從混沌開竅的寓言中看
到心靈不自然的可悲後果。

　　　　南海之帝為儵，北海之帝為忽，中央之帝為渾沌。儵與忽時相
　　　與遇於渾沌之地，渾沌待之甚善。儵與忽謀報渾沌之德，曰：「人皆
　　　有七竅，以視聽食息，此獨無有，嘗試鑿之。」日鑿一竅，七日而
　　　渾沌死。〔註20〕

　　混沌在這裡可以比喻心靈無待無欲的狀態，而七竅則是耳目之官的有待
逐欲狀態。心靈由無待轉向有待，最後的混沌死，意味著心靈自然的消失。當
然，心靈所依附的肉身，以及不自然的心靈所對待的對象，在心靈由自然轉向
不自然的過程中，也會產生適得其反的負面後果。又如：

　　　　子獨不見狸狌乎？卑身而伏，以候敖者；東西跳樑，不避高下；
　　　中於機辟，死於罔罟。今夫犛牛，其大若垂天之雲。此能為大矣，
　　　而不能執鼠。〔註21〕

　　狸狌自我心靈貪求而有待，最後中於機辟，死於罔罟。犛牛不能執鼠，意
味著犛牛自我心靈無所求無所待，故能逍遙遊世。是故，自我的心靈自然與否，
並不僅僅是精神領域的事情，更與物質世界的發展具有內在的緊密聯繫。

〔註19〕《莊子・應帝王》。
〔註20〕《莊子・應帝王》。
〔註21〕《莊子・逍遙遊》。

四、對於他人的自然

莊子的自然思想在對待他人的問題上最為複雜。自我是具有心靈的主體，可以保持無所待的道心，也可以保持有所待的成心；他人也是具有心靈的主體，可以保持無所待的道心，也可以保持有所待的成心。故處理這些問題，需要進行細緻的分類處理。

1. 在他人自然的情況下，與之相處之道

他人自然的情況，就是他人的心靈對其自身的稟氣特徵無所待，對於其自身所處世界中的萬物也無所待。故而，他人對於我的稟氣特徵也無所待。而我在面對這樣的得道高人面前，也如同他那樣的無所待，這樣人人都無所待，世界顯出一派和諧的光彩。比如：

> 藐姑射之山，有神人居焉，肌膚若冰雪，淖約若處子，不食五穀，吸風飲露。乘雲氣，御飛龍，而遊乎四海之外。其神凝，使物不疵癘而年穀熟。〔註22〕

這些姑射山上的神人，就是都處於人人達到自然的狀態。這種自然的和諧，可能是莊子思想中最高的境界，也是理想中的道家社會。社會不需要協調管制，天然地和諧共生。

2. 在他人戕害其自身本性的情況下，與之相處之道

他人處於不自然的狀態，其自我的心靈對於事物的稟氣特徵有所偏見，但此偏見尚未嚴重影響到其他人。對於這種情況，自我應該順其稟氣特徵的本性，來減弱其偏見的影響，讓其回到無所待的自然狀態。比如《莊子・德充符》中說，申徒嘉是一個斷腿的人，他與鄭子產同師於伯昏無人。鄭子產看不起他這個斷腿的人，但申徒嘉卻說：

> 人以其全足笑吾不全足者多矣。我怫然而怒，而適先生之所，則廢然而反。不知先生之洗我以善邪！吾與夫子游十九年矣，而未嘗知吾兀者也。〔註23〕

一般的俗人會嘲笑申徒嘉的斷腿，申徒嘉可能會很懊惱。這樣，俗人的偏見也進入了申徒嘉的心靈。但是，申徒嘉師從伯昏無人之後，則忘掉了他是一個斷腿的人。這說明伯昏無人用自然的態度對待申徒嘉，無待於申徒嘉的斷

〔註22〕　《莊子・逍遙遊》。
〔註23〕　《莊子・德充符》。

腿，申徒嘉也漸漸被其影響，回到無待於自己斷腿的自然心靈上。伯昏無人的這種影響，不能視為是有為造作。心靈無所待於天地萬物是心靈之本然，而且心靈自身具有這種內在的趨向，故而伯昏無人的隱性影響屬於順著申徒嘉讓其本身的自然之道的回歸。

又如，魯國有個面貌極為醜陋而又深通道家精神的人叫哀駘它。魯哀公召見他，與之相處一段時間則發現自己的心態有了深刻的變化。魯哀公自言這種變化，曰：

> 寡人召而觀之，果以惡駭天下。與寡人處，不至以月數，而寡人有意乎其為人也；不至乎期年，而寡人信之。國無宰，寡人傳國焉。悶然而後應，汎而若辭。寡人愧乎，卒授之國。無幾何也，去寡人而行，寡人恤焉若有亡也，若無與樂是國也。〔註24〕

剛開始，魯哀公與俗人的知見一樣，覺得哀駘它面貌極為醜陋；過了一段時間，魯哀公就覺得這個人了不起；又過了一段時間，魯哀公就完全信任他了。國家沒有宰相，魯哀公就請他做宰相，哀駘它漫不經心，若辭若應。魯哀公最終把國事委託給他，而哀駘它不久就離開了宮廷。魯哀公就感到如有所失，好像國中再也無人可以共歡樂的了。我們可以看到，哀駘它以道家的姿態不斷地影響了魯哀公，把魯哀公從一個隨從世俗美醜判斷的庸人狀態轉變為具有無所待精神境界的自然狀態。

這種類似的情況還出現在道家人物對於孔子的勸誡上。在道家思想中，孔子的仁愛之說屬於以自己的看法來左右世界的錯誤做法，屬於心靈有所待的不自然狀態。故而，在《論語》中，我們會看到楚狂接輿、長沮、桀溺、荷蓧丈人等隱者的出現，他們對於孔子及其弟子進行一種若即若離的勸誡，但都不願意進行一本正經的爭辯，每當孔子想要與他們好好談論時，他們都避開孔子。或許，依照莊子的思想，一本正經的爭辯是根本無效的。

在道家人物看來，自我在與他人相處時，如果他人處於不自然的戕害本性的狀態中，那麼自我可以去做出一定的影響，順其自性讓其回歸到道的狀態之中。

3. 在他人戕害其他人本性的情況下，與之相處之道

他人處於不自然的狀態，其自我的心靈對於事物的稟氣特徵有所偏見，

〔註24〕《莊子·德充符》。

但此偏見已經嚴重影響到其他人。對於這種情況，自我仍舊應該順其稟氣特徵的本性，來減弱其偏見的影響。但若對方的不自然的偏見已經嚴重影響到我的自然狀態，那麼自我也可以順應物極必反的道理來消滅對方的不自然。比如：

> 昔者堯攻叢枝、胥敖，禹攻有扈，國為虛厲，身為刑戮，其用
> 兵不止，其求實無已。是皆求名、實者也。〔註25〕

在這則寓言裏，叢枝、胥敖、有扈這些小國追名逐利，用兵不止。它們的不自然嚴重影響了其他國家自然狀態，故堯、禹對之發動了攻擊，使其國為虛厲，身為刑戮。這個就是物極必反的例子。對於叢枝、胥敖、有扈這些小國而言，是自己的貪欲追求超過自己性分的東西，導致物極必反。對於堯、禹而言，則是順著物極必反的要求來重新復歸天下的自然秩序。在叢枝、胥敖、有扈這些小國滅亡之後，堯、禹仍舊功遂身退、無為而治。〔註26〕

4. 在他人戕害其他人本性的情況下，錯誤的相處之道

他人處於不自然的狀態，其自我的心靈對於事物的稟氣特徵有所偏見，但此偏見已經嚴重影響到其他人。這導致了我的心靈也對之相應生起了對抗的偏見，由此不顧自然之勢，而與之抗衡，最終使不自然的自我與不自然的他人都落得兩敗俱傷的境地。比如：

> 昔者桀殺關龍逢，紂殺王子比干，是皆修其身以下傴拊人之民，
> 以下拂其上者也，故其君因其修以擠之。是好名者也。〔註27〕

桀、紂是以自己的大欲來桎梏天下，處於迷失本性、戕害他人的嚴重不自然狀態。對於他們這種情況，關龍逢、比干沒有順道而為，而是追求令名而與之對抗。前者是將貪欲之心念來強制天下人，後者是將仁愛之心念來觀照天下人。這在道家看來，都是失去了自然無為的真諦。故而，關龍逢、比干被殺，而桀、紂最終也因他們自身的昏聵殘暴而落得國破身亡。

〔註25〕《莊子·人間世》。
〔註26〕堯、禹的武力強於叢枝、胥敖、有扈，這是客觀的外在條件，也是屬於他物的自然。故堯、禹可以順此外在條件來討伐。在《莊子·人間世》中，顏回要去勸誡衛君，衛君的權勢大於顏回，這是顏回的客觀的外在條件，屬於他物的自然。故孔子反對顏回自以為是的主張，告誡顏回要考慮到其所處的外在情況，要順著自身所在的條件來與衛君相處，而不能激怒衛君，自取滅亡。故以戰止戰，不能一廂情願地去發動，需要順應自然情勢而為之。
〔註27〕《莊子·人間世》。

五、孔子「天之戮民」解

在《莊子》一書中，孔子的形象具有兩個維度。一個是道家式的正面人物，比如《人間世》中孔子教導顏回心齋，則以孔子為道家式的悟道人物，而顏回為求道者的形象。另外一個是道家精神所惋惜的對象，如《大宗師》中評論孔子為「天之戮民」、《德充符》中說孔子為「天刑之，安可解」。這兩個看似矛盾的維度統一蘊含在對孔子的評價上，體現出道家評判儒家的典型態度。而對此問題的釐清，將有利於我們深入理解儒道思想之異同，並在「對於他人的自然」問題上獲得更為清晰的闡述。

1. 儒、道的無為無執精神

莊子在《人間世》中借用孔子之口，傳達了心齋的思想，其言曰：

> 若一志，無聽之以耳而聽之以心，無聽之以心而聽之以氣。聽止於耳，心止於符。氣也者，虛而待物者也。唯道集虛。虛者，心齋也。〔註28〕

郭象對於「一志」解讀為「去異端而任獨者也乎」〔註29〕，也就是說去除掉其他各種干擾，從而達到真正的自我。郭象對於「氣也者，虛而待物者也」解讀為「遣耳目，去心意，而符氣性之自得，此虛以待物者也」〔註30〕，也就是說，耳目會造作在感官經驗上，而心意會造作在主觀臆想上，這都不是自然。而「聽之以氣」，就是「虛而待物」，自己本心中沒有任何成見的積澱，由此沒有任何成見的心來應物。郭象對於「虛者，心齋也」解讀為「虛其心，則至道集於懷也」。〔註31〕虛心，就是心中獲得自然至道的工夫。

心齋是莊子的心性工夫論，上承老子的「滌除玄覽」〔註32〕、「致虛極，守靜篤」〔註33〕之義旨，可謂道家的核心思想。然而，心齋卻從孔子口中說出，我們可以認為，心齋的義理為儒道二家所共通。道家可以去除心中的雜念，達到一志的狀態，但這一志是虛的，沒有具體指向性的。而儒家也可以說去除心中的雜念，達到一志的狀態，比如孔子說：「毋意，毋必，毋固，毋我」〔註34〕。

〔註28〕《莊子‧人間世》。
〔註29〕郭象注、成玄英疏：《南華真經注疏》，北京：中華書局，1998年，第82頁。
〔註30〕郭象注、成玄英疏：《南華真經注疏》，北京：中華書局，1998年，第82頁。
〔註31〕郭象注、成玄英疏：《南華真經注疏》，北京：中華書局，1998年，第82頁。
〔註32〕《道德經‧第十章》。
〔註33〕《道德經‧第十六章》。
〔註34〕《論語‧子罕》。

但是，儒家在去除雜念後，需要凸顯一個仁義的普遍性，故儒家的一志是實的，具有道德的指向性的。而對道家而言，儒家的仁義的普遍性也屬於雜念、積習，也要去除掉。比如：孔子說：「非禮勿視，非禮勿聽，非禮勿言，非禮勿動。」〔註35〕雖然儒家的「勿視」、「勿聽」類似道家的「遣耳目」，但儒家並不完全是「勿視」、「勿聽」，對於不在禮上的感官對象要「勿視」、「勿聽」，對於符合禮的感官對象則要「視思明，聽思聰」〔註36〕，具有超越對待的絕對性。而道家的「遣耳目」，則是完全的去掉一切東西，道家對於仁義的態度與對於其他事物的態度一樣都是無所待的，若即若離的。因此，若就儒、道二家對於氣稟流行之物而言，無論是對象還是主體的心念，兩家都可以承認心齋的義理。若就仁義的道德普遍性、指向性、超越性而言，則兩家就存在嚴重的分歧。

2. 儒、道的體用一貫精神

莊子稱孔子為「天之戮民」、「天刑之，安可解」，似乎對於孔子的評價較為負面，但郭象對之的注解則成為了內外、跡冥義。

郭象對於孔子為「天之戮民」的解讀為：「以方內為桎梏，明所貴在方外也。夫遊外者依內，離人者合俗，故有天下者，無以天下為也。是以遣物而後能入群，坐忘而後能應務，愈遣之愈得之。苟居斯極，則雖欲釋之，而理固自來，斯乃天人之所不赦者也。」〔註37〕方外是指心靈的無待，方內是指行動的應世。也就是說，心靈的無待狀態，必然導致行動上與萬物產生相應的關係。故心靈與行動是一體的，無法隔絕的。

郭象對「天刑之，安可解」的解讀為：「今仲尼非不冥也。顧自然之理，行則影從，言則音隨，夫順物則名跡斯立。而順物者，非為名也。非為名則至矣，而終不免乎名，則孰能解之哉！故名者，影音也。影音者，形聲之桎梏也。明斯理也，則名跡可遣。名跡可遣，則尚彼可絕。尚彼可絕，則性命可全矣。」〔註38〕冥是指如心齋般的心靈狀態，名跡是指在世間的影響。孔子達到了冥的心靈狀態，並達到與此心靈狀態相應的外在影響。這個外在影響又會對孔子產生桎梏的後果。在主觀上，孔子本身並不在意這些影響，也不追求這些影響。但在客觀上，這些影響的桎梏作用還是有的。要解開這個桎梏，除非孔子改變

〔註35〕《論語‧顏淵》。
〔註36〕《論語‧季氏》。
〔註37〕郭象注、成玄英疏：《南華真經注疏》，北京：中華書局，1998 年，第 157 頁。
〔註38〕郭象注、成玄英疏：《南華真經注疏》，北京：中華書局，1998 年，第 120 頁。

這個冥。如果孔子改不了這個冥，那麼外在的桎梏就順帶著產生，根本無法解開。

　　其實，無論是「天之戮民」的方內、方外義，還是「天刑之，安可解」的跡冥義，都可以歸納為體用關係。體用一如，有如是體，就會有如是用，故而有體而無用就不完全，有體有用才是圓滿。牟宗三先生解之曰：

> 自「德充於內」言，則謂之「冥」；自「應物於外」言，則謂之「跡」。情尚於冥者，則以跡為己之桎梏，故必絕跡而孤冥。然絕跡而孤冥，則非其至者也。既非大成渾化之境，而冥亦非真冥也。非真冥者，孤懸之冥也，猶執著於冥也。〔註39〕

　　然而，牟先生只是將「有體無用」與「有體有用」相比，而凸顯「有體有用」之圓滿。但並沒有凸顯儒、道二家都「有體有用」時的區別。如果以孔子為道家式的「有體有用」，那麼姑射山上的神人、以及申徒嘉、哀駘它等人算不算「有體有用」？他們與物為春，應物無窮，應該也是「有體有用」，但莊子並沒有說姑射山上的神人、申徒嘉、哀駘它等人為「天之戮民」、「天刑之」。所以，我們還需要進一步分辨「儒體儒用」與「道體道用」的區別。

3.「執於仁義」的解讀

　　在內心之冥上，儒、道可以在去掉雜念、欲望上達成共識，但在是否保留道德性上則會產生分歧。此分歧為體上的分歧，由此不同的體而產生各自相應的用，則用上亦會有所不同。道家之心齋，在無所待中顯現出虛的心靈，故在應物上也是若即若離，故沒有分別，也沒有善惡。唯有對於他者不自然的狀態時，順著物極必反而有一種損之又損的減法式的必然性；儒家之心齋，在無所待中顯現出實的心靈，產生道德的必然性，故在應物上必然好善惡惡，進行道德評判和道德實踐，於是又必然產生被人讚揚與詆毀的後果。

　　成玄英疏曰：「執於仁義，遭斯戮恥」〔註40〕，就是從道家的立場上批評孔子在冥上不夠究竟。而莊子稱之為「天之戮民」、「天刑之」，則有意將孔子的「執於仁義」看作是「天性」。

　　有一種混淆儒體與道體的解讀認為，在莊子的視域中，孔子生命中的道德普遍性、必然性、超越性是孔子之自然本性，如同「民食芻豢，麋鹿食薦，蝍

〔註39〕牟宗三：《才性與玄理》，桂林：廣西師範大學出版社，2006 年，第 188 頁。

〔註40〕郭象注、成玄英疏：《南華真經注疏》，北京：中華書局，1998 年，第 120 頁。

且甘帶，鴟鴉耆鼠」一樣，孔子執仁。由於孔子執仁，所以在用上，孔子必然周遊列國，游說諸侯，又必然不被重用，反遭流離。由此，孔子受到人世間的桎梏是必然的，逃不掉的。雖然孔子受到用上的桎梏，但他不以此為桎梏，故在境界上仍舊是超然的，是無所待的道家聖人。但若是以此來解孔子，則亦可以此方式來解盜跖以及一切醜惡之人。比如：盜跖之偷盜、殺人之心靈亦可以看作是「天性」。所以在用上，盜跖必然偷盜、殺人。但盜跖雖然在行動上偷盜、殺人，但其心靈境界上仍舊是超然的，是無所待的道家聖人。由此，為孔子辯護的說辭也可以為盜跖進行辯護，甚至為一切普遍的善的、惡的、無善無惡的必然性辯護，由之則會喪失道家的精神。

　　在我看來，儒體與道體必然作出區分。在莊子的視域中，孔子的「執於仁義」需要分出兩個層次。首先，「執於仁義」是從氣稟上說，屬於孔子自身的稟氣特徵。稟氣特徵不算真正的自然，而對待稟氣特徵的無所待的心靈才算真正的自然。莊子所謂孔子的「天之戮民」、「天刑之」的「天」，就是從稟氣特徵上說的。其次，「執於仁義」不能說是自由心靈的本性。因為莊子的自然之道，本身不具有普遍性。而仁義是具有普遍性的，故孔子的「執於仁義」必然不是出自於自然之道。所以，孔子之「執」，就在於其對於稟氣的仁義之氣性，不能進行無所待的處置，而是執於其仁義之氣性，故而導致人世間的桎梏。因此，「天」字表示的是先天的氣稟，而非自然之道。孔子的心齋做的不夠徹底，不能去掉稟氣的仁義之氣性，故仍舊是有所待。姑射山上的神人、申徒嘉、哀駘它等人是真正做到了心齋，真正做到了無所待，而孔子與他們相比，仍舊具有差距。

　　依照莊子的思想，孔子若能對於自己的仁義之氣稟，也如申徒嘉對於其自身的斷腿、哀駘它對其自身的醜陋一樣無所待，忘了斷腿、忘了醜陋；那麼孔子一樣會忘了仁義，就不會汲汲然行仁義於世間，不會遭遇人世間的桎梏了。同理，盜跖之偷盜、殺人之本性至多也可以解為氣稟之特徵，盜跖對於這些特徵也無所待，故忘了偷盜、忘了殺人，故亦可應物無窮了。

　　從儒家思想上看，孔子「執於仁義」，是心靈自由所必然的，是不得不執，這是儒家的體；而從道家思想上看，孔子「執於仁義」，最多是稟氣的特徵，是心靈自由所要去除的；若不去除，必然導致物極必反的後果。正是因為孔子自身不願意去除仁義，才導致物極必反的桎梏，這也是自然之道的損之又損的規律，更曰「天之戮民」、「天刑之，安可解」。

　　由孔子「天之戮民」的解讀，我們可以看到，對於他人的不自然（包含孔子執於稟氣之仁義，盜跖執於稟氣之偷盜殺人），悟道者仍舊可以用順應其稟氣特徵的方式勸誡之，或者順著物極必反的姿態來損滅之。

第四章　公孫龍子與莊子「指」「馬」之喻辨析

　　公孫龍子的「白馬非馬論」與「指物論」是先秦名家兩個重要論斷。而巧合的是，《莊子‧齊物論》中恰有「以指喻指之非指，不若以非指與指之非指；以馬喻馬之非馬，不若以非馬喻馬之非馬也」之言。顯然，二者同時言「指非指」「馬非馬」，表述極為相似。但細究之下，二者所想要表達的義理卻不甚相同。公孫龍子僅在名言範圍內探討純粹概念之分野獨立；而莊子貶斥名言概念而主張超越名言是非的紛擾。

一、公孫龍子之「指」「馬」：概念離物，各自獨立

　　在公孫龍子「指物論」思想中，「物莫非指，而指非指」一句為其義理之總綱。「物莫非指」中「物」即世間萬物本身作為自然存在的狀態，無名無稱；而「指」即人所賦予給事物的概念名相。「物莫非指」一句就是說天下萬物莫不是在人的認識下所被賦予的概念。在這裡，公孫龍子意在強調概念名相的重要性，即世間萬物都要通過抽象概念進入人類的知識系統，才能被人認識。「而指非指」一句中，顯然前後兩個「指」的意義並不相同。前一個「指」即概念、名相，而後一「指」即刨去人為所賦予的概念後的事物自然存在。所以，「而指非指」即概念不等同於概念所指向的物體自身。概念是人為創造的抽象符號，雖然可以指稱事物，但本質上與「物」是相離的。公孫龍子在這裡把概念與事物自身作了剝離，旨在承認概念所具有的獨立性，即概念一經形成便可與事物自身份離而獨立存在。

「白馬非馬」關鍵在於「非」的理解。時人與公孫龍子論辯，一般人總是將其理解為「不屬於」，而公孫龍子則將其理解為「不等同於」。因此，公孫龍子所說的「白馬非馬」只是在說白馬不等同於馬，而並不是否認白馬屬於馬。公孫龍子對「白馬非馬」的論證主要從概念內涵與外延兩方面來進行。其一，「馬」的概念內涵僅就形質而言，而「白馬」的概念內涵則兼有形色，是普遍的白落實在具體的馬的形質上。其二，「馬」這一概念的外延包含了黃馬、黑馬各種顏色的馬，其馬的材質不定於任何普遍的顏色，而「白馬」這一概念外延僅包含白馬，其馬的材質定於普遍的白色。由此，在公孫龍子看來，「白馬」不等同於「馬」，二者是兩個分別而獨立的概念。

常人使用概念，都用意在指稱相應的事物，而公孫龍子不同常人的地方在於從具體事物中超越出來，回頭來辨析概念自身，既確立了概念的獨立性，又區別了概念與概念之間的差異。公孫龍子的思路傾向，將概念形上化、靜止化、永恆化，這樣就非常類似於古希臘的關於「理念」的形上學思考。

二、莊子之「指」「馬」：名言人偽，止言息辯

當時名家之言廣為流佈，莊子「指非指」「馬非馬」之言實是借公孫龍子而來，但他這麼做究竟想表達何意呢？

莊子此言看似令人費解，郭象注則十分清晰：「夫自是而非彼，彼我之常情也。故以我指喻彼指，則彼指於我指獨為非指矣。此以指喻指之非指也。若復以彼指還喻我指，則我指於彼指復為非指矣。此以非指喻指之非指也。」〔註1〕「指」既然由公孫龍子而來，即應作指謂事物的名相概念理解。「我指」即我的規定、我的看法、我的概念，這是人為造作的結果；而「彼指」則是你的規定、看法、概念，也是人為造作的結果。（「馬」一句作同解，「馬」也應理解為用來定義「馬」的概念。）若我從自己的規定與立場出發來非議他人不合於自己標準，反之，他人也可以用他的觀點和立場來指責我的觀念為非，由此互相非難。莊子這句話是在說，世上人人都是自是而非彼的，都是囿於自己的看法立場而不能見其他，紛紛擾擾難以斷絕。所以，互相以自己的「指」、自己的「馬」來與別人爭辯。

莊子後文接著就說：「天地一指也，萬物一馬也。」由此可見，莊子是不認同是非爭辯、名言紛擾這種狀態的。莊子主張的是要從世間名言物議中跳出

〔註1〕郭象注、成玄英疏：《南華真經注疏》，北京：中華書局，第36頁。

來，這裡的「一指」「一馬」並非是天地萬物有一個統一的標準，而是要超越世間的各種「指」「馬」是非，把世間所有的標準立場、對待差別都放平了。在這個境界上，天下皆同於自是、均於相非，要說對，所有的看法都是對的；要說不對，所有的看法也都不對。這裡的「一指」「一馬」其實就是「道」的境界，即天地萬物各是其是，即為自然。莊子「指」「馬」此言有兩個層次，其一是名言、概念、是非的層次，這是莊子所要否定的；其二則是超越是非而平齊物議、止言息辯的層次，這是莊子所認同的。

三、二者思想內涵之差異

公孫龍子與莊子雖同時有「指」「馬」之喻，但兩人理路不同，二者思想顯示出了很大的不同。

其一，公孫龍子建立概念名相的確定性；莊子打破概念名相的確定性。公孫龍子認為，概念一經指定，便具有確定性。而在莊子看來，這些所謂的概念、名言其實都是人為的矯作，實際上是靠不住的，並不具有確定性。

其二，公孫龍子注重分解路數；莊子注重消解路數。公孫龍子認為概念與事物自身之間、概念與概念之間都是分離的，公孫龍子對概念嚴加分別，確立概念的獨立性，走的是分解的路子。而莊子認為概念是人主觀選擇的產物，本就不是事物自身，對概念嚴加分別更會使事物的真實本然被人為支離。因此莊子主張要超越世間概念名言、是非爭辯，將一切對待分解渾化於「道」之自然中，走的是消解的路子。

其三，公孫龍子講求名理；莊子講求玄理。公孫龍子強調概念的作用，其背後的支撐是對名理的追求，公孫龍子關注的是人的知識理性，在他看來，人通過理性思維抽象歸納出事物所具有的特徵，給事物規定概念，進而通過對概念的嚴加區分來認識世界，形成各種知識。概念就是人類知識理性的體現。而莊子並不注重人的思慮心與名理思辨，而是講求玄理，他認為世俗名言與是非爭辯都是囿於成心所致，執迷其中會使得心靈為其所役，因此莊子主張通過消解世俗的知識系統來塑造自己的價值意義。

公孫龍子作為先秦名家的集大成者，他對於純粹概念的抽象思考，對人的知識理性的單純關注，在以生命體驗為核心的中華傳統文化中實為異類。而莊子對於公孫龍子思路的消解，則是將名理重新消化於玄理之中，凸顯了道家齊物的至高境界。我們現在看來，不能再將公孫龍子的學說視為「琦辭怪說」，

而是需要融合名家與道家的思想，在玄妙的人生境界中，進一步去容納包含理性思辨的確定性。

第五章　絕對還是相對：惠施「歷物十事」解讀的一致性問題

　　惠施是先秦名家的代表人物，一般哲學史上都稱其思想為「合同異」，與公孫龍的「離堅白」正好對立起來。然而，由於惠施遺存的文獻極少，《莊子・天下》記載的「歷物十事」就被當作惠施的主要觀點來看待。[註1] 事實上，「歷物十事」僅僅保留了惠施的結論，他的邏輯前提與論證過程則付之闕如。於是，後人可以增添各種前設，來證成後面的十個結論。於是，對於「歷物十事」的解讀就各家各說，莫衷一是。

　　由於原始文獻的缺乏，無法完全判定諸家解讀的正確與否，但是有一點卻可以確定：如果「歷物十事」是出於同一個思想系統所衍生的若干個命題，那麼「歷物十事」所基於的哲學基礎應該相互一致，而不應該彼此對立。如果從邏輯的一致性上著手，就可以對諸家解讀作一大體歸類，並去除掉一些不必要的謬誤。從以往各家對於惠施的「歷物十事」的解讀來看，雖然觀點不一、解釋各異，但大致上可以分為兩類路向：一類傾向於標明「歷物十事」的絕對性；一類傾向於標明「歷物十事」的相對性。

　　在絕對性的解釋下，「歷物十事」的描述確定了存在的客觀獨立性。此存在既包含了認知概念又包含了自然現象。在這類解釋中，惠施對於認知概念與自然現象的理解都與常人有所不同。惠施發現了更為真實的認知概念與自然現象，而常人的理解則僅僅處於一種約定俗成的錯誤狀態。比如，惠施揭示了

〔註1〕也有學者認為並非十事，可以將幾句話歸併起來，這樣就少了幾事，參見錢穆《惠施公孫龍》、牟宗三《名家與荀子》。

大小同異概念的絕對性和獨立性、幾何學意義上的抽象平面、天地山澤的有效範圍、時間流逝的客觀存在性、地圓說以及地圓說的時差、四維空間的存在。絕對性的解讀給予我們的答案是概念的絕對性以及自然現象的客觀性，其後面隱含的哲學基礎是主客二分的認識論，於是惠施儼然成為一位具有科學精神的學者。惠施是研究主體，認知概念與自然現象是惠施的研究對象，而與常人理解相異的「歷物十事」的表述則是惠施的研究結果。與此相應，「泛愛萬物，天地一體也」作為研究結論，也相應解釋為：認識主體具有研究天地萬物的廣泛愛好，天地萬物是作為整體的認識客體。

在相對性的解釋下，「歷物十事」的描述解構了存在的客觀獨立性。在這類解釋中，雖然惠施對於認知概念與自然現象的理解都與常人有所不同，但其論述的要旨不在於說明惠施所描述的認知概念和自然現象是正確的、常人是錯誤的，而是在於說明特定的結論與特定的認識立場與視角具有緊密關聯。惠施的結論是基於某種立場與視角，而常人的結論是基於另一種立場與視角，立場與視角形成了判斷標準，不同的判斷標準就會導致不同的甚至對立的結論。比如，大小、有限無限、高低、中睨、生死、同異、有窮無窮、相連解開、南北中央這些對立結論的產生，都基於不同判斷標準對於同一認識對象的解讀。惠施的判斷標準不一定比常人更為接近真實，只是提醒大家常人所自以為是的判斷標準只是無數種可能性中的一種，換一種視角看世界，世界就可能變得不一樣。判斷標準是依據判斷主體而變化的，世界的存在不具備客觀獨立性，而僅僅是相對如此而已。相對性的解讀動搖了認知概念與自然存在的確定性與絕對性，其背後隱藏的意思不是要樹立新的判斷標準，而是要動搖任何判斷標準的唯一性，從而得出一切判斷標準都是相對的。由於固化的世俗標準的是非同異分裂了天地一體，所以我需要打破固化的分別心，回到我心與天地萬物一體的「泛愛」狀態。與此相應，「泛愛萬物，天地一體也」作為研究結論，相應解釋為：認識主體拋棄判斷標準而無分別地泛愛萬物，達到與天地萬物渾然一體的境界。

若從絕對性的解讀來看，惠施思想與一般哲學史教科書上「合同異」的觀點搭不上邊，反而是「同異分」，如果以此思路解釋惠施，那麼哲學史的判定需要推翻。若從相對性解讀來看，惠施思想則可以說「合同異」，並與莊子之齊物論有共同的指向，（但二人工夫過程不同，從濠梁觀魚可知，莊子是境界論的當下即是；惠施是知識論的持續追問）但在一些哲學史教科書上，又保留

了「地圓說」等絕對性解讀的結論。

因此，對於惠施「歷物十事」解讀的選擇，要麼單從絕對性上立言，索性徹底推翻「合同異」的傳統說法；要麼單從相對性上立言，索性徹底證成「合同異」之說；而時下既參雜著絕對性又參雜著相對性的解讀，則顯得不具備內在邏輯的一致性，也難以得出「合同異」的結論。

佛家睿思篇

第一章　觀音形象在漢地女身化的
　　　　途徑與原由

　　觀音信仰是中國佛教最為重要的環節。無論是高深的佛理研究，還是在世俗的民間崇拜，觀音都佔有不可或缺的地位。事實上，在中國的佛教文化中，很難找到比觀音更具有普遍影響力的佛菩薩。

　　觀音與釋迦牟尼不同。釋迦牟尼被視為與我們處於同一時空域的歷史人物，具有歷史事實的依據，在其開顯的佛說中，可以展現過去未來的各種事蹟。而觀音的形象就展現在佛說的各種事蹟中。因此，相比釋迦牟尼具有的歷史確定性，觀音的形象就具有更為多樣的可塑性。這些可塑性，既需要與佛教的教義保持根本上的一致，同時又需要滿足信眾普遍的心理預期。在佛教中國化的過程中，這兩層需要共同塑造了漢地觀音形象。

　　漢地觀音形象最為獨特的地方在於觀音形象的性別轉換。著名觀音研究學者于君方認為：「Avalokitesvara（觀音的梵文名）和所有大乘菩薩一樣，無法斷言具有任何性別特徵。雖然在印度、東南亞、西藏地區及中國唐代以前，這尊神祇通常被描繪成英俊莊嚴的年輕男子，然而自五代以降，觀音開始經歷一段女性化的過程；到了明代，此一轉變過程臻於成熟，觀音成為完全漢化的女神。」〔註1〕印度的男身觀音轉變為漢地的女身觀音，這與中國佛教的世俗化具有內在的聯繫。

〔註1〕于君方：《觀音──菩薩中國化的演變》，北京：商務印書館，2012年，第296頁。

一、印度觀音信仰的性別特徵與信仰類型

觀音在古代印度的形象主要呈現男子的相貌。佛教學者李利安教授認為：「觀音身世信仰的淵源與發展演變的基本脈絡主要是由三大部分組成的：1 前佛教時期觀音形象的萌芽；2 印度大乘佛教男身觀音說；3 中國佛教的女神觀音說。」〔註2〕在前佛教時期，觀音形象的產生與婆羅門教的「雙馬童」有關，觀音信仰延續了「雙馬童」信仰的大慈大悲，救苦救難、持咒感應的特徵。而至印度大乘佛教時期，則在多部經書中涉及到對於觀音身世事蹟的闡述。比如《悲華經》的王子說，《觀世音菩薩得大勢菩薩授記經》的蓮花童子說，《大悲心陀羅尼經》的「千光王靜住如來」弟子說，《大悲心陀羅尼經》的古佛說，《十一面神咒心經》的大仙人說，《不空絹索咒心經》的「世主王如來」弟子說，《楞嚴經》的佛弟子說。這些說法，各不相同，具備了成道過程中各個階段的形象。但是，其中具有的普遍的共同點，這些觀音身世的主人公都是男身。

在佛教典籍中，既有對於觀音身世的不同說法，也有對於觀音信仰的不同功能的闡述。據李利安教授的研究，印度古代觀音具有現世救難、來世接引、般若解脫、密印神咒等信仰類型。〔註3〕這四類功能可以分為四個層面來看待。其一、現世救難是最為普遍與廣泛的觀音信仰，觀音菩薩大慈大悲，救苦救難，能夠救人於苦厄危難之際。其二、來世接引是現世救難的深化。如果只是救人暫時的苦難，眾生還是飽受輪迴之苦，故拯救現世的苦難並不徹底，需要將眾生接引到西方淨土，使眾生永不退轉，才是最大的慈悲。因此，觀音信仰與淨土信仰聯繫起來，觀音菩薩與阿彌陀佛、大勢至菩薩統稱為西方三聖，接引臨終者往生西方淨土世界。可以說，來世接引比現世救難更為徹底。其三、般若解脫是現世救難和來世接引的共同的基礎。緣起法是佛教的理論基礎，無論小乘大乘、難傳北傳，佛教一切的世界觀、價值觀都奠基於緣起的理論之上。正是由於觀音能夠體證緣起之空理，才能無礙於世間假法的困擾。而眾生由於沒有體證到緣起性空，故將假法視為真實，永受輪迴之苦難，因果之枷鎖。觀音之慈悲，救人現世苦難與來世接引，都不如幫助眾生開悟，促成眾生的般若智的生起，使眾生了悟到萬法的如如實相，從而依照自明到的佛性修成正果。觀音信仰與般若經典的結合（如《心經》），就是這一類信仰的極好表達。其四、

〔註2〕 李利安：《中印佛教觀音身世信仰的主要內容與區別》，《中華文化論壇》1996年第4期。

〔註3〕 參看李利安：《印度古代觀音信仰研究》，西安：陝西人民出版社，2006年。

密印神咒是解脫苦難的捷徑。如果從凡夫修行到佛菩薩，需要漫長的過程。這對於有文化的研習者尚且如此，對於沒有文化的底層百姓顯得更為困難。於是，無論哪些階層，都具有迫切的需要，能夠在較短的過程中獲得不可思議的效果。稱念觀音名號，以及其他密教中的咒語，就顯得方便快捷。此外，密教中的觀音可以幻化出不同的形象，眾生可以在他們能夠理解層次獲得觀音的援助。

在古代印度的觀音信仰中，上述四類的信仰類型，主要通過男身觀音形象表現出來。雖然在佛教典籍中，觀音的化身可以男身，可以女身，（如《華嚴經・普門品》有七種觀音女身形象，《楞嚴經》有六種觀音女身形象）。然後，由於在古代印度，女性的地位極低，「在古典印度教中，最能簡單明瞭地標明婦女的地位的是這樣一個傳統的共同信念：即無論婦女的種姓如何，她們都不能獲得解脫，除非她來世再生為男人。從邏輯上說，生為女身是惡業的結果，它意味著，在此世輪迴中，她是無權獲解脫的」。〔註4〕觀音的出身與化身，就很少會出現女性的形象。

二、漢地女身觀音的信仰傳說

觀音信仰在漢地的流傳，除了依仗佛教典籍的翻譯，更多地表現在信眾的口耳相傳中。在此過程中，觀音的化身故事逐漸與中國本土的倫理相結合，具有了中國人的思維模式和處事法則。

梁代的寶誌與唐代的僧伽，這些有史記載的中土的僧人，被後世視作觀音在中國的化身。雖然這些傳說的主人公仍舊是男身，但這些神異僧的行為更像是中國的高人逸士。其源頭可以追溯到《論語》中的楚狂接輿，並在歷代的神仙傳的人物形象上獲得再現。觀音給予了這些神異僧根本的身份，至於其在現世的行為模式，更多地得益於中國道家文化的塑造。

在中國本土，最為突出的觀音女身化的兩則傳說是關於妙善公主與馬郎婦的故事。

妙善公主的故事主要講妙善為妙莊王第三女，因拒婚而遭到父王的嚴懲。妙善一心學佛，妙莊王悔寺殺尼。後來妙莊王重病，妙善捨眼、手救其父。妙善公主的這些行為促使妙莊王皈依佛教，而自己也成道為觀音菩薩。妙善公主

〔註4〕鄧尼絲・拉德納・卡莫迪：《婦女與世界宗教》，成都：四川人民出版社，1989年，第43頁。

的故事後來經過文人不斷敷衍創造，情節愈來愈複雜波折，管道升依此而著《觀世音菩薩傳略》，此後又有《香山寶卷》《南海觀音全傳》《觀音得道》等著作，並以寶卷、戲曲、曲藝等形式在民間廣為流傳。妙善公主的影響很大，其誕生日（農曆二月十九）、出家日（農曆九月十九）、成道日（農曆六月十九）就被認為是觀音誕生日、出家日和成道日。

妙善公主的故事並沒有涉及佛教緣起性空的理論，更多的是儒家的忠孝以及道教的仙術。尤其在忠孝的闡述上，此故事繼承了南北朝以來佛教倫理調停儒家倫理的一貫作風。在佛教徒看來，儒家之忠孝為人天乘的小忠孝，雖然具有一定的價值，但卻容易侷限於世間君王與父親的權威，而沒有辦法脫離世俗的牽絆。只有學佛才是大忠大孝。勸慰君父學佛，可以讓君王、父母親一切受到佛恩的潤澤，獲得最終的解脫。學佛的福報遠遠超出於世間的忠孝對於君父的福報。妙善公主作為君王的女兒，她即是臣、又是子，故其抗婚，為拒絕世間的忠與孝；其顯化神跡，不但拯救君父的肉體生命，還促使其皈依佛教，更拯救其精神生命，更是出世間的大忠孝。而妙善公主捨棄自我，拯救他人的行為，又與觀音大慈大悲、救苦救難的特徵相符。

馬郎婦觀音的傳說經歷幾個版本的融合。其中，主要有鎖骨菩薩，延州婦人等故事雜糅在一起。主要講述某地民風凋敝，不信佛教。觀音化身賣魚絕色女子，吸引當地男子向其求婚。女子以背誦佛教經文為條件，最後一馬姓男子勝出。在迎親當天，女子猝死，屍身快速腐爛。後有一老僧開棺驗之，而見鎖骨。（佛有舍利，菩薩有鎖骨）老僧繫鎖骨於錫杖上，騰空而去。由此，當地人開始該信佛教。在之後的版本中，賣魚女子被認為是觀音化身。並且，還有版本認為，賣魚女子已經與當地任何男子發生性關係。那些有淫慾的男子一旦與賣魚女子交合，以後就會滅絕淫慾，如《海錄碎事》載：「昔有賢女馬郎婦，於金沙灘上施一切人淫。凡與交者，永絕其淫。死葬，後一梵僧來，云：『求我侶。』掘開，乃鎖子骨。梵僧以杖挑起，升雲而去。」〔註5〕

在馬郎婦觀音的故事中，以欲止欲為其一大特色。這種度化方式表面上好像與漢地的文化氛圍相差較大，但是我們仍舊能夠找到其思想淵源。比如，在中國化佛教中，天台宗的性惡論，認為佛不斷性惡，闡提不斷性善，又講「法性即無明，生死即涅槃」；而宋明理學湖湘學派講「天理人慾，同體相即」，陽明後學講「人慾流盡，天理畢現」。這些學說，都認為在至高圓融境界，惡不

具有自足的獨立性，而僅僅是整體善的一個面向。世人不能理解這個道理，片面地理解，於是產生了惡。而真正的得道者，卻能理解這個道理，並善巧方便地運用整體性的局部，從而與侷限於局部者進行接引。

世間很多規矩，都是與惡相對待的善，此善也只是局部的善，只是針對局部的惡有效。倘若要真正達到至高境界，對世間的善也要破除。在此意義上，如寒山、拾得、濟癲等僧人就具有更為高明的引導性價值。他們在佛境上達到極高的水平，同時可以不遵守世間的條條框框，突破世間對食色慾望（濟癲僧茹葷，馬郎婦以欲止欲）的禁忌，用各種善巧方便接引有緣人。在此意義上，馬郎婦的形象正是觀音化身善巧方便、圓融無礙的表現。同時，馬郎婦犧牲自己的貞潔來度化大眾，也是慈悲精神的表現。

從漢地流行的妙善公主與馬郎婦的觀音傳說來看，這兩位女身觀音的傳說具有三個共同的特徵。其一，都打破了世俗倫理的束縛，展現了佛法的超越性；其二，都在不同的層面上犧牲自己度化他人，顯示了大乘佛教的慈悲精神。期三，人物形象非常鮮明，故事情節波蕩曲折，與漢地神異故事相近（如《搜神記》、《穆天子傳》等），迎合了民間的獵奇心理。如此，既有漢地民眾能夠接受的故事形式，又顯現了大乘佛教特有的慈悲本懷，這兩類因素促使女身觀音形象不斷深入人心。

三、女身觀音在漢地定型的原由

雖然客觀上看，觀音形象在古代印度表現為男身，在漢地逐漸轉變為女身。但是觀音形象在漢地的理解中，可以從兩個方面進行考察。

其一，從佛理上看，無論男身、女身，既可能是觀音在成道前的輪迴的不同身份，也可能是觀音成道後的不同化身。觀音形象並不需要執定在女身上。

從前者看，李利安教授認為：「各種互不相同的觀音身世說，包括婆羅門教神話中的牲身說（阿濕毗尼）、印度佛教的男身說（不響太子、蓮花童子以及大仙人、大居士等）、中國佛教的女身說（妙善公主），這些說法之間有無矛盾之處？到底哪種說法才是觀音菩薩的真正身世？按照佛教的基本理論——業報輪迴說，一個人的生命不是僅存於今生今世的，過去世、現在世、未來世就像滾動不息的車輪，永不停息地轉動在時間的長河中，直至達到最終的解脫境界——涅槃。所以，對於任何一個生命體來說，他（她、它）的昔日經歷都會是形形色色的。他（她、它）有可能曾是某種飛禽或走獸，有可能曾是張三，

也可能曾是李四，有可能曾是女人，也有可能曾是男人，生生不一，世世不同。從這種理論看來，觀音菩薩在成道前的各種身世之間便無矛盾之處，他們只是觀音菩薩過去不同世中的不同經歷，是相互統一的、完整的體系。」〔註6〕

從後者看，則佛菩薩無定相，《金剛經》上說：「若以色見我，以音聲求我，是人行邪道，不能見如來。」淨土宗旨庵大師在《觀音大士像贊》中所說：「大士法身，非男非女，身尚非身，復何所倚。」觀音在教化度人時，根據眾生根器的不同，而化身男女，如《玄應一切音義序》說：「非相無以引心，非聲無以能解」，但此相此聲都是暫且的權法，在達到引心、解心的目的後，則登岸棄筏，不能再生分別。《琅嬛記》載：「一人問應元曰：『觀音大士女子乎？』答曰：『女子也。』又一人問：『經云觀音菩薩，勇猛丈夫，何也？』答曰：『男子也。』又一人曰：『觀音一人，而子一男之、一女之者，非矛盾乎？』答曰：『非也。觀世音無形，故《普門品》述現眾身為人說法，既然現眾身，則飛走之物以至蠓蠓醯雞，皆可耳，豈直男女乎？』」〔註7〕觀音男女身形象，只是說法示現不同而已，並沒有完全的定準。

但是，由於佛教在古代印度受到其本土文化的男女不平等的影響，故多以男身形象來描述觀音。由此，在漢地的觀音的女身形象就有對治之效。女身形象可以更為徹底地貫徹佛教的眾生平等說。在大乘經典中，佛陀呼喚男女平等的思想得到充分的發揮和張揚。如《妙法蓮華經》、《維摩潔經》《勝鬘夫人經》中都說男女平等，皆可成佛。〔註8〕解脫不由性別決定，而是由個體的修行、智慧來決定。

其二，從民間的信仰上看，漢地觀音形象已經女身化。其中，既有唐代武則天政治運動的影響，又有民俗心理的影響。

武則天廢唐立周，將自己視為彌勒佛的降生。彌勒佛的形象在人世間的表現即是武則天這一女身。朱子彥教授認為：「唐代觀音性別之變化，與武則天執政及大力宣揚自己頗有關係。武則天不但本人曾入寺為尼以及與佛教僧徒過從甚密，而且還聲稱自己為彌勒佛轉生，從而革唐命，建立武周政權，登基稱帝。這對於觀音形象之改變，當有很大影響。按佛教傳說，彌勒曾受釋迦牟

〔註6〕李利安：《中印佛教觀音身世信仰的主要內容與區別》，《中華文化論壇》1996年第4期。

〔註7〕伊世珍：《琅嬛記》，《四庫全書存目叢書》子部第120冊，濟南：齊魯書社，1995年，第79～80頁。

〔註8〕溫金玉：《觀音菩薩與女性》，《中華文化論壇》1996年第4期。

尼預言，將繼承釋迦之佛位而成為未來佛，亦即所謂賢劫千年佛中的第五佛，以度化一切世人和天人大眾。而按淨土宗的說法，觀音乃是西方極樂世界之教主阿彌陀佛的化身或者繼承者。所以，二者的身份頗為接近。另一方面，彌勒佛又稱『大慈尊』；而觀音也號『大慈』，二者的名號又幾乎相同。這恐怕正是民間乃至某些典籍中混淆彌勒與觀音的重要原因。」〔註9〕此一事件，可能對於民間觀音信仰的女身化產生比較深遠的影響。

從民俗心理上看，觀音所體現的大乘佛教精神正是慈悲度人。社會大眾在般若學上不會深究，更吸引他們的是對於出生，在世，往生的救濟，以及救濟手段的簡單直截。在此層面，男性形象比較側重規矩，需要對善表彰和對惡懲罰；而女性形象比較側重無分別的保留，需要對惡拯救。在此意義上，女身觀音形象具有母親般的寬愛，不論子之善惡，只要一心懺悔，母親即來救濟幫助。

在諸多幫助中，送子的幫助也是成就觀音女身形象重要原因。《妙華蓮花經‧觀世音菩薩普門品》中說：「若有女人，設欲求男，禮拜供養觀世音菩薩，便生福德智慧之男；設欲求女，便生端正有相之女。宿植德本，眾人愛敬。」〔註10〕這位送子觀音提供了經典的依據。而其在民間的流傳中，可以從兩方面來看送子觀音對於觀音女身形象的塑造。一方面，去佛殿中求子的信眾主要以女性為主，女身觀音容易有親和感，讓中國的女性更容易接受佛教。另一方面，送子觀音的前身是白衣觀音，而白衣觀音的形象與密教白度母以及鬼子母信仰的合流有關〔註11〕，而白度母與鬼子母都是女身形象，故送子觀音也呈現出女身形象。

綜上所述，觀音形象由古代印度的男身轉變為漢地的女身，既有教理的因素，又有民眾心理的因素。漢地的女身化觀音是在不違背大乘慈悲精神前提下，配合中國本土的文化特色，對印度觀音信仰加以融合發展的結果。

〔註9〕 朱子彥：《論觀音變性與儒釋文化的融合》，《上海大學學報》2000 年第 1 期。

〔註10〕 （後秦）鳩摩羅什譯：《妙法蓮華經》卷七，《大正新修大藏經》第 09 冊 No.0262。

〔註11〕 學者周秋良認為：「白衣觀音是密教中白多羅度母的化身，因為白多羅屬於胎藏界曼荼羅，而中國民間宗教信仰從佛教中移用了它，將「胎」字望文生義，轉變成保護生殖的女神，而後便進一步使她變成了「送子觀音」。……鬼子母信仰的盛行促使了送子觀音的出現，鬼子母與觀音在塑像外形方面與送子功能方面非常相似，由於後來觀音信仰的普及，也由於觀音菩薩無所不能、聞聲救苦的民間信仰特徵，因此她最終在民間兼併了鬼子母送子與護救婦女的功能。」周秋良：《論民間信仰中送子觀音與白衣觀音之關係》，《中南大學學報》2014 年第 4 期。

　　基於漢地信眾對於女身觀音接受的普遍而深入的程度，若再以男身觀音
示人，反而不被大眾所接受。既然觀音之相無定相，為此善巧方便，現在塑造
觀音形象，也應該以女身觀音為主。

第二章　僧肇物不遷義平議——以鎮澄《物不遷正量論》為中心的考察

一、緣起

在 2010 年中華書局出版的《肇論校釋》中，校釋者張春波先生認為《物不遷論》的主旨是「論證萬物絕不變化、延續、流動。過去的事物一旦產生，便永恆地停留在過去；現在的事物一旦產生，便永恆地停留在現在。這種觀點不僅違背事物發展的客觀規律，而且也不符合佛教理論。」〔註1〕

如果說《物不遷論》違背事物發展的客觀規律，這並非難以接受。因為佛教有真諦、俗諦的區分。事物發展的客觀規律在佛教中可被視作俗諦，雖然在究竟義上真俗不二，但一般而言，真諦與俗諦仍舊有很大的差別。

如果說《物不遷論》不符合佛教理論，就會引出很大的問題。僧肇一直被認為是中國佛學史上著名的思想家，他師從鳩摩羅什，被譽為「秦人解空第一」，留有《肇論》、《維摩詰經注》等佛學作品傳世。歷代研究《肇論》的僧人頗多，現存明代之前的《肇論》注疏本就有：晉代慧達的《肇論疏》，唐代元康的《肇論疏》，宋代遵式的《注肇論疏》，淨源的《肇論中吳集解》、《肇論集解令模鈔》，以及元代文才的《肇論新疏》《肇論新疏遊刃》。這些注疏既從不同角度詮釋了《肇論》，同時也鞏固了《肇論》在佛學中的經典地位。長期以來，《肇論》被認為是正確理解佛教性空之旨的典範之作，而《物不遷論》就是《肇論》五篇中的一篇。如果《物不遷論》確實不符合佛教理論，則意味

〔註1〕僧肇著、張春波校釋《肇論校釋》，北京：中華書局，2010 年，第 9 頁。

著歷代注疏者都理解有誤；如果歷代注疏者理解正確，則《物不遷論》符合佛教理論，那就意味著張春波先生理解有誤。

　　然而張春波先生的觀點並非為其獨創，他指出：「到了唐代，清涼國師澄觀才指出，此論『濫同小乘』。但當時並未引起別人的注意。到了明代，五臺山高僧鎮澄才力排眾議，對此文做了全面批判。鎮澄指出，佛教的基本理論是緣起性空，而《物不遷論》卻肯定過去的事物永恆地存在過去，現在的事物永恆地停留於現在，這是地地道道的『有見』。鎮澄的批判是對的。」〔註2〕由此可見，關於《物不遷論》的批判古已有之，而最為全面的批判者是明代的鎮澄。張春波先生是贊成鎮澄的觀點的。於是，考察的中心就轉向了鎮澄對於《物不遷論》的批判是否合理的問題上。

　　鎮澄，字月川，別號空印，為明代批判僧肇《物不遷論》的主要代表人物。他自小「聰慧弗群」，十五歲即入佛門，在學習佛學過程中，「參窮性相宗旨，靡不該練，尤醉心華嚴圓頓法門，如是者十餘年。」〔註3〕鎮澄在閱讀《物不遷論》的過程中，對物不遷義的宗旨產生疑惑，於是「考諸聖言，聖言罔證；求諸正理，正理勿通」〔註4〕，在百思不得其解的情況下，看到唐代澄觀「濫同小乘」的批評，於是認定僧肇「獨於物不遷則失之」〔註5〕。鎮澄批判《物不遷論》的意見遭到佛界僧人反對，但是鎮澄並沒有被這些反對意見駁倒，反而據理力爭，愈加堅持已見。鎮澄批評《物不遷論》及其效應在同時代德清的記述中有所反映。「（鎮澄）殊不許可，反以肇公為一見外道，廣引教義以駁之。即法門老宿，如雲棲、紫柏諸大老，皆力爭之，竟未回其說。」〔註6〕當時參與《物不遷論》辯論的僧人有雲棲株宏、紫伯真可等佛教名宿，可見這次論辯影響範圍之廣大。

　　鎮澄曾作《物不遷正量論》，總結了批判《物不遷論》的觀點，並羅列了反駁的問難以及自己的回覆。本文以《物不遷正量論》為中心，考察鎮澄對於《物不遷論》的批判恰當與否，由此而對《物不遷論》作出較為公允的評判。

〔註2〕僧肇著、張春波校釋《肇論校釋》，北京：中華書局，2010年，第9頁。
〔註3〕明河：《補續高僧傳》，《續藏經》第77冊第399頁下。
〔註4〕鎮澄：《物不遷正量論》，《續藏經》第54冊第912頁下。
〔註5〕鎮澄：《物不遷正量論》，《續藏經》第54冊第913頁上。
〔註6〕德清：《肇論注疏》，《續藏經》第54冊第336頁下。

二、鎮澄批判《物不遷論》的文獻解讀

鎮澄在《物不遷正量論》中明確表明了自己對於《物不遷論》的批判意見。

> 澄初讀肇公物不遷，久之不喻，及閱雜華鈔。觀國師則以為濫同小乘，不從此方遷至余方之說。遂再研其論，乃知肇師不遷之說宗似而因非，有宗而無因也。觀其《般若無知》、《涅槃無名》之論，齊有一空，妙葉真俗，雅合修多羅，雖聖人復起不易其言也。獨於物不遷則失之。嗚呼！千里之驥必有一蹶，大智之明必有一昧。不其然乎？〔註7〕

鎮澄認為僧肇的《般若無知論》、《涅槃無名論》都與佛意相合，唯獨《物不遷論》有失乖謬。鎮澄指出《物不遷論》的差錯在於宗似而因非。宗、因的說法來自於佛教因明學。「因明之宗與因及喻，曰三支。宗者，所立之義也。因者，成宗之理由也。喻者，助成宗之譬喻也。喻有同異之二，存宗因二義之喻法為同喻，無宗因二義之喻法為異喻。」〔註8〕鎮澄認為《物不遷論》所立之義似乎正確，但論證的理由則有錯誤。

在鎮澄看來，《物不遷論》的「宗」為「不釋動以求靜，必求靜於諸動」，也就是「即動求靜，遷而不遷」。這與《華嚴經》中「一切法無生，一切法無滅」同義，符合佛教的教義，只是由於僧肇論證的因有錯誤，才造成宗的似是而非。所以，鎮澄所極力反對的乃是《物不遷論》的因，亦即其論證方式，他認為：「修多羅以諸法性空為不遷，肇公以物各性住為不遷」〔註9〕是由性空來論證不遷，還是由性住論證不遷，這成為關鍵問題。鎮澄認為僧肇的錯誤就在於由性住論證不遷，這與佛法的性空之旨不合。

> 言性空者，《大品》云：「色性自空，非色壞空。」又云：「色前際不可得，中際、後際皆不可得。」又云：「色即是空」，此不遷因也。又云：「是諸法空相，不生不滅」等，「不生不滅」即不遷宗也。《華嚴》云：「身意諸情根，一切空無性」，此不遷因也。次云：「以此長流轉，而無能轉者」，即不遷宗也。彼經又云：「云何說諸蘊，諸蘊有何性？蘊性不可滅，是故說無生。」蘊無生滅即物不遷也。次偈出其因云：「分別此諸蘊，其性本空寂。空故不可滅，此是無生

〔註7〕鎮澄：《物不遷正量論》，《續藏經》第54冊第913頁上。
〔註8〕丁福保：《佛學大辭典》，北京：文物出版社，1984年，第145頁。
〔註9〕鎮澄：《物不遷正量論》，《續藏經》第54冊第913頁上。

義。」此等皆言物性空故不遷，非謂有物而不遷也。

言性住者，即彼所謂：昔物住昔不來於今，今物住今不往於昔，乃至新故老少成壞因果等物，各住自位不相往來，皆若是也。然凡有所住即名有為，既墮有為，即屬生滅，非不遷也。故《涅槃》云：「住名有為。如來永斷去來住相，云何言住？」《中論》云：「去者則不住，不去者不住。離去不去者，當於何有住？」《般若》云：「應無所住，而生其心。」無住即無為也。然《般若》言「法無去來無動轉」者，非謂法有所住也。蓋住猶去來，既無去來安得有住？〔註10〕

鎮澄用經義來論證自己的觀點。他指出，在《華嚴經》、《般若經》中，都是以性空作為不遷之因來論證不遷之宗。而性住在諸經之中則被視作有為法，並不能論證不遷之宗。

鎮澄在批判了僧肇的因非之後，提出了自己的論證方法。他認為，正確的不遷義之論證可以分總說和別說。總說為：

總則十方法界總為一大圓覺心，譬如清淨摩尼，萬象森羅去來生滅於中影現。諸愚癡者說淨摩尼實有如是去來之相（遷也），智者了知此去來相即是摩尼，實無一物可去來也（即不遷也）。〔註11〕

別說可以通過總結不同的教義而分作三門：其一、諸法無常義；其二、常住不遷義；其三、二俱無礙義。

1. 從諸法無常義上看，「一切有為緣生之法皆是無常，剎那變易非不遷也。」〔註12〕鎮澄作三支量為：

宗：一切有為是有法，無常遷滅。

因：因緣所作故。

同喻：如燈焰。〔註13〕

這是從有為生滅法而言，萬事萬物都是因緣和合而有，沒有永恆的本性，如同燈焰一樣，剎那之間都在變化，因此不遷之義不能成立。

2. 從常住不遷義上看，有二義：其一、性空不遷；其二、真實不遷。

（1）性空不遷是指「因緣所作無自性故。當體即空，無少法生，無少法

〔註10〕鎮澄：《物不遷正量論》，《續藏經》第54冊第913頁上中。
〔註11〕鎮澄：《物不遷正量論》，《續藏經》第54冊第916頁下。
〔註12〕鎮澄：《物不遷正量論》，《續藏經》第54冊第916頁下。
〔註13〕鎮澄：《物不遷正量論》，《續藏經》第54冊第918頁中。

滅，故不遷也。」〔註14〕鎮澄作三支量為：

宗：緣生之物是有法，決定不遷。

因：無有自性故。

同喻：如空花。〔註15〕

這是從般若蕩相遣執的角度看，沒有自性真實的事物。存在的事物都是如空花一樣的不真實。既然不真實，也就是沒有真實的生滅，由不生不滅而說不遷。

（2）真實不遷是指「由諸法無自性故，全體即是常住真心。如金剛王無動無壞，故不遷也。」〔註16〕鎮澄作三支量為：

宗：無性之物是有法，決定不遷。

因：全體即真故。

同喻：如鏡像。〔註17〕

蕩相遣執之後所呈現出來的宇宙實相、常住真心是真實的，就像鏡子外的事物依附鏡體的真實性而朗現，依此真實性可謂不遷。

3. 從二俱無礙義上看，復有二義：其一、理事無礙；其二、事事無礙。

（1）理事無礙是指「遷與不遷相即無礙也。謂由不變之理能隨緣故，其不生滅性全體遍在生滅法中，如濕遍波則不遷而遷也。」〔註18〕鎮澄作三支量為：

宗：遷與不遷是有法，相即無礙。

因：理則不變隨緣，事則成相體空故。

同喻：如水波。〔註19〕

「不變之理」、「不生不滅」即是常住不遷之理，但是它能隨緣變現，如水生波。生滅法即是諸法無常之緣，雖然變化但體性空寂，如波體為水。從前者看是不遷而遷，從後者看是遷而不遷，兩者圓融一體，相即無礙。依此義可立不遷。

（2）事事無礙是指「三世諸法全真心故，若時若物即同真心，含容周遍

〔註14〕鎮澄：《物不遷正量論》，《續藏經》第 54 冊第 916 頁下。

〔註15〕鎮澄：《物不遷正量論》，《續藏經》第 54 冊第 918 頁中。

〔註16〕鎮澄：《物不遷正量論》，《續藏經》第 54 冊第 916 頁下～917 頁上。

〔註17〕鎮澄：《物不遷正量論》，《續藏經》第 54 冊第 918 頁中。

〔註18〕鎮澄：《物不遷正量論》，《續藏經》第 54 冊第 917 頁上。

〔註19〕鎮澄：《物不遷正量論》，《續藏經》第 54 冊第 918 頁中。

猶鏡燈然。……不動一塵而充遍十方，不離剎那而涉入三世。一遷一切遷，無遷無不遷，不可得而思議矣。」〔註20〕鎮澄作三支量為：

宗：念劫剎塵是有法，周遍含容。

因：萬事如理故。

同喻：如帝網。〔註21〕

既然已經理事無礙，那麼事與事也相即於理而相互無礙，不遷與遷全在真心之中，此真心即理即事，緣起事相的遷變就是理的遷變，理的不遷就是緣起事相的不遷，如因陀羅網各各影現，重重無盡。它們都統攝於一心之中，於是可說「一遷一切遷，無遷無不遷」。依此義亦可立不遷。

從鎮澄的論證方法上，不難看出他受華嚴宗四法界的影響。華嚴宗四法界說認為：

> 統唯一真法界：謂總該萬有，即是一心。然心融萬有，便成四種法界。一、事法界：界是分義，一一差別，有分齊故。二、理法界：界是性義，無盡事法，同一性故。三、理事無礙法界：具性分義，性分無礙故。四、事事無礙法界：一切分齊事法，一一如性融通，重重無盡故。〔註22〕

總說的大圓覺心即一真法界。分說的三門對應四法界：諸法無常義對應事法界，常住不遷義對應理法界，二俱無礙義中的理事無礙對應理事無礙法界，二俱無礙義中的事事無礙對應事事無礙法界。鎮澄認為，事發界上不能立不遷之旨；理法界中般若性空義和常住真心義上可以立不遷之旨；理事無礙法界上可以立不遷之旨；事事無礙法界上可以立不遷之旨。僧肇的《物不遷論》僅在事法界上立論，由於只講性住，對於事法界的認識還不及小乘。真正談不遷，需要從後面三法界來立論。

三、鎮澄回應反駁者的學理分析

鎮澄批判《物不遷論》的言論一出，立即遭到了同時代僧人的反駁。鎮澄在《物不遷正量論》卷下中保留了部分反駁意見以及他所作出的回應。由於文獻缺乏，鎮澄是否對其餘的反駁意見有所回應則不可考，但就從鎮澄已作的回

〔註20〕鎮澄：《物不遷正量論》，《續藏經》第 54 冊第 917 頁上。

〔註21〕鎮澄：《物不遷正量論》，《續藏經》第 54 冊第 918 頁中。

〔註22〕宗密：《注〈華嚴法界觀門〉》，《大正藏》第 45 冊第 684 頁中。

應而看，亦大概可知其義。關於這場《物不遷論》的辯論，江燦騰先生在《晚明佛教改革史》一書對此有較為詳盡的梳理，本文就在江先生的梳理之上進一步對各家觀點作一分析。〔註23〕

鎮澄依據華嚴宗四法界理論立下的關於不遷之旨的論證方式，其實已經大體上窮盡了佛教論證不遷的各種可能。反駁意見雖然千變萬化，實在逃不出鎮澄釐定的範圍。

以近世異解師、一幻道人為代表的反駁意見認為：僧肇說不遷是指物各有性。依鎮澄看來，這樣的觀點明顯違背佛教緣起性空之義，只是世俗之常見，僅在事法界立論。

以龍池幻有、密藏開禪師、海印大師、真界、道衡、德清為代表的反駁意見認為：僧肇說不遷是指理。依鎮澄看來，理可以分作般若性空和佛性真實二義。但是僧肇的《物不遷論》中「向有今無」的觀點則於此二義皆失。

對於有人認為僧肇的不遷為般若性空義的反駁意見，鎮澄回應道：「夫言性空者，有性即空也。則昔物在昔，緣未散時體性即空，豈謂於向為有，於今為無哉？」〔註24〕如果僧肇是以緣起性空來論證不遷，那麼向物與今物都當體即空。向與今為同質的敘述，倘若「向有」能夠成立，則「向有」之有即為假有。由此類推，今物也要稱有，但《物不遷論》文本稱無。倘若「今無」能夠成立，則「今無」之無即為無自性。由此類推，向物也要稱無，但《物不遷論》文本稱有。無論哪種理解，俱與《物不遷論》文本不合。

對於有人認為僧肇的不遷為佛性真實義的反駁意見，鎮澄回應道：「若毗盧真身，十方三世隨處充周，間不容髮，非若肇公向有而今無也。」〔註25〕如果僧肇是以佛性真實來論證不遷，那麼向物與今物都遍滿佛性。向與今為同質的敘述，倘若「向有」能夠成立，則「向有」之有即為佛性有。由此類推，今物也要稱有，但《物不遷論》文本稱無。倘若「今無」能夠成立，則「今無」之無為惑見無。由此類推，向物也要稱無，但《物不遷論》文本稱有。無論哪種理解，亦俱與《物不遷論》文本不合。

以無名尊者、紫伯真可為代表的反駁意見認為：得旨不在執言，變通不在

〔註23〕江燦騰：《經驗派各家與鎮澄爭辯擇法思維的相關文獻及其持論的內容分析》見《晚明佛教改革史》，桂林：廣西師範大學出版社，2006年，第338～382頁。

〔註24〕鎮澄：《物不遷正量論》，《續藏經》第54冊第923頁中。

〔註25〕鎮澄：《物不遷正量論》，《續藏經》第54冊第921頁中。

固泥，對於僧肇的《物不遷論》的理解需要實踐體悟。而鎮澄認為：「理固絕言而言無越理，如來聖教垂範萬世，天魔外道不得而沮者，賴名言有在故耳。……況茲一論，段段結歸物各性住，豈曰言在此而義在彼乎？」〔註26〕文字畢竟具有侷限性，即使正確的文字也未必完全可以表達佛法真理。但並不能由於這個侷限而放棄用語言儘量接近真理的追求，甚至容許以錯誤的觀點來混淆是非。鎮澄認為，僧肇的不遷義連接近佛法真理的語言層面都沒有達到，更不用說能與體悟的真理達到一致。

鎮澄通過對反駁者的回應，表明僧肇的物不遷義論證之因並非在般若性空、佛性真實等理上立論，更妄談理事無礙，事事無礙上的立論。唐代清涼國師澄觀在《大方廣佛華嚴經隨疏演義鈔》中說小乘法「此生此滅，不至余方，同不遷義。而有法體，是生是滅，故非大乘。」〔註27〕鎮澄進而認為《物不遷論》論證之旨「物各性住於一世不相往來」〔註28〕明顯違背佛教教義，甚至連小乘法都不如，他說：

> 觀國師以為濫同小乘者，然小乘以有為之法剎那滅，故不從此方遷至余方，不違大乘空義。肇公以昔物不滅，性住於昔，而說不遷，則於大乘性空之義背矣！〔註29〕

在鎮澄看來，小乘「是生是滅」的有為法還講生滅，不違性空；而僧肇的不遷義住於每個時點而不講生滅，違背了大乘空義。

鎮澄通過對於《物不遷論》的批判和對於反駁者的回應，無非是要證明如下的觀點：僧肇用性住來論證不遷，不符合大乘義，也不符合小乘義。正確的論證不遷的方法有好多種，但是僧肇都不在這些正確的層面上來論述。也就是說，《物不遷論》不符合佛教理論。如果再加上張春波先生「違背事物發展的客觀規律」的評論，那麼《物不遷論》就既違背世法，又違背佛法，兩不掛搭，一無是處。

四、僧肇物不遷義的詮解與平議

鎮澄以華嚴四法界為依據設立了論證不遷義的理論框架，並在此框架中對於反駁者一一回應。那麼，僧肇物不遷義果真如鎮澄所言不合佛理嗎？

〔註26〕鎮澄：《物不遷正量論》，《續藏經》第 54 冊第 912 頁下。
〔註27〕澄觀：《大方廣佛華嚴經隨疏演義鈔》，《大正藏》第 36 冊 239 頁中。
〔註28〕鎮澄：《物不遷正量論》，《續藏經》第 54 冊第 913 頁下。
〔註29〕鎮澄：《物不遷正量論》，《續藏經》第 54 冊第 914 頁下。

　　從學術史的觀點來看，佛教思想在中國有不同的發展階段。《肇論》所作的時代，正是鳩摩羅什翻譯《般若》類經典之時。當時中土廣為流傳的是空宗思想，而華嚴宗所據的如來藏思想尚未成熟。僧肇在撰寫《物不遷論》的時候，不可能依據如來藏思想來講佛性真實義的理體，更談不上理事無礙、事事無礙。但是，從宗教信仰上說，信奉如來藏系的中國僧人並不認為如來藏思想是一個逐漸發展和完善的過程，他們寧願相信佛陀在世傳法時已經闡明了如來藏思想的要義。故而歷來注疏《肇論》的僧人和明末參加《物不遷論》辯論的僧人都從如來藏佛性論思想的角度維護或攻擊《物不遷論》的正確性。

　　在當代，《肇論》體現般若性空學的觀點已經被學者廣泛接受。呂澂認為：「《肇論》的思想以般若為中心，比較以前各家，理解深刻，而且能從認識論角度去闡述。這可以說，是得著羅什所傳龍樹學的精神的。」〔註30〕印順法師認為：「他（僧肇）著有《肇論》、《維摩經注》，思想很切近龍樹學的正義。」〔註31〕牟宗三認為：「僧肇是鳩摩羅什門下解空第一，然亦只是般若學，屬空宗。……《肇論》文字美麗初學者可由之悟入空宗。」〔註32〕由此可見，僧肇以般若學為宗旨，其所言之不遷，不應從如來藏佛性真實義上立論。僧肇所言之理，僅僅是理之諸法無常義而已。鎮澄所提出以四法界理論來論證不遷的方式對於僧肇實在勉為其難。但是鎮澄的論證框架並非完全無用，僧肇所宗之般若學即相應於鎮澄所說的理之諸法無常義。只是鎮澄認為僧肇之不遷義的論證方式為性住而非性空，所以僧肇並沒有在理之諸法無常義上論證不遷。

　　因而，我們所面臨的問題關鍵在於：僧肇所言之性住與諸法無常義上的性空是矛盾還是同一？如果矛盾，《物不遷論》即違背佛教教義；如果同一，《物不遷論》仍為佛學經典。在解決此問題之前，先看一下印順法師對於《物不遷論》的評價。

> 　　僧肇的《物不遷論》，就是開顯緣起的即動即靜，即靜常動的問
> 　　題。一切法從未來來現在，現在到過去，這是動；但是過去不到現
> 　　在來，現在在現在，並不到未來去，這是靜。三世變異性，可以說
> 　　是動；三世住自性，可以說是靜。所以即靜是動的，即動是靜的，

〔註30〕呂澂：《中國佛性源流略講》，《呂澂佛學論著選集》卷五，濟南：齊魯書社，1991年，第2593頁。
〔註31〕印順：《中觀論頌講記》，《印順法師佛學著作全集》第二卷，北京：中華書局，2009年，第24頁。
〔註32〕牟宗三：《佛性與般若》，臺北：學生書局，1989年，序第3頁。

動靜是相待的。從三世互相觀待上，理解到剎那的動靜不二。但這都是在緣起的假名上說，要通過自性空才行，否則，等於一切有者的見解。〔註33〕

印順法師的觀點可以說代表了當代學者對於《物不遷論》的主要看法。〔註34〕這段文字基本上以性空之義解《物不遷論》，而關鍵在於最後一句「但這都是在緣起的假名上說，要通過自性空才行，否則，等於一切有者的見解。」儘管在《肇論》的其他篇目中，僧肇對於性空之旨詮釋得非常到位，可是就《物不遷論》文獻而看，實在沒有直接闡述性空的文句。如果我們不拘束以文獻之語句，而以同情之瞭解的態度認為《物不遷論》暗含性空之旨，那麼碰到的問題就是如何理解「向有今無」之性住即是性空？

我認為物不遷論之性住即性空，理由如下：

《物不遷論》在文句上講物住於各個時點，但其根本的觀點是用緣起性空來瓦解世俗層面上對物之本性的執著，從而引申出不遷之義。欲闡明此觀點，須先考察世俗層面上對遷的看法，隨後再引出性空不遷之義。

依世俗看法，假設某物為 X，X 由時點 a，遷變到時點 b，用 X_a 表示 X 在時點 a 的狀態；用 X_b 表示 X 在時點 b 的狀態。

經歷了 a～b 的時段，X_a 與 X_b 在經驗上是不同的。如未出家之前的少年和出家之後的白首梵志的不同。世俗人的錯誤不在於認識 X_a 與 X_b 在經驗上的不同，而在於認為 X_b 雖與 X_a 不同，但是 X_b 和 X_a 共具有不變之本性 X，所以 X_a 與 X_b 再怎麼不同，仍為一物。因為不同，所以說遷；因為有本性，所以遷之前後同為一物。既是一物，而又有不同，所以說物遷。如同將未出家之前的少年和出家之後的白首梵志看作同一人，於是說「這個人」變化了。

從性空的觀點看，則知本性 X 是由世俗人的執著而生，本性 X 並不存在。既然 X 不存在，則 X_a 與 X_b 的內在聯繫也就斷絕，X_a 是 X_a，X_b 是 X_b，它們各住於各點，故名不遷。以 a 時點之剎那觀 X_a，即觀 X_a 之自在相，即如如相；

〔註33〕印順：《中觀論頌講記》，《印順法師佛學著作全集》第二卷，北京：中華書局，2009 年，第 53～54 頁。

〔註34〕當代學者對於《物不遷論》的觀點，可參看劉聰《肇論研究綜述》一文。文中將當代學者對《物不遷論》的觀點分作兩類，一類學者認為《物不遷論》旨在主靜，以任繼愈、潘桂明為代表；一類學者認為《物不遷論》旨在即動即靜，以湯用彤、呂澂、洪修平、李潤生為代表。即動即靜派的觀點與印順法師同類，且人數多於主靜派。劉聰：《肇論研究綜述》，《五臺山研究》2006 年 4 月。

以 b 時點之剎那觀 X_b，即觀 X_b 之自在相，即如如相。如同未出家之前的少年即未出家之前的少年，出家之後的白首梵志即出家之後的白首梵志，兩者之間的聯繫是因為世俗人執著了我見、人見而有；一旦去除執著，則未出家之前的少年是緣，出家之後的白首梵志亦是緣，都是假有，沒有本性的聯繫。

　　物不遷論之高明處，就是破除世俗人對萬物之性的執著。一般常識認為，某物雖變，某物之性不變，故物雖變但仍是某物。對於佛教而言，這種認識雖然看到了經驗之變遷，但是仍舊執著於性有，「物之遷」就是世俗人對物之性執著後的產物。依照性空的觀點看來，人們不應該在經驗後面執著一不變的本性，應該就經驗之流變而觀之，是為如如觀，從而見出萬法性無假有之實相。《物不遷論》能夠就物之變化之間，當下破除物之本性，故根本不存在一延續流變之物，剩下的只是剎那的眾緣。

　　其時，物不遷之物，已經不是世俗人所說之物，而是緣起之緣，說是物只是權且照世俗人語詞而說之。鎮澄對於僧肇「各性住於一世」〔註 35〕中「性住」的理解是萬物自有本性常住，不因時間的變化而變化。這是從佛教經典中「性住」一詞的常規用法上去理解的。而僧肇的「性住」與常規用法不同，其義為：就緣起之時如其所是地觀緣，則前緣非後緣。要說前緣，只在前緣之剎那處說，故前緣住於前緣；要說後緣，只在後緣之剎那處說，故後緣住於後緣，此為性住、不遷之實義。故性住實為緣之如其所是，亦即性空也！

　　此外，還有一例可證僧肇非不知從性空來談物之變化。其注《維摩經・弟子品第三》「如幻如電，諸法不相待，乃至一念不住」一句，云：

　　　　諸法如電，新新不停。一起一滅，不相待也。彈指頃有六十念

　　過，諸法乃無一念頃住，況欲久停？無住則如幻，如幻則不實。不

　　實則為空，空則常淨。然則物物斯淨，何有罪累於我哉？〔註 36〕

　　斯淨為性空，如幻即假有。假有為動，性空為靜，不廢兩邊，則即動即靜。據《僧肇年譜》〔註 37〕，《維摩經注》作於公元 406 年，《物不遷論》作於公元 409 年，《維摩經注》早於《物不遷論》，可知僧肇作《物不遷論》之時已明此義。

〔註 35〕僧肇著、張春波校釋《肇論校釋》，北京：中華書局，2010 年，第 24 頁。

〔註 36〕僧肇：《注維摩詰經》，《大正藏》第 38 冊第 356 頁中。

〔註 37〕《僧肇年譜》，許抗生：《僧肇評傳》，南京：南京大學出版社，1998 年，第 368 頁。

因此，《物不遷論》之宗並無錯誤，因也沒有根本錯誤。只是僧肇在《物不遷論》的用詞上，以「性住」而稱「緣之如如自在」，容易引起讀者的誤解。其實，僧肇之「性住」非鎮澄之「性住」，「向有今無」實為「向之緣如如於向，今之緣如如於今。於向求如如於向之緣，則向緣可求，故稱『向有』。於今求如如於向之緣，則向緣不可求，故稱『今無』」。

五、結語

由上述分析可知，鎮澄之所以批判《物不遷論》是由於誤解了「性住」，而這種誤解來自於《物不遷論》文獻本身。我們既可以措辭不妥來責難僧肇，亦可以僧肇「為破無常見而說性住不遷」來為之開脫。但是從哲學語言的明晰性角度上看，《物不遷論》的用語超出了所用詞彙的常規涵義，未免語辭浮靡而不易達意。在這一點上，鎮澄的批判則不無可取之處。鎮澄提出理固絕言而言無越理，承認語言在一定程度上可以接近真理，希望通過因明邏輯和理性精神來辨明佛學義理，這在很大程度上是對於中國傳統中「重體悟、輕知解」思想的革新。況且從論辯文獻上看，鎮澄的佛學涵養和學理深度並不低於名宿大德，而且遠遠高於那些僅僅以體悟自標者。此外，鎮澄在一昧崇古的氛圍中不願人云亦云、以釋門鄉愿自居，而敢於對已成佛學經典的《物不遷論》公開質疑，亦為難能可貴之處。

張春波先生也同樣具有鎮澄的理性精神。感謝他對學術一絲不苟的嚴謹態度，我們看到了張先生鑒於自我研究心得而作出的真實評價。正是由於他的真實評價，才激發起後學者對此問題的繼續探討。

第三章 牟宗三佛教哲學的創造性
詮釋之路

作為新儒家的傑出代表人物，牟宗三融會中西哲學，建立道德形上學的哲學體系。牟宗三的佛學思想既有對佛典文本的義理梳理，又有結合道德形上學的詮釋創造，在一定程度上，兩者相融為一，成為牟宗三哲學體系的重要部分。

一、牟宗三的佛學研究之路

牟宗三個人與佛學的關係並沒有因為他早年師從以《新唯識論》名家的熊十力的緣故而過早變得密切。他在回憶初讀《新唯識論》說：

> 開頭的部分我不大看得懂，因那是對佛學中小乘的辯破，那些問題不是我當時所能懂的，且用的是佛經體的文章。但往後幾章的文章我卻能看懂，那是先秦諸子式的文章。用佛經體來表達義理是不容易的，開頭時還可以說幾句，說多了便不方便，故熊先生後來還是用中國老式的文體，故我可以看得懂。但亦只是表面上，文字上的懂，裏面說的是什麼義理，我並不十分懂。〔註1〕

此後牟宗三追隨熊十力左右也未特別著力於佛學，他說：

> 我之薰習佛教由來已久，然初只是道聽途說，並未著力。初講中國哲學史，對於佛教一階段，亦只是甚淺、甚簡、甚枝末的一般

〔註1〕牟宗三：《熊十力先生追念會講話》選自牟宗三：《時代與感受》，臺北：鵝湖出版社，1984年，第250頁。

知識。如緣起性空，僧肇、竺道生，以及唯識宗，亦都知道一些；
對於華嚴宗只知道事理無礙，事事無礙；對於天台宗根本一無所知，
只朦朧地知道個「一心三觀」。這都是一般人口頭上常說的。然簡單
地講一點「諸行無常，諸法無我，涅槃寂靜」，亦不大差。〔註2〕

赴臺後，牟宗三開始疏理中國哲學史並建構其哲學體系時，才開始系統研
究佛學。

　　近二十年來，漸漸著力，然亦未能專注，只是隨時留意，隨時
薰習，慢慢蘊蓄。先寫成《才性與玄理》，弄清魏晉一階段。後寫成
《心體與性體》，弄清宋明一階段。中間複寫成兩書一是《智的直覺
與中國哲學》，一是《現象與物自身》，以明中西哲學會通之道。最
後始正式寫此《佛性與般若》。〔註3〕

牟宗三在寫作《佛性與般若》之前，已經完成《智的直覺與中國哲學》以
及《現象與物自身》二書，基本奠定了道德形上學的理論基礎。正是由於牟宗
三的佛學研究完稿於他的哲學思辨的頂峰時期，所以匯聚了許多新的特點。牟
宗三接受過嚴密的西方哲學訓練，又對中國傳統文化有深切的領悟，他並不排
斥西方的哲學思想，而是試圖建立橫貫中西，融通三教的哲學體系。佛學只是
他的哲學體系中的一個有機組成部分。這條獨特的思辨進路使牟宗三的佛學
思想在眾多的佛學研究者中獨樹一幟，不但有別與新儒家學派之外的佛學研
究，甚至與新儒家陣營內的觀點也不盡相同。

牟宗三的佛學研究重義理而淡史實，將佛教哲學從具體的佛教歷史語境
下剝離出來，撇開歷史社會層面上的糾纏，而專注於佛教內部義理的發展，以
佛性與般若為綱要，層層擴展。由此，佛教各宗派義理也隨之而現。通過「藏
通別圓」四層判教，展現出唯識、華嚴、天台等諸宗義理。

牟宗三的佛學思想既有對佛學義理的處理，又關聯到道德形上學的建構。
前者牽扯到對各宗派的分判和對天台宗義理的新解；後者又聯繫到兩層存有
論以及圓教圓善的問題，而這些思考又內涵者著康德、黑格爾的哲學思路。這
些獨具特色的見解是牟宗三對佛學研究作出的偉大貢獻，同時也進一步開闢
了佛學在哲學領域中的地位，成為後人繼續研究的基礎。

〔註2〕牟宗三：《佛性與般若》（上冊）「序」，臺北：學生書局，1989 年，第 6 頁。
〔註3〕牟宗三：《佛性與般若》（上冊）「序」，臺北：學生書局，1989 年，第 6 頁。

二、佛學中的道德形上學言說：「智的直覺」與「兩層存有」

　　牟宗三基於中國儒釋道三家的傳統對康德哲學中現象與物自身進行了改造。康德為了給信仰留下地盤，嚴格劃分了可知與不可知的界限。現象是可知的，現象背後的物自身是不可知的。康德認為人作為有限存在者，只能具有感觸直覺認識現象，而上帝作為無限存在者，具有智的直覺，能夠認識物自身。牟宗三並不以為然，以為人雖有限而可無限，所以既有感觸直覺也有智的直覺。牟宗三批判康德說：

　　　　說我們的感性知性不能及於上帝，不朽，與自由，這是顯明的，
　　但說它們不能及於物之在其自己則並不如此顯明。從我們的感性知
　　性說上去或說出去，我們的感性知性是敞開的，是一個既成的事實，
　　並未予以價值上的決定與封限；而到需要說它們所知的只是現象，
　　而不是物之在其自己時，便憑空引出了這超越的區分而予以重大的
　　封限；但這超越的區分是一個重大的預設，事前並未有交代，亦未
　　予以充分的釐清；單憑與上帝相對照，這區分本身就脆弱不穩，物
　　之在其自己這一概念本身就很糊塗（隱晦），因此，現象這一概念底
　　特殊義亦不能被穩定。〔註4〕

　　牟宗三認為康德的物自身不是事實概念，而是一個具有價值意味的概念，用價值封限住知性的認識領域，如此方能穩定住現象與物自身的超越區分。認識主體呈現認識心時的狀態為主客對待而有感觸直覺，呈現智心時的狀態為消解主客而有智的直覺。

　　牟宗三認為康德在基督教傳統下，雖有傑出的洞見，但尚不通透。依康德哲學，智的直覺只可屬於神智的無限心，而人是被決定的有限物。然而依中國哲學傳統，人雖有限而可無限，可以通過道德的實踐，修行的解脫，而具有智的直覺使本有的無限心得以呈現。儒釋道三家都承認人有智的直覺，對於佛教則是般若智心的圓照。牟宗三說：「佛家言成佛其極必以一切眾生得度為內容，有一眾生不成佛我誓不成佛。是以佛心無外即是無限，因而必函有一智的直覺在內。此智的直覺即寄託在圓教之般若智中。」〔註5〕佛家佛心在圓智觀照下如如呈現萬物「無自己之『在其自己』」，這即是佛教的智的直覺，其所直覺的理境正是相應於康德哲學中物自身的概念。

〔註4〕牟宗三：《現象與物自身》，臺北：學生書局，1984年，序第5頁。
〔註5〕牟宗三：《智的直覺與中國哲學》，臺北：商務印書館，1970年，第211頁。

牟宗三以中國儒釋道三教義理而作出「人雖有限而可無限」的判斷。從佛教上說，人的有限性在感觸直覺上，就是無明的妄染識心，識心之執而致生死流轉。人在這種迷妄的現象世界中，執著於現象而不能達於物自身，故隨著雜染法轉，飽償生老病死的苦楚。但是，人人又都本有佛性，都是潛在的佛。需要明白現象世界中的一切差別法都是識心執著而生起，只要能明心見性，自然能夠發揮智的直覺，用般若智心反觀萬法，頓悟成佛，還滅而得解脫。人既是眾生又是佛，佛與眾生即在於當下一心之迷悟。從這一點上看，人是在有限性上蘊涵著無限性。

1. 無執的存有論

牟宗三認為佛教以般若智心開顯出無執的存有論。在康德哲學中，無執的存有論相當於物自身，而物自身無法認識。牟宗三認為人具有智的直覺，可以認識物自身。那麼在佛教中，般若智心所朗現的物自身應該如何說呢？

> 佛家本只有「緣起無性」之一層，並無另一種對象曰物自身。性空，無性，就是無「自身」……若知康德所說的物自身不是現象外的某種東西，則雖「緣起無性」之一層，亦仍可說物自身。無性而執其有定相既是執，則去掉此執而即如其無性而觀之，即，直證其無性之「如」相，那便是緣起物之在其自己，此即是無自己底自己。〔註6〕

牟宗三認為康德所說的物自身與現象的區別不是客觀的，而是主觀的。物自身不是另一個對象，而只是關於同一個對象的純粹表象之外的另一個層面。般若智心所開顯的物自身即是緣起性空所顯現的實相。實相一相，所謂無相，即是如相，便是緣起物之在其自己。由於般若是共法，所以大小乘諸宗雖然相異，但都以般若貫通始終，物自身的意義在大小乘佛法中可以普遍確定。

依照佛教教義，牟宗三認為一切法的存有論的說明必須具備兩義：一是存在的根源；二是存在的必然。有此兩義方能討論佛性問題。

關於第一個問題，佛教中藏教，通教，甚至始別教都沒有很好的解決。藏教並沒有牽扯到佛性的問題，萬法的差別都由十二緣生而起，主觀的執與客觀的存在同一化。既然一切存在皆由無明而起，那麼除卻無明，便無差別法可說，也沒有什麼客觀的存在。藏教的解脫即為「灰身滅智」。通教對萬法以般若空

〔註6〕牟宗三：《現象與物自身》，臺北：學生書局，1984年，第401頁。

之，空之而見其實相。但這亦只是不受、不著，不可得一切法之方式而具足一切法。此是作用的具足，而不是存有論的具足。這不是說一切法存有論地根源於般若，而只是憑藉已有之法，而說般若之妙用。是故，藏、通二教根本沒有觸及到存有論的根源。而作為始別教的唯識宗，以經驗分解的阿賴耶識來說明一切法，由阿賴耶識緣起而生成生死流轉法。但是阿賴耶識無覆無記，本質上是染污的，所以只能說明有漏法，不能說明無漏清淨法。唯識以經驗分解的方法並不能將一切法存有論的具足，但比藏、通二教有所發展。牟宗三指出，「空宗無存有論的問題，唯識宗有之而不能徹底……而賢首所謂性相圓融則是存有論的」〔註7〕。順分解的道路，由經驗的分解而至超越的分解，則為真心繫的終別教。空有兩宗講緣起性空，是從客體方面平鋪著說，而真心繫統則將緣起性空收於如來藏真如心上說。超越的真如心，即為一切法存在的根源。真如心不變隨緣，隨緣不變。不變者，自性清淨，即為一切清淨法所依止，其作用即是智的直覺，能開顯出無執的存有論。隨緣者，隨無明而起染污法，能顯執的存有論。不變隨緣合起來，即是空如來藏與不空如來藏和合，而對一切染法淨法都有了存有論的說明。

　　但是，真如心作為一切存在的根源可以成立，但是對一切存在的必然卻沒有保證，或者說仍沒有充分的證成。天台圓教不但在一切存在的根源上更為高明，而且對於一切存在的必然也得以充分的保證。這就引申到存在的必然的問題。

　　關於第二個問題，就需要比較天台與真心繫統的不同。真心繫統主要為《大乘起信論》與華嚴宗為代表，華嚴宗是真如系統發展較為圓滿的宗派，故以華嚴宗為代表與天台宗進行比較。牟宗三認為華嚴宗是順著唯識宗分解的路向發展而來，而天台宗則是順著空宗發展而來。華嚴較之天台在現實面不必然具備萬法，在理想面又緣理斷九。

　　華嚴宗的法界緣起，並非是如來藏本身能夠生起經驗中的雜染法，而是需要借助阿賴耶識緣起而成。牟宗三認為在華嚴宗系統中，阿賴耶識上面尚有一隨緣不變的真如心，故此雜染法憑依於如來藏真如心而有還滅的可能性。法界緣起的萬法實際上是因地的三千法倒映在果地的佛法身而言，只是對佛法身的方便言說而已。因此，可知法界緣起的萬法儘管有言說上的種種差別，但俱是清淨法，故能理事無礙，事事無礙的圓融，不能作經驗層面的真正的雜染法來看。

〔註7〕牟宗三：《佛性與般若》（上冊），臺北：學生書局，1989年，第508頁。

華嚴宗「緣理斷九」，毗盧遮那如來藏法身法界上的功德法儘管圓融無礙，但不是真正的雜染法。對於無明而成的雜染法，華嚴宗需要斷除九法界而成佛。成佛是寶塔式的遞進，九法界具已超越，成為佛法界的功德法。所以，雜染的三千法就沒有了存在的必然。從這兩方面可以看出，華嚴宗對一切法的存有論的說明尚欠妥當。

天台圓教不走超越分解的路向，而是走詭譎即具的路向。三千法無論是染是淨，具在一念心中。從無住本立一切法，即具十法界而成佛。天台圓教的理境中，存在的根源在於「一念無明法性心」。法性即無明時念具念現，則有一執的存有論，三千法是念念在執中的現象法；無明即法性時智具智現，則有一無執的存有論，三千法是「在其自己」的實相法。三千清淨法與三千雜染法在「一念心」中詭譎的即具，存在的必然保證在於成佛必備一切法而為佛。所以，天台宗存有論的圓具比任何一宗都顯豁而周到，獨能顯出佛教存有論根源性與必然性之特色。

2. 執的存有論

佛教中執的存有論，則由識心之執而開顯出來。依天台圓教，一切法都須圓具在一起，成佛並不是要去除執的存有論而只講無執的存有論。現象與物自身只是一體兩面，現象並不是離開物自身而另有一個現象。因此，牟宗三特別重視俗諦與三性的思想。從三性處講執，從俗諦處給予執以合理性。

唯識宗說三性，依他起、遍計執、圓成實，是為了在依他起上去除遍計執，而證成圓成實。牟宗三為了保住遍計執，認為依華嚴「性起」系統，則可吸收唯識三性而予以升位。牟宗三指出，三性說在空宗、唯識宗、華嚴宗皆可說，只是緣起性空依佛性之開展而有升降。在真心繫中，法藏就如來藏真心而說三性為：

> 三性各有二義。真中二義者，一不變義，二隨緣義。依他二義者，一似有義，二無性義。所執中有二義者，一情有義，二理無義。
> 〔註8〕

「真」即真如心與真如理和合的圓成實性，「依他」即依他起性，「所執」即遍計所執性。每一性都有二義：「真中不變，依他無性，所執理無」為真諦；「真中隨緣，依他似有，所執情有」為俗諦。「依中觀論，緣起幻有即是俗，

〔註8〕法藏：《華嚴一乘教義分齊章》卷四，《大正藏》第45卷，第499頁。

幻有而性空即是真，不於計執上說俗諦。唯識宗亦只說於依他起上去掉遍計執便見圓成實，此對於遍計執似亦偏重在去掉。『去掉』即須壞。賢首說不壞，則易於於遍計執說俗諦。或似有情有合起來為俗諦亦可。」〔註9〕在空宗，唯識宗看來，遍計執須去掉，但是華嚴宗可在遍計執上說俗諦，給予遍計執一合適的地位。牟宗三認為，在現代社會，為了成就知識，在遍計執上說俗諦正好予以正面的價值。

但俗諦上的執也不是一味的執，不然便是落入生死流轉海中，更何談解脫？牟宗三對應於現代社會，提出執的是不相應行法。

不相應行法是屬於行法之一種。行法無固定，分為與心相應的五十一心所法和與色心諸法不相應的不相應行法。雖然不相應，卻是依色心諸法之分為而假名以立。儘管不是無為法，卻比心法更具有相對間接的確定性和獨立性。牟宗三認為不相應行法所成名相：得、非得、同分、無想果、無想定、滅盡定、命根、生相、住相、異相、滅相、名身、句身、文身，即類似於康德的時空形式與十二範疇。所謂保留遍計執即保留此不相應行法，從而使時空形式與十二範疇等名相概念在佛智下能夠以俗諦的方式得以保存。這樣，科學精神、邏輯思維就可以借助名相概念的產生而得以開展了。牟宗三說：

> 若於科學知識而亦可以說諦，這才算是真正的俗諦，但這俗諦卻是有執的。如是，計執固是虛妄，但這虛妄之執卻並非全無價值。我們似可說虛妄之執中即有諦性，因此我們始可說科學真理，否則便不能說真理了。只是對聖智者而言為虛妄而已。〔註10〕

從俗諦上通過對於不相應行法的執著產生了名相概念，有了世俗層面上的客觀性，這導致知性的產生。作為現代社會的主要特徵的科學精神與民主精神也就依知性應運而生。科學知識在佛法中「無而能有」，以其俗諦來適應現代性；又可以「有而能無」，無礙佛教般若智的圓滿。牟宗三依此開顯的執的存有論使佛法能夠容納科學與知識，對兩者有了恰當的安排。

三、道德形上學中的佛學因素：「一心二門」與「無明法性」

牟宗三的道德形上學是在疏理中西哲學的基礎上建立的。在其理論框架中，融入了很多佛學的因素。具體表現在《起信論》中「一心二門」的超越分

〔註9〕牟宗三：《佛性與般若》（上冊），臺北：學生書局，1989年，第502頁。
〔註10〕牟宗三：《佛性與般若》（上冊），臺北：學生書局，1989年，第100頁。

解的架構以及天台宗「無明法性」中的辯證綜合的圓境。

1.「一心二門」的超越分解

牟宗三認為「佛教《大乘起信論》言一心開二門，其實中西哲學都是一心開二門，此為共同的哲學架構（philosophical frame）。依佛教本身的講法，所謂二門，一是真如門，一是生滅門。真如門就相當於康德所說的智思界（noumena），生滅門就相當於其所說的感觸界（phenomena）。」〔註11〕依康德哲學言，一為現象界的存有論，一為本體界的存有論。通過此超越的分解，將可知的歸於人；不可知的歸於上帝。然而在佛教中，即是當下一心的執與不執，牟宗三說：「一心開二門，二門各總攝一切法即是存有論的具足也。依心生滅門，言執的存有論；依心真如門，言無執的存有論。」〔註12〕從客體上說，整體世界存有分為有執的存有與無執的存有。從主體上說，眾生當下一心可以為有執的識心與無執的智心，有執的識心只能認識現象界，而無執的智心可以認識物自身；牟宗三哲學中的存有論與認識論是緊密相連的，同一事物，以識心去看，即是現象，開出執的存有論；以智心去看，即是物自身，開出無執的存有論。

牟宗三借用佛教的執與不執來講兩層存有論，既包含了三千清淨法又包含了三千雜染法。同時又認為清淨法與雜染法本無區別，它們只是一物，只是由於認識方式的不同而有了差異。感觸直覺開顯執的存有論，智的直覺開顯無執的存有論。存有論的不同不在於本身，而在於執與不執的主體境界。雖然康德也有類似以認識論的角度來確定存有論的方法，但從當下心的執與不執來立說，已經除去了康德哲學中的上帝。執與不執俱是人的全體大用，無須將智思界的事情歸屬於上帝。

牟宗三對康德的物自身改造方法即是認為物自身不是事實概念，而是一個具有價值意味的概念，用價值封限住知性的認識領域。如此，既能穩定住現象與物自體的超越區分，又能對人具有智的直覺以充分而合理的說明。執與不執的說法是價值的判定，只有在執的情況下，才有西方哲學所承認的嚴格意義上的認識論；在不執的情況下，僅是如如智心的朗潤遍照，這是價值論的認知。因此，智的直覺與感觸直覺的差異不在於認知形式與範疇的不同，而是認知形

〔註11〕牟宗三：《中西哲學之會通十四講》，上海：上海古籍出版社，2007年，第77頁。
〔註12〕牟宗三：《佛性與般若》，臺北：學生書局，1989年，第455頁。

式與範疇的有無。牟宗三用佛教的「執」與「不執」來描述道德形上學的兩層存有是用佛學的客觀義理來創造性地詮釋康德哲學。

2.「無明法性」的辯證綜合

牟宗三面對哲學的現代性，提出「良知坎陷」，即：自由無限心辯證發展而成超越的分解，從而有了主客對待與善惡之分，再由此一階段作一辯證的綜合而達圓善的境地。從他的佛學思想來看，就是自由無限心自覺地由「不執」到「執」，而這「執」也是為了達到「執而不執，不執而執」的圓教的必然之路。

牟宗三吸收康德哲學提出超越的分解，將一切存有分為現象與物自身。在康德處，人只能認識現象，無法認識物自身，而牟宗三認為人本有的自由無限心可以有智的直覺從而認識物自身。同時，吸收黑格爾的哲學提出辯證的綜合，但辯證的承擔者不是「絕對精神」而是自由無限心，並由自由無限心的辯證開顯來融合兩層存有。

牟宗三認為，自由無限心的辯證發展需要經歷「原始諧和」、「反省自覺」、「再度諧和」三個階段。

> 辯證表示在精神表現過程中義理的滋生與發展。藉此動態的發展，將一切連貫於一起，而成一無所不及之大系統，故曰綜合。然辯證的綜合必有分解作底子。分解，或為經驗的分解，或為邏輯的分解，或如康德之超越的分解。此則必須層層具備者。分解所以標舉事實，彰顯原理，釐清分際，界劃眉目。〔註13〕

> 人性主體之能方面的全體大用（由超越的分解所呈列者），給綜合地貫通起來；而如此綜合貫通，亦足以把自然駕馭住，貫徹到，使之收攝於精神之光的照射下，而凡有存在皆不能外於此精神之光的照射，而別有其陰暗漆黑的存在。〔註14〕

對於個體而言，自由無限心為人的實踐的道德理性。在佛家，即是無限的般若佛智。般若佛智在修行實踐上的辯證過程，如雲門三句。「涵蓋乾坤」為「原始諧和」，「截斷眾流」為「反省自覺」，「隨波逐流」為「再度諧和」。在

〔註13〕牟宗三：《黑格爾與王船山》，選自牟宗三：《生命的學問》，桂林：廣西師範大學出版社，2005年，第140頁。

〔註14〕牟宗三：《黑格爾與王船山》，選自牟宗三：《生命的學問》，桂林：廣西師範大學出版社，2005年，第178頁。

「截斷眾流」的過程中，即有一超越的分解，整體世界被劃分為清淨的無執的存有論與染污的執的存有論。華嚴緣理斷九，仍落在「反省自覺」上，是對於清淨的無執的存有論的自明自覺。天台即九法界而成佛，則是融合了兩層存有，即具了染淨三千，成就「再度諧和」。

牟宗三也以此觀點來理解天台智顗大師「藏通別圓」四教分判。四教的共同前提是化度眾生。眾生雖然本來是佛，即具有「原始諧和」，但作為凡夫，只可通過執的識心去認識現象界的差別法，卻不知還有佛性的內薰。藏教的教法是用析法空的破執，通教的教法是用體法空的破執，藏通二教尚未正面進入無執的境界。始別教的教法是由執的現象進入，通過不斷薰習而成就無執。但無執的僅是「真如空理」，而且沒有必然的保證。終別教是由超越的無執的真如心進入，通過覺性內薰而成就無執。雖然對無執的真如心的證成有了必然，但緣理斷九，只有超越的分解，沒有最後一步的辯證的綜合。圓教是由執與無執互融，執而無執，無執而執，當下保住了一切法。其實，在「再度諧和」中，已經沒有「反省直覺」狀態下的清淨法與染污法之分。「所謂穢惡法，這不過是我們的順俗方便說。若在佛智，則既都是實際，則亦無所謂惡。智如不二，色心不二的法性心『亦名心寂三昧，亦名色寂三昧』。在此三昧寂中，一切法皆是在其自己的實相法：實相一相，所謂無相，即是如相，亦即自在相。如相，自在相，即表示它們不是『對象』。」〔註15〕天台圓教中，已經綜合了超越的分解，兩層存有論的界限已經打破。由於兩層存有論來自於心的執與不執，則心的執與不執的分別也已經消解。般若佛智與染淨三千法的主客對待也得到「再度諧和」的圓融。因此，牟宗三說：「佛心智所發的『智的直覺』朗照一切，其所朗造者即其自身所具現者，其朗照而具現之是如其為空假中之實相而朗現之，實相無相，即是如相，如相即諸法之『在其自己』，如是，『在其自己』可朗現，而不復是一不可知之彼岸。」〔註16〕這即是天台圓教的理境。

在牟宗三所疏理的儒釋道三教中，惟有天台圓教始能在辯證的綜合上顯示得最為充分，劉述先甚至認為「真正圓教的型態如天台必須『法性』『無明』雙遮雙照才可以把道理充分地展現出來。」〔註17〕牟宗三兩層存有論是超越的

〔註15〕牟宗三：《現象與物自身》，臺北：學生書局，1984 年，第 414 頁。

〔註16〕牟宗三：《智的直覺與中國哲學》，臺北：商務印書館，1970 年，第 323 頁。

〔註17〕劉述先：《牟先生論智的直覺與中國哲學》，選自楊祖漢編：《牟宗三先生的哲學與著作》，臺北：學生書局，1978 年，第 758 頁。

分解，在分解之後，需要辯證的綜合。天台圓教的「一念無明法性心」應是最能體現「再度諧和」之圓境，此是天台圓教形態對於道德形上學的獨特貢獻。

　　牟宗三對於佛教義理的哲學詮釋，在一定程度上建立了一座佛學與西方哲學（尤其是康德哲學與黑格爾哲學）對話的理論平臺。自由無限心既是對康德上帝與黑格爾絕對精神的改造，又是對佛教天台宗無明法性心的吸收；兩層存有論既是對康德現象界與本體界的改造，又是對佛教真如門與生滅門的染淨三千法的吸收。如此，西方哲學與佛學的比較就具有相應的比較層面，既可以用佛教義理來闡述和發展西方哲學，也可以用西方哲學來闡述和發展佛教義理。從佛教方面看，牟宗三以超越的分解與辯證的綜合來闡釋佛學雖然與佛學傳統的言說方式有很大的差異，但卻賦予了佛教義理更為豐富的生命力，可以視為佛學在新時期的一大發展。

第四章　雙向性互化：佛教中國化的積極途徑與普遍意義

　　當存在著兩種異質文化，兩者之間無非三種關係：其一，兩種文化相互隔離，並不發生關係；其二，強勢文化排斥弱勢文化，最後的結果是強勢文化佔領原來弱勢文化底盤，弱勢文化消失殆盡，或者頂多在強勢文化中留存一部分殘餘。其三，兩種文化在對抗和吸收中不斷瞭解對方，在各自的文化系統中，既保持自身的根本宗旨，又吸收了對方的核心要義。兩種異質文化從陌生對抗，到熟悉協調，構成了各自發展、和而不同的局面。第一種隔離關係、第二種替代關係，都是異質文化之間的消極關係。唯有第三種互化關係，才是異質文化之間的積極關係。

　　在人類歷史上，由於地理空間的廣闊與交通工具的落後，曾經在不同文化族群的相互隔離關係中保留了各種異質文化。但隨著大航海時期的到來，不同文化族群之間的交流日益繁盛，依靠不問世事、閉關自守的方式來保存各自文化已經落後於時代。而在人類交通能力發達之後，更多的異質文化之間的交往體現為勝敗關係，很多弱勢文化被強勢文化所替代，最終消失無聞，這對文化的多樣性來說，無疑是一場慘劇。既然第一種方式已經無法維持，而第二種消極方式又在近代以來頻頻發生，這就促使我們思考如何更好地開出異質文化相遇的第三條道路。

　　佛教文化與中國本土文化的互化過程，可謂是異質文化相遇的第三條道路的典範。從佛教中國化歷程的考察中，可以看出異質文化積極互化的共性。

一、雙向性互化的理論路徑

在中國的文化融合史中，佛教中國化的歷史進程最具有典範意義。原本佛教作為一個異質文化，在初傳中土時遭到士人的普遍排斥；但在隋唐以來中國化後，大部分的民眾與學者都會認為佛教不是異質文化，而是中國本土文化中的一支。這種積極的結果，呈現出一個完美的案例來幫助我們考察文化融合的重要因素。

在討論佛教中國化理論路徑之前，我們需要提出兩個關於佛學與儒學（包括道家道教）的難題。這兩個難題，也經常在近代以來學者的著作中出現。

難題 I，如何回應中國佛教非佛說的責難。佛教吸收中國本土思想而成為中國佛教，那麼中國佛教還是不是佛教，還是披著佛教外衣的儒教或道教？

難題 II，如何回應針對宋明儒學「陽儒陰釋」的責難。儒學吸收佛教、道家思想而成為宋明新儒學，那麼宋明新儒學還是不是儒學，還是披著儒學外衣的佛教或道家？

我們可以看到，這兩個問題貌似相互排斥的。如果承認中國佛教是佛說，那麼很容易導出儒學是陽儒陰釋的結論。如果認為宋明儒學不是陽儒陰釋，那麼也容易導出中國佛學非佛說的結論。前者是站在佛學立場上，攻擊了儒學；後者是站在儒學的立場上，攻擊了佛學。但是否在此兩種立場之外，還有第三種立場，可以順利解開這兩大難題？筆者認為，佛教中國化具有雙向性互化的特徵，這種特徵在解決上述理論難題具有更為清晰顯現的優勢。

如果要處理上述難題，只有說任何成功的文化互動，都是在不失去自家宗旨、根本精神的基礎上，對其他思想文化進行的吸收融合。因此，對難題 I 的回應是：中國化的佛教雖然具有很多中國元素，但其根基上仍舊繼承著佛陀的本懷，仍舊符合三法印的佛教之所以為佛教的檢驗標準，故中國化的佛教仍舊是佛教在中國的傳承與發展。對難題 II 的回應是：宋明新儒學雖然具有與佛教同樣深度的心性論、形上學，但其思想主旨仍舊繼承著先秦儒家的根本精神，故宋明新儒學仍舊是儒學在新時期的傳承與發展。佛教中國化，必須具有兩個維度，一方面佛教吸收以儒學為主體的中國文化，將之納入自身體系之中。另一方面，以儒學為主體的中國文化吸收佛教文化，將之納入自身體系之中。只有此兩個維度同時滿足條件，那麼佛教中國化才得以完成。

由此，我們可以看出，所謂中國化，不是簡單地某一文化融合另一種文化，更不是兩種文化你死我活的鬥爭，而是在保持各自根本宗旨的前提下，你中有

我，我中有你的互融。文化的吸收融合，不是單向性的，而是雙向性的互融。例如，甲文化與乙文化的融合，甲文化以自家宗旨為本位，吸收乙文化，使乙文化成為甲文化中不可捨棄的重要組成部分；同樣，乙文化以自家宗旨為本位，吸收甲文化，使甲文化成為乙文化中不可捨棄的重要組成部分。一旦這樣的融合完成，那麼新的甲文化仍舊是舊的甲文化的延續與發展，但同時不會排斥乙文化；新的乙文化仍舊是舊的乙文化的延續與發展，但同時不會排斥甲文化。新的甲文化與新的乙文化仍舊保持著各自的特性，但同時又主張不捨棄對方，這樣就能真正達到和而不同的文化共存的局面。和而不同，就是既保持自我，又不排斥對方。對方雖然與自我的宗旨相比仍舊屬於外圍部分，但卻是自己目的中必然包含的部分、必然展開的一環。相反，如果主張文化的融合要以一方吞沒另一方，則必然是甲吞乙或乙吞甲的鬥爭，是替代關係和競爭關係，即使一方成功了，也僅僅是同而不和的僵化局面。〔註1〕

〔註1〕事實上，這種雙向性互化的特徵不僅在佛教中國化中得以展現，而且在中國思想史其他文化的融合上都有不同程度的展現。其一，從儒、道思想的融合上看，以道家思想為主體融合儒家則成為魏晉玄學，以儒家思想為主體融合道家則成為宋明儒學。儒、道思想的互動，也是雙向性互化，可以視為成功的典型。只是儒、道思想雖然異質，但都是原初的中國本土文化，故不如融合佛教文化具有代表性。其二，從中國本土文化與天主教文化的互動上看，在天主教文化的面向上，以利瑪竇為代表的天主教傳教士能夠開啟融合中國本土文化的路徑，將中國文化中的天帝崇拜與祭祖儀式納入基督教系統中。此外，還有以徐光啟、李之藻、楊廷筠為代表的中國士人，改信天主教後，試圖融合儒家經學與天主教神學。他們的這種融合工作基本上是以天主教為本位的融合。但是，這條路徑由於禮儀之爭而被迫中斷。而對於佛、道二家思想，天主教文化並沒有真正對之進行吸收，甚至還抱有更為敵對的態度。在中國本土文化的面向上，明清之際的三大家，顧炎武、黃宗羲、王船山對天主教雖有涉及，但並沒有將之真正納入自己儒學思想體系中成為不可捨棄的一部分。中國佛教徒基本上對天主教採取排斥的態度。故而，天主教文化沒有成功地融入中國本土文化，中國本土文化也沒有成功地融合天主教文化，故天主教的中國化並不順利，也遠遠沒有完成。

從中國本土文化與自由主義的互動來看，在自由主義的面向上，自由主義秉持的五四精神就是打倒孔家店、禮教吃人的態度，即使最為寬容的自由主義，也最多將儒學、佛學、道家看做多元文化中的若乾元而已。自由主義本身的義理系統似乎不需要吸納中國本土文化。在中國本土文化的面向上，固然有一些文化保守主義者拒絕自由主義的價值，但仍舊有一批學者能夠做到既以中國本土文化為本位，又吸納自由主義的優秀資源。其中，最為突出的就是現代新儒學代表人物牟宗三先生。牟先生無疑是新儒家，秉持著儒家的精神本位，但同時他又整合了西方康德的哲學系統，創立了道德形上學的哲學體系。牟先生提出了內聖開出新外王的主張，內聖仍舊是先秦儒學與宋明儒學所秉持的成德

二、雙向性互化的邏輯開展

佛教中國化的雙向性互化本身亦有一個發展過程，其遵循的規律是從表面到內在，從粗放到精微，從拼盤式的配對到有機性的聯合。其發展過程大致有觀點的同類配比，問題的相似回答，體系的雙向融合三個階段。

其一，觀點的同類配比。甲文化體系中的某些觀點與乙文化體系中的某些觀點近似，於是甲文化就認為乙文化與自己是一致的；乙文化就認為甲文化與自己是一致的。比如，佛教對儒家孝親觀的吸收融合，以及儒家對佛教因果業報的吸收融合。

佛教對儒學孝親觀的吸收融合。孝親觀念是儒家的基本態度，孔子「志在春秋，行在孝經」，但佛教徒則要出家修行，明顯違背了儒家的孝道倫理。然而，佛教在傳入中土的過程中，能夠不斷地將自身的佛理與儒家的孝親觀進行調和。比如牟子認為：「苟見其大，不拘於小，大人豈拘常也。……至於成佛，父母兄弟皆得度世，是不為孝，是不為仁，孰為仁孝哉？」〔註2〕佛教可以在更高層次上發揚孝道，一旦修行者成佛，則家人父母都會得到無窮的功德，故修佛與踐行儒家的孝道在本質上是一致的，可以殊途而同歸。由《理惑論》開啟的儒佛調和姿態，在後世更有了進一步的發展。至宋代，僧人契嵩作《孝論》，甚至認為：「夫孝，諸教皆尊之，而佛教殊尊也。」〔註3〕佛教已經成為維護孝道的教派。王月清教授認為：「在佛教進入中土之初，面對在孝親問題上『不孝』的挑戰與責難，佛家多以『方內方外』、『在家出家』、『大孝小孝』之分別予以強辯和回應，在往後的發展過程中，在護法的同時，逐漸吸納儒家孝親倫

之學，但在外王上則要求發展出成就科學與民主的理性精神。成德之學後面的形上依據是德性主體，而理性精神後面的形上依據是知性主體。牟先生提出「良知坎陷」的主張，主客互泯的德性主體坎陷為主客對立的知性主體。由此，牟先生使德性主體轉出知性主體，容納了西方文化擅長的理性精神。這充分表現了以儒家德性精神為本位來吸收融合自由主義的態度。由於中國化是雙向的，故而這種單向的儒化的自由主義並不能使自由主義中國化得到真正的完成。從儒教文化、道家文化、佛教文化、天主教文化、自由主義的文化互動的歷史過程中可知，異質文化要徹底本土化，必然需要兩種文化的雙向性互化。一種文化能夠化、另一種不能化，或者兩種文化都不能化，則必然阻礙此種文化的互化進程。當互化不能完成時，異質文化之間就較難達成相互獨立，相互促進，交融發展、和而不同的局面，反而容易退回到相互隔離，對立對抗的關係上。

〔註2〕牟融：《理惑論》，《大正藏》第52卷，第4頁上。
〔註3〕契嵩：《鐔津文集》卷三，《大正藏》第52卷，第660頁中。

常，繼而站在佛教立場上加以宣傳，形成護法與佈道並舉之勢，到後來，隨著佛教中國化的完成，佛教的孝親觀與儒家綱常更加接近，形成以佛言孝、勸佛行孝、助世行孝的統一，佛教孝親觀走向中土化世俗化，終於達成了佛法與綱常名教在孝親觀上的契合。」〔註4〕故在，在作為中華優秀傳統文化的中國佛教中，孝親觀已經成為其內在的主張。孝親觀從儒家的主張，轉變為儒佛二家共同的主張。

儒學對佛學因果業報的吸收融合。黃梨洲曾記載明末陽明後學將佛教之因果融入儒家之學說中，其言：「當是時，浙河東之學，新建一傳而為王龍溪，再傳而為周海門、陶文簡、則湛然澄之禪入之。三傳而為陶石樑，輔之以姚江之沈國模、管宗聖、史孝咸。而密雲悟之禪又入之。……證人之會，石樑與先生分席而講，而又會於白馬山，雜以因果、僻經、妄說，而新建之傳掃地矣。」〔註5〕雖然黃梨洲反對吸收佛教義理，但陽明後學中的部分儒者確實這麼做了。本來儒家就可以「聖人以神道設教」，故吸收佛教的因果業報促使百姓畏於業報而行善去惡也有其一定的積極意義。

其二，問題的相似回答。雖然術語不同，但甲文化體系與乙文化體系在回答這些問題的時候，其理論解釋模式是相似的，於是甲文化就認為乙文化與自己是一致的；乙文化就認為甲文化與自己是一致的。比如，佛教對儒學心性論的吸收融合，以及儒學對佛學工夫論的吸收融合。

佛教對儒學心性論的吸收融合。佛教大乘佛教的發展，主要是性空唯名系和虛妄唯識系，真常唯心系所講的如來藏自性清淨心的系統並不明顯。〔註6〕性空唯名系講萬法的緣起性空，這是對佛教本然的世界觀的陳述，但沒有收在心性上講。虛妄唯識系將之收在心性上講，但主要分析妄心各個層次的執著而生成的錯誤境界，需要修行者通過工夫修行而去除妄心雜染而轉識成智。中國僧人依照孟子學的思路，可以做出以下的推論，即：既然虛妄唯識系承認最終能夠轉識成智，緣起的空性作為宇宙實相永遠不能被執性所蒙蔽，那麼理論上也可以從果位的真常心為起點開始講真常心的妙用，從而承認性覺說，主張人人本具活潑潑的清靜心，依此真常心能夠破除執著，見性成佛。此說就與孟子

〔註4〕　王月清：《佛教孝親觀初探》，《南京大學學報》1996年第3期。
〔註5〕　黃宗羲：《子劉子行狀》卷下，《黃宗羲全集》第一冊，杭州：浙江古籍出版社2005年，第253頁。
〔註6〕　這裡借用印順導師對於大乘佛教三系的表述。

所說由惻隱之心而見性善的理論具有邏輯的一致性，故中國僧人很容易走上真常唯心系，以如來藏自性清淨心作為悟道成佛的根本。孟子的心性論與如來藏思想在回答心性根源、成德依據的問題上表現出了極大的相似性，雖然兩者根本宗旨不同，但仍舊被人認為兩者具有一致性。

儒學對佛學工夫論的吸收融合。徐洪興教授指出：「本體與工夫這對概念之出現，在中國思想史當中，實與佛學有關，受其影響，宋代理學家開始普遍使用這對概念。」〔註7〕中國先秦儒學沒有本體與工夫對舉的說法，更沒有成體系的工夫論的闡述。而佛教作為一個希求成佛解脫的實踐性宗教，對於修行工夫的層級性與可驗證性具有非常迫切的需要，故有一套較為嚴密的修行工夫。宋明儒學習佛家工夫論也發展出服務於自身宗旨的工夫論系統，比如主敬立極，涵養察識，格物致知等等。於是，宋儒的工夫論與佛教的工夫論又顯現出一致的靜斂內收的實踐路徑。

其三，體系的雙向融合。甲文化具有自己的核心主旨，乙文化具有自己的核心主旨。甲文化認為乙文化的核心主旨是自己主旨必然蘊含的，故乙文化與自己是一致的；乙文化認為甲文化的核心主旨是自己主旨必然蘊含的，故甲文化與自己是一致的。比如，佛教對儒學天道觀的吸收融合，以及儒學對佛教緣起論的吸收融合。

佛教對儒學天道觀的吸收融合。佛教對於世界本然的認識是緣起性空，這是佛教立教之本旨；而儒學對於世界本然的認識是生生不息，這是儒家立教之本旨。前者主張無本質，後者主張有本質。儒佛兩家觀點具有根本的不同，如果去掉本旨，就會儒不為儒，佛不為佛。在這種根本主旨不同、貌似無法調和的地方，儒佛二教也進行了融合。一方面，儒學天理生生不息的理解，也屬於沒有真正了悟緣起性空、真正的出世間法的真諦，則需要學習佛教的緣起性空。這樣就保證了佛教的根本主旨。另一方面，佛教將儒家的生生不息判為俗諦，視為世間法的真理，在人天乘中具有積極的意義。這樣又在低層次上保住了儒學。由此，儒家以天理生生不息為核心的系統被判為佛教系統的低級階段，反對儒學就成為反對佛教的低級階段，故佛教徒並不反對儒學。在佛教視野中，儒教對於佛教具有助成之功，但真正成佛解脫還需要依靠佛教的本旨。

儒學對佛教緣起論的吸收融合。儒學將世界分為理與氣的綜合狀態。儒家

〔註7〕潘富恩、徐洪興：《中國理學》第 4 卷，北京：東方出版社 2002 年，第 63 頁。

學者認為佛教緣起性空的理解僅僅看到氣的流行，而沒有真正體悟到天理的剛健不息。只有儒學揭示出天地宇宙的真理，即具有生生不息的天理的世界。在開明的儒生看來，佛學揭示的世界觀也有助於德化，尤其是在心性工夫的不執著、不助長上具有共性，故並不需要徹底否定佛教，但真正成聖成賢還需要依靠儒學的本旨。

從觀點的同類配比上，可以看出雙方都是以自身學術體系來承認對方的具體觀點；從問題的相似回答上，可以看出雙方都是保持自身的學術宗旨來吸收對方的義理邏輯；從體系的相互融合上，可以看出雙方都是以自身的立教宗旨來判攝對方系統隸屬於自身系統。由此可見佛教中國化的雙向互化的特徵，而且這些互化都能做到既保持發展自身教義主旨，又吸納對方長處、通過判教進行系統融攝。在雙向互化成功之後，達到你中有我、我中有你，於是佛教文化成為儒家文化的一部分，儒家文化也成為佛教文化的一部分。在這種情況下，原來的異質文化就不再是異質文化，而成為中國文化的重要組成部分。

三、雙向性互化的時間進程

兩種異質文化由衝突到融合，再依次經歷融合的三個邏輯階段，需要經歷漫長的時間進程。

在中國的歷史經驗中，儒家與道家的雙向互化，若僅僅考慮以道家思想為本位來融合儒家思想的進程，則從公元前五世紀（東周時期）開始，一直到公元三世紀（東晉時期）完成，大約用了 800 年時間。若再考慮以儒家思想為本位來融合道家思想的進程的完成，則需要將時間線劃至公元十世紀（北宋時期），那就大約用了 1500 年時間。綜合兩者的互化進程，則可以看到中國本土內部的雙向互化需要 1500 年的時間。

在東方文化交流的歷史經驗中，儒道與佛教的雙向互化，從佛教以自身思想為本位來融合儒道二家的思想歷程來看，從公元一世紀（漢明帝時期）開始，一直到公元七世紀（禪宗六祖時期）完成，大約用了 600 年。若再考慮從儒道思想為本位來融合佛教思想的歷程，則需要將時間線劃至公元十五世紀（明清之際），這樣大約用了 1500 年。綜合兩者的互化進程，則可以看到中國本土思想與非中國本土思想的雙向互化也需要 1500 年的時間。

在理論上，中國本土思想與非中國本土思想的雙向互化進程與純粹中國內部不同學派思想的雙向互化進程相比，前者應該比後者更為複雜，經歷的時

間也應該更為漫長。但在實踐上，兩者都經歷了 1500 年左右。也就是說，如果後者處於和前者同樣的精神世界與物質環境中，則後者的互化歷程應該遠遠超過 1500 年，而事實上後者只用了 1500 年則說明了這種互化進程在加快。加快的理由是多方面的，但至少可以從兩個方面來看。其一，人類精神世界自身在不斷進化發展，更能適應調和多種複雜的異質思想；其二，物質文明的發展，大大減弱了地理環境的阻隔作用，經濟生產的提升又推動了各個地區的思想交流。起碼有此兩方面的因素導致了雙向互化進程的加速。以此規律來推算，如果人類的精神世界仍舊在拓展、物質世界的交流仍舊在加速，那麼未來的異質文化互化時間將更為迅速，應該可以遠遠短於 1500 年。

四、佛教中國化在世界文化融合中的意義

從文化的視角來看，世界各大文明的興起都處於雅思貝爾斯所說的軸心時期。軸心時期的特點是「世界上所有三個地區的人類全都開始意識到整體的存在、自身和自身的限度。人類體驗到世界的恐怖和自身的軟弱。他探詢根本性的問題。面對空無，他力求解放和拯救，通過在意識上認識自己的限度，他為自己樹立了最高目標。他在自我的深奧和超然存在的光輝中感受絕對。」在這個時期，人類開始自我意識到自身的限度與根本的絕對，並在自身限度與根本絕對的關係上產生了對世界與人生的多樣化理解，於是諸多偉大文明的源頭由此生成。「哲學家首次出現了。人敢於依靠個人自身。中國的隱士和雲遊哲人，印度的苦行者，希臘的哲學家和以色列的先知，儘管其信仰、思想內容和內在氣質迥然不同，但都統統屬於哲學家之列。人證明自己有能力，從精神上將自己和整個宇宙進行對比。他在自身內部發現了將他提高到自身和世界之上的本原。」軸心時期的某個族群的哲學家對於自身與絕對的認識，逐漸構成了他所處族群的人生觀與世界觀，塑造了他所處族群的文化根基。

粗略地講，軸心時期的文化形態包含了西方的希臘文化、希伯來文化，東方的印度文化、中國文化。從此以後，人類文化的大發展，都需要重新汲取軸心時代的精神資源，並且融合其他族群的文化要素。西方文化的源頭是兩希文化，希臘重理性精神，希伯來重宗教精神。這兩種精神在羅馬時期開始融合：在中世紀是以希伯來文化為主來融合希臘文化，自啟蒙運動之後則是以希臘文化為主來融合希伯來文化。啟蒙運動高舉人的理性，反對神性對人的壓迫。在人人具有理性的認識下，自由與平等的觀念深入人心，產生了自由主義的思

潮。然而，馬克思主義繼而對自由主義進行反思，認為人在自由主義私有制的社會狀態中仍舊會被物質束縛而達不到真正的自由與平等，只有徹底打破私有制才能讓人從物質的束縛中解脫出來，真正走向自由王國。在此意義上，馬克思主義是對兩希文化的批判與繼承。中世紀的神學、自由主義、馬克思主義雖然各有不同的宗旨，但這條不斷批判與革新的傳統卻可以視為軸心時期開啟的兩希文化自身不斷融合與發展的產物。

在東方文化中，中國在軸心時期的先秦時代，可謂百家爭鳴，學派紛呈。在經歷秦漢的變化後，真正被歷史所選擇的學派只有儒家和道家。儒、道二家的思想奠定了中國人精神最原初的基礎。然而，儒、道二家並非是融合的整體，甚至在很大層面上是相互排斥的。在儒家經典《論語》的記載中，孔子與具有道家思想傾向的荷蓧丈人、楚狂接輿等，似乎只是相互尊重，但並沒有思想的融洽。而在道家經典《老子》、《莊子》中，則充滿了對儒家仁義精神的嘲諷與不屑。儒、道二家思想的真正融合互動，需要到魏晉時期才有所成就，具體表現為魏晉時期名教與自然的爭論。名教代表儒家，自然代表道家，「越名教而任自然」，「名教出於自然」，「名教即自然」可以視作魏晉人士調和儒、道思想的三類態度。當然，他們更多以道家思想為本位來吸收融合儒家，故在一定程度上可以將魏晉玄學視為道家思想的新開展。而儒家以自身思想為宗旨對於道家思想的吸收融合，則更多地體現在宋明儒學的思想系統中。

由先秦到魏晉的思想發展，可以視為在中國本土地區，代表北方思想的儒家與代表南方思想的道家的南北融合，初步奠定了中國的本土文化。隨之而來的佛教東傳，則是中國本土文化與印度文化的融合。佛教由與道家思想籠統格義、與儒家德目簡單比附的初傳時期，到形成空宗、有宗兩大思潮，及至《肇論》、《大乘起信論》的出現，這是佛教自身教義逐漸被中國人接受的過程。中國僧人在理解印度佛教根本教義的基礎上，各以其所秉持的佛經與相應的論著為依據進行創宗立說，而形成漢傳佛教三論宗、天台宗、華嚴宗、唯識宗、律宗、禪宗、淨土宗、密宗八大教派。在此之後，佛教思想成為中國傳統文化的重要組成部分，被視為本土文化的一支，而不是異質文化的外來物。佛教的中國化過程可以視為中國本土文化吸納異質文化的一個典範。

在吸收佛教文化之後，儒釋道三家思想就成為中國本土文化的核心，同時也完成了東方文化的融合。中國本土文化面臨西方的兩希文化傳統，主要可以分為三個階段。第一階段是明清之際，西方天主教傳教士來華，中國本土文化

與希伯來文化發生了接觸，但這種文化的互動由於康熙時期「禮儀之爭」而被迫中斷。雖然在鴉片戰爭之後，傳教士又開啟了中國的國門，但由於此後的連年戰爭與西方各種思想的持續湧入，中國本土文化與希伯來文化互動融合的良性文化環境難以真正形成。第二階段是新文化運動，西方啟蒙思想以及繼之而起的自由主義開始傳入中國。自由主義思想提倡科學與民主，反對舊的禮教，打倒孔家店。這種全盤西化的態度並不能真正達到東西方文化的融合。第三階段是新文化運動後期，馬克思主義傳入中國。早期馬克思主義者對於中國傳統禮教具有與自由主義類似的態度，但同時也察覺到自由主義自身的侷限，故提出與自由主義不一樣的社會建設方案，並最終取得了勝利。基督教、自由主義、馬克思主義是西方文化不同發展階段的產物。從晚明以來，以此三者為代表的西方文化就與中國本土文化產生了互動與融合。最終，中國的歷史選擇了馬克思主義。這在文化領域中，就需要我們做好融合中華優秀傳統文化與馬克思主義的工作。

從軸心時期的視野來看，儒家思想融合道家思想而成為第一期的中國本土文化，繼而再吸收融合印度的佛教思想而成為第二期的中國本土文化。現在，擺在我們面前的任務是，如何融合馬克思主義，使馬克思主義像佛教思想一樣成為中國本土文化，從而創造出第三期的中國本土文化。如果我們能夠做到這一點，相當於在第三期的中國本土文化中，幾乎融合了軸心時期所有的開創性思想，這在人類文明的進程史上將具有前所未有的里程碑意義。而在馬克思主義中國化的歷程中，借鑒與學習佛教中國化的歷史經驗，無疑是一個非常有效的參考途徑，而作為普遍規律的雙向性互化特徵也應該在未來的文化互動中表現出應有的價值。

三家綜論篇

第一章 天人之學視域下儒釋道心性論中的工夫路徑

　　西漢司馬遷云「究天人之際」，北宋邵康節云：「學不究天人不可謂之學」。天人之學一向被認為是傳統學問中的精粹之處。天人之學除了就氣化氤氳感通處可以言之之外，尚可以就儒釋道三家心性論的工夫路徑處言之。若就天人之學來看儒釋道三家的工夫論，則更易發覆其深蘊。

　　就天而言，中國哲學認為，天地萬物皆是由稱為「氣」的基礎材質所構成。氣本身動靜交替、伸縮往返，而品物流形、化成萬物。萬物如群漚浮冰，旋成旋滅。在此變化的表象下，則有一普遍的價值方向，此為理。氣之聚散而為萬物，皆有各自之特性。此特性有二，一方面為氣之聚散之條理，此為某物異於他物之特殊性，另一方面則為普遍價值落實於某物上，此為某物之同於他物之普遍性。某物普遍性之展現，需要通過某物之特殊性而得以實現。但在展現過程中，特殊性既可能有特色地展現普遍性，也可能執著於特色從而遮蔽了普遍性。

　　就人而言，人是萬物之一，故人亦有特殊性與普遍性。照宋儒的話，特殊性是人的氣質之性；普遍性是人的天地之性。故此兩類，皆可謂人之性。從材質上說，人亦為氣所稟賦凝聚而成，其中最為感通明覺之處即為人之心。人心與外物（包含自我的肉身以及周圍的親友）感通明覺而獲得各種感受，此感受從人之有意識以來即不斷地積澱生成。以一例喻之，感通明覺如鏡子照物之能力，而各種感受則如鏡子所照之物。實在鏡子中所顯現的所照之物，與鏡子本身無涉。然而，倘若鏡子長年累月所照某物，會被誤以為鏡子中所現之某物即

為鏡子本身，從而遮蔽了鏡子自身能照的功能。故心本身之感通明覺本為自我主宰之極其自由之物，然而被各種感受阻塞之後，即泥於此諸多感受，而有一不暢通之生命。只是，心本身之主宰並未失去，一旦明曉阻塞之物與本心無關，則又能暢通其生命。故生命暢通與否，仍舊在本心一念之間。

以天道降衷人心而言，乃指天地之性之普遍性落實於人心。天地之性是絕對的道德命令，具有至高的權威性。如《中庸》所謂「天命之謂性，率性之謂道，修道之謂教」是也。此在人心中的體現，即為人心內部至深處必然具有一純粹的道德律令時時發生著作用。王陽明言：「有心俱是實，無心俱是幻」。此心為道德律令所呈現之良知心。良知心開物成務，賦予萬物之存在價值與實踐動力，此為儒家之真實。若心中無此道德律令，故一切善行皆是模仿而無根基，故雖有仍舊為虛幻。這一工夫路徑，宋儒多以「涵養」稱之。

以人心秉持天道而言，乃指人心去除遮蔽展現工夫境界。人心本來能役萬物而不被萬物役，故為極度自由的主宰。但由於各種偶然性加上一念昏沉而染成各類具有限定的氣質之性。即使在此情況下，人心仍舊可以自我去除遮蔽染污，而在特殊性上展現普遍性的價值。而染污去除一分，則普遍性價值的展現就多出一分。這些價值的展現，即是人心所呈現的境界。王陽明言：「無心俱是實，有心俱是幻」〔註1〕。此心為有限之私欲所遮蔽之染污心。故要去除此心之染污，必然以無此染污心為實；倘若有此染污之心，則世間萬物失去道德意義之聯繫貞定，則必然處於利益糾葛中，而為無道德意義之虛幻物。以例喻之，將人心比作窗牖玻璃，天道之功乃日光透玻璃而進；人道之力乃拭去玻璃之灰塵霧氣。如此，染污拭去一分，光明增添一分。最後呈現的境界，則如《孟子》所言：「萬物皆備於我，反身而誠，樂莫大焉」〔註2〕。這一工夫路徑，宋儒多以「察識」稱之。

以上說法以儒家為主。但其構架亦可適用於道家與佛家。就道家而言，道家並不承認有一可作為普遍律令之天道，並不承認人心中深處有必然之普遍價值。老子雖有道體之言，然其道體無必然之內容，故仍以「無」稱之；莊子更為境界化，連道體之文辭都少有。故就老莊之意而言，萬物雖有氣化流行，但流行之中並無一絕對的權威性的普遍價值。氣化萬物，各自具有各自秉性，

〔註1〕 陳榮捷：《王陽明〈傳習錄〉詳注集評》，上海：華東師範大學出版社，2009 年，第 228 頁。
〔註2〕 《孟子・盡心上》。

秉性與秉性之間千差萬別，亦無誰優誰劣之說。就人心而言，人心本是感通明覺、自由之主宰，但仍舊會被各種感受所阻塞，於是相互攀比，是己非人。此為道家所反對故為道者，需要去除心中各類計量，回復到物各付物的自然狀態。故老子言：「致虛極，守靜篤」、「吾以觀復」；莊子則有「心齋」、「坐忘」之工夫。道家心性論中的天人之學，並無一普遍必然之天道，而以人心之日損無為即為自然之天道。

就佛家而言，緣起法亦不承認有一普遍必然之天道。萬物氣化流行，緣聚而生，緣散而滅，無有恆常之性。僅僅就氣化某物之短暫狀態，而就其暫時存在，可稱之為假有。凡夫就假有而執著為真有，以其暫時之特徵而構想出永恆之本性，遂生成計量之世界。故學佛者，需要去除心中之雜染，洞察性空假有之旨。故佛家心性論之工夫，亦以人心之蕩相遣執為要。佛教在中土發展為中國化的如來藏系。該系學說認為，人心雖有雜染，然其深處仍有一體悟萬法真如之本性。由此本性之作用，故心必然具有了悟空性之能力。就此形式而言，此本性具有必然性，以真如本性來貞定萬法之如如相狀，與天道的作用類似。但就其內容而言，如如相狀亦為空性，真如本性亦為空性，故內容上仍舊無有必然性。

綜上，儒家天道具有必然性並降衷於人心，而人心亦可去除雜染而去秉持天道。而佛、道之天道，則不具有必然的實體性，或者說「不具有必然的實體性」本身是必然的。佛、道之心性工夫，不以「不具必然之實體性」的必然之力降衷見長，而是以人心自我領悟為主。

第二章　論中國哲學真理觀的檢證原則

　　真理是什麼？凡是具有一套整體性的宇宙人生解釋系統的學說都必須面對這樣的問題。傳統中國哲學的研究，多從本體論、工夫論、心性論、境界論等角度切入，但對於中國哲學的真理觀問題則很少關注。然而，真理觀的問題卻是中國哲學無法迴避的問題。在中國哲學中，如果我們僅僅以儒釋道三教為代表，那麼三教都會宣稱自己所闡釋的教義為宇宙人生之真理，都對人生實踐起到了指導性的作用，因而三教的教義中都必然蘊含著真理觀的理解（主要限定在儒、釋、道三家，即具有超越性的形上圖景的學說。）這種理解或許在某個單獨的思想系統中不會產生太大的問題，但是一旦進入三教關係的領域，則三教教義的差異性必然會彰顯出三教真理觀的區別。於是，誰是真理，誰是謬誤，儼然成為三教爭論的焦點。

　　在中國思想史上，儒釋道各家中都有一些人士希望解決真理觀誰是誰非的問題。他們或者化解差異性，三教歸一，認為儒釋道三教講的是同一個真理，從而會通了三教；或者錯開差異性，進行高低判教，認為某家學說揭示了宇宙人生之真理，為最高的學說；而其他學說雖不至於淪為謬論，但僅僅窺見真理之一部分，具有一定的保留價值，因此處於系統的低級層面。

　　上述的會通與分判，雖然對於化解三教之矛盾具有積極作用，但相應又會產生新的問題。三教歸一的會通方式，抹去了三教各自的差異，僅僅保留了三教的共性。這種方式雖然顯得較為和諧，但所會通的共性似乎又極難凸顯某一個學說之所以為其學說的本質。互判高下的判教方式，凸顯了某一個學說之所

以為其學說的本質,並將其他學說納入該學說的低級階段。這種方式雖然可以保持某一學說的本質,但是對於判低的學說,則會因義理遭到曲解而進行反抗,並不易維持和諧共存的局面。

由此可見,釐清中國哲學的真理觀,需要在傳統的三教歸一、互判高下的模式之外,另外再開闢一條道路,從而不僅能夠很好地解釋三教各自學說的真理性,同時還能保持三教真理的相互和諧關係。

一、真理的兩類理解與中國哲學中真理的定位

在討論中國哲學的真理觀問題時,我們需要釐清對於真理的理解。在此需要區分兩對重要的概念:其一,實在論真理與非實在論真理;其二,事實性真理與價值性真理。

1. 實在論真理與非實在論真理

真理在我們常識中,似乎是先天地存在於某處而默默等待我們去發現的。因此,發現真理的方法則顯得異常重要。「方法與真理之間關係的實質是一個既大又難的問題。對它們如何關聯的一個自然的解釋將會如是:使用正確的方法,你就會達到真理;使用錯誤的方法,你就可能會陷入謬誤。根據這種觀點,合理的方法論原則宛如機場跑道上的燈,指導我們到達目的地。這的確是現代科學方法之偉大的先驅們——培根、伽利略、笛卡爾及其他人——的觀點,並且有所保留地,它大概仍然是今天大多數人的觀點」[註1]上述由於科學方法的進步而凸顯的真理觀頗具有實在論的特色。在實在論真理觀看來,如果對於真理的理解不同,那麼可能會出現以下三種解釋路徑:其一,某一家是正確的,其餘各家都是錯誤的;其二,所有各家都是錯誤的;其三,所有各家都是對於唯一真理的不同層面的解釋。(其實,第三種解釋是對前兩種解釋的綜合。從不是真理的整全理解上看,則其答案與真理就有差距,因此就必然存在謬誤;從反映真理的某個層面上看,則其答案又具有真理性。)很明顯,實在論真理觀的第一種解釋必然得出其餘各家理論錯誤的結論,得不到其餘各家的支持;第二種解釋完全不能得到各家學說的承認;第三種解釋雖然貌似公允地處理各家學說,但其實各家學說也並不真心願意承認自家學說為真理的某一個層面,並且某家學說到底屬於真理哪一個層面的學理爭論更難以達成和解。

〔註1〕霍奈爾、韋斯科特:《什麼是哲學》,北京:中國人民大學出版社,2010年,第139頁。

如果我們可以轉換視角，不將真理視為實在論的，而是視為非實在論的，那麼情況似乎就會有所好轉。真理雖然現成的在那裡，但並不是如科學真理一般實質地、實然地處在那裡，而是與周圍所有元素具有聯繫地處在那裡。這個時候，雖然我們追求真理，但真理並非獨立於追求真理的方法之外，相反，真理與方法結為一體。有什麼樣的追求真理的方法，就會有什麼樣的真理得以顯現。這樣的觀點，就會把真理看成是整個系統中的一環，它隨著整個系統的變化而變化；而不是把真理看成是絕對的、靜止的、形上學的獨自的存在。研究真理的方法，進入真理的途徑，都會影響對真理本身的理解。當然，在整個系統變化過程中的某個狀態，這個狀態中的真理對於此系統狀態就是唯一的真理。在這個狀態中，系統中的其他元素視此真理是唯一的、實有的。系統如果重新換一個視角，由此狀態變為彼狀態，那麼彼狀態中仍舊指向某個真理。彼狀態中的真理相應於彼狀態中的諸多元素也是唯一的、實有的。然而，此狀態中的真理與彼狀態中的真理，是具有本質性的差異。這樣的真理觀理解，類似於心理學上的格式塔轉換，整體系統還是如此，因為換了狀態（視角），則整體系統的核心意義以及整體面貌都發生了改變。真理在格式塔轉換中的諸多場景中都可以出場，表現出各種各樣的具有差異的本質屬性。

2. 事實性真理與價值性真理

相對於實在論真理，常識所理解的真理形態，多為事實性真理。事實性真理彷彿就在那裡，純粹客觀的，隱在世界的某處而等我們去發現。而且，無論我們所經驗的世界發生了多少變化，事實性真理仍舊保持其本質的特徵。真理的處所在我們之外的世界之中，而我們需要不斷改進認識方法來持續不斷地接近這樣的真理。既有的發現，就是不斷地在揭示真理，但似乎還沒有窮盡真理的全部，只有持續不斷地堅持，才能不斷地接近真理，並希望在歷史的終點徹底達到真理的全部。由此可以看到，這種事實性的真理，其實將真理歸之於人生之外，屬於外在性的真理。

然而，價值性真理卻與此不同。如果我們將真理由外在性轉為內在性，那麼真理就在我之中，真理的獲得彷彿輕而易舉、唾手可得。真理的標準由主體之我給出，萬物都由我的實踐活動而趨向真理。在這樣的真理理解中，尋求真理、獲得真理就是返求內心的工夫，而其更為重要的目的並不僅僅是獲取真理，而是如何去充分地實踐真理。這種實踐性表明了一種價值意義的應然性。因而，內在性的真理所體現的，並不是客觀化的事實，而是應然的價值。其所

追求的目的，則是應然價值對實然事實的改造，從而達到價值的持續落實與實現。價值性真理也可以談實在性，比如認為內在的價值之源是真實不虛的；但是這種真實不虛是主體性的、超驗價值的真實不虛，而不是客觀化的、經驗事實的真實不虛。價值性真理也可以談外在性，比如認為價值實現的世界圖景是客觀而普遍的；但是這種外在性不是純粹的客觀的、獨立的外在性，而是與價值之源、主體實踐緊密聯繫的外在性。

3. 中國哲學中真理的定位

中國哲學是以人為核心而關聯到宇宙人生的整全系統。就儒釋道三家而論，儒家談仁愛良知；佛家談般若智心；道家談道心，都是就著主體心靈而言的。仁愛良知、般若智心、道心都給予宇宙人生以普遍的價值意義，並且都需要修道者通過工夫返求內心去尋求價值的本源，同時還要將此價值進行逐步的擴充與實踐。從這個意義上看，中國哲學中的真理是價值性的真理，而不是事實性的真理。

同時，若從儒釋道三家任何一家來看，任何一家都會認為自己所秉持的價值性真理是實在而真實的。（中國哲學的真理的實在性，是就三教根本真理的真實不虛而言的，此實在性並不一定是如實體一般的客觀存在。儒家的仁心良知所顯現的天道，或許可以說具有實體性質；但道家道心所開顯的自然境界、佛家般若智所開顯的如如實相，則皆不具有實體性質，但仍舊可以從三家境界指引之真實不虛談價值的實在性。）但是，倘若跳出某一家的領域而統觀三家的價值性真理的狀態，那麼三家的真理都是與其所闡釋的具有各自學說特徵的宇宙人生的理解相聯繫的。固然，在某一家學說系統中，可以說鑒於實在性的真理性理解，宇宙人生才會呈現出相應的面貌，但是，統觀三家學說，則還可以將之轉換為，賦予宇宙人生不同的面貌，就會呈現出不同的真理性理解。這樣一來，中國哲學中的真理就是非實在論的，而具體某一家的實在性的真理則是非實在論的真理在諸多理解中以某一種理解面向的特定呈現。

二、檢證價值性真理的主體性原則

當我們理解了中國哲學中的真理是價值性的、並且在超越三教的特殊性上看呈現出非實在論的，那麼中國哲學中的真理的檢證，就無法從某種固定真理的立場進行審視，而是需要轉換新的方式。

從價值性上看，儒家的真理是生生不息的天道，道家的真理是萬物獨化的

自然，佛教的真理是緣起緣滅的空性。這三家學說雖然都對宇宙人生有系統的解釋，但解釋中的價值指引並不能從宇宙人生的實然性中直觀的獲取，而是需要在三家的系統影響下才能獲得對於宇宙人生的價值性理解。三家學說的真理都是即著經驗的宇宙人生而不斷地超越其經驗性，而指向經驗世界所未能含有的境地，從而又反向對於經驗世界予以價值指引。三家系統中所共同針對的經驗世界具有共通性，而對於經驗世界的超越與指引，則顯示出差異化的路徑和目標。因此，我們不能從三教真理的價值指引來判斷何者為真，何者為假。我們不能在三種價值指引之外再去確立一個絕對的真理性的價值指引，也不能以某一家的價值指引為真理，而以其他兩家的價值指引為謬誤。所以，我們檢證真理的時候，不能從真理自身去直接地檢證，而是要間接地去檢證——從生成真理的主體心靈與客觀功效上去檢證。

從生成真理的主體心靈方面去間接地檢證，即是檢證價值性真理的主體性原則。在中國哲學中，三教都是生命的學問，都需要從生命的體證上入手，從自心上去求道。這個時候，心靈在三教中的理解就具有頗為重要的地位。從悟道的修行工夫上看，心靈是悟道獲得真理的最為關鍵的樞要，並具有自由自覺的主宰功能。

1. 心靈的自由功能

心靈的自由功能包括心靈的形上學的自由與在自由狀態下所顯現的價值必然性。自由與必然是統一的整體，張岱年先生說：「意志自由問題，亦即自由與必然的問題，是倫理學中的一個重要問題。從孔子以來，許多思想家都肯定人有獨立的意志。」〔註2〕

從形上學自由來看，心靈為氣命所限，故其自由並不是無限地自由，而是被限定在心靈自身有限性構造所能生成的領域中。在此領域中，心靈可以選擇如此，也可以選擇不如此。選擇與不選擇完全是自由的。心靈固然可以受到自身時間性中歷史經驗積累的影響，但是這種影響不是決定性的，而是參考性的，最終心靈可以接受這種參考作出選擇，也可以不接受這種參考作出選擇，甚至作出完全與這種參考背道而馳的選擇。在有限領域中的完全自由的選擇，即是心靈的形而上的自由。

從價值必然性來看，在心靈形上學自由的基礎上，心靈所作出的抉擇、開

展的方向，則具有自由的必然性。因為這種價值旨向沒有外物的牽絆，沒有欲望的引誘，故其產生的方向必然是不受任何後天經驗事物的影響，因而具有先天的恒定性。事實上，三家學說都承認這種自由基礎上的必然性，並且認為這種必然性指向了最終的真理。只是，三家學說對於心靈自由所開顯的必然性理解不同，儒家將此必然性定位為普遍的道德性，道家將此必然性定位為萬物各自獨特的自然本性，佛家將此必然性定位為萬法緣起的真空假有。

關於心靈的自由功能，儒釋道三家論述得都很充分，但似乎都將自由與必然融合起來論述，並不純粹談形上學的自由。比如，孟子引孔子之言曰：「操則存，舍則亡；出入無時，莫知其鄉」，並認為這是「惟心之謂與？」〔註3〕如此論述的心靈，如果僅僅就「出入無時，莫知其鄉」而言，則是純粹形上學自由的定位，但若加上「操則存，舍則亡」時，則又含有必然性的意味，即在操的工夫論狀態下，心達到純粹自由，從而顯示出良知良能；而在舍的沉溺欲望狀態下，心被物慾所牽引，從而不能顯示出良知良能。

與此純粹自由論述的稀少性相反，將自由與必然融合起來論述的說法就非常豐富。在儒家哲學中，孔子說：「為仁由己，而由人乎哉」〔註4〕、「求仁而得仁」〔註5〕、「仁遠乎哉？我欲仁，斯仁至矣。」〔註6〕孔子的這些話，都是在純粹意志的自由狀態中所顯現的仁的價值指引。在道家哲學中，老子言：「虛其心」〔註7〕、莊子言：「墮肢體，黜聰明，離形去知，同於大通，此謂坐忘」〔註8〕道家的虛心坐忘，就是要把牽絆心靈的欲望去除掉，從而獲得內在真正的本性。在佛教哲學中，慧能大師也談到心的自由意志問題，其言：「內外不住，去來自由」〔註9〕所謂「內外不住」，就是不被內在的情感欲望與外在的經驗事物所牽引從而失去了本心的清淨，而是要保留自家當下清淨之心來行動。

2. 心靈的自覺功能

心靈是自我的主宰，其意思可以從如下表述來理解，即：心靈處於自由狀

〔註3〕《孟子·告子上》。
〔註4〕《論語·顏淵》。
〔註5〕《論語·述而》。
〔註6〕《論語·述而》。
〔註7〕《老子·第三章》。
〔註8〕《莊子·大宗師》。
〔註9〕《壇經·般若品》。

態下為心靈自身所主宰，心靈處於不自由狀態下也為心靈自身所主宰，心靈從自由狀態轉換為不自由狀態，或者從不自由狀態轉換為自由狀態，也為心靈自身所主宰。自由與不自由，完全是心靈自己主宰使然。

心靈要達到上述的功效，需要具備兩個條件，一個是心靈具有自我轉換的功能，一個是心靈能夠自我察覺的功能。心靈的自我轉換功能在心靈的形上學自由的闡述中已然體現。但是，如果心靈僅僅具有抉擇功能但不能察覺自己的抉擇是自由的還是不自由的，那麼心靈就無法做出變動。這種變動，既可以是從純粹自由狀態向外物影響狀態的滑落，也可以是從外物影響狀態向純粹自由狀態的修正。無論心靈在何種狀態下，心靈都能察覺到這種狀態，並反省自己應該往純粹自由狀態努力。

在儒家哲學中，孔子稱之為「行己有恥」〔註10〕，孟子稱之「羞惡之心」〔註11〕，王陽明稱之為「知善知惡是良知」〔註12〕；在道家哲學中，莊子稱之為「如求得其情與不得，無益損乎其真」〔註13〕；在佛教哲學中，《雜阿含經》有云：「世間若成就，慚愧二法者，增長清淨道，永閉生死門。」〔註14〕儒家認為人在逐欲狀態下會因為自己心靈不純粹而感到恥辱；道家會認為人即使在求不得其情的狀態下心靈的真宰還能發揮完美的作用；佛家會認為人在錯誤的思維中心中會生起慚愧。儒釋道三教的言論表明，心靈無論在自由中還是沉溺中，都能夠明白自己所處的處境，只要自己願意改變，都能夠做出相應的修正。

結合以上心靈的自由與自覺功能來看，儘管自由狀態之後生成的價值指向三教都不一樣，但是從（1）心靈需要純粹自由與（2）若不自由而可以趨向自由這兩點來看，則為三家之共法。這兩點可以歸納為一個「誠」字，所謂「心誠則靈」。「心誠」需要修道之主體在追求真理的過程中，自覺拋棄物慾的牽絆，達到純粹自由意志的狀態。這個時候，欲望所塑造的小我就會消失，再也不會將追求的對象當做滿足欲望小我的手段，而是展現出無所待的大我，這個大我不會將追求的對象當做手段，而是真誠地將自己投入到真理的追求之中，自身與真理合一就是實踐的目的。

〔註10〕《論語・子路》。
〔註11〕《孟子・告子上》。
〔註12〕《傳習錄・卷下》。
〔註13〕《莊子・逍遙遊》。
〔註14〕《雜阿含經・卷第四十七》。

　　主體性原則需要心靈真誠地投入到活動之中，這個是修道者自我的檢證。檢證自我所追求的是不是真理，就在於反省自己的心靈是不是真誠，是不是能夠擺脫欲望的束縛而在純粹自由意識的心靈狀態中。至於在純粹自由意識狀態中所生成的價值旨向的特徵，以及心靈在此旨向中所呈現的修道境界，則可以千差萬別，各有不同，不在檢證之列。

　　因此，檢證價值性真理的主體性原則就會得到如下的表述：追求真理的修道者必須使自我的心靈能夠擺脫欲望的束縛而持有純粹自由意識的心靈狀態。達到此狀態的心靈中所呈現的可能為真理，不達到此狀態的心靈中所呈現的必然不是真理。

三、檢證價值性真理的客觀性原則

　　上述的主體性原則是自我檢證真理的方法。這對於一個具有正常心理並能夠循序漸進的自我修行者而言，已經是一個相對完備的可供依賴的檢證途徑。但是，事情也完全具有如下的可能：自我修行者在修行過程中走火入魔，完全喪失了自我的心智，將一種謬誤當作真理。他或者是不真誠地追求某種真理，但自認為是真誠地，或者是真誠地追求某種謬誤。這個時候，自我檢證的方法似乎就不起作用了。於是，我們還需要增加一條檢證真理的客觀性原則來進行保障。

　　借用杜保瑞先生在《哲學概論》一書中的闡釋，我們可以將中國哲學中的世界分為現實世界與它在世界。現實世界是儒釋道三教所共同承認的經驗的、凡夫的世界，這是三個世界的交集。它在世界則是三教各自價值旨向與修道境界所構成的獨特世界，某一家的它在世界並不與其他兩家的它在世界重合。具有特色的真理觀並不能僅僅依靠現實世界來體現，而是需要依靠它在世界來體現，要麼是以純粹的它在世界來體現真理，要麼是以它在世界與它在世界觀照重構下的現實世界的融合來體現真理。

　　各教的真理，主要聚焦在它在世界上。但是，從它在世界這一途徑上，能否檢證其真理呢？杜先生對此持肯定的態度，他認為：「儒釋道三教都有豐富的鍛鍊案例以供參考，但實踐仍是提升經驗能力的唯一方法。實踐之，達成之，從而證成之，這就是中國哲學實踐進路的真理觀證成方式。」〔註15〕由於中國

〔註15〕杜保瑞、陳榮華：《哲學概論》，臺北：五南圖書出版股份有限公司，2008年，第310頁。

哲學的價值性真理，可以通過主體實踐進行檢證。這樣的觀點，在某一教的系統內部固然可以成立，但要三教相互承認則比較困難。三教或許可以認可實踐的工夫路徑，但對於工夫實踐路徑所達成的最終境界，則仍舊無法統一。如果從具體的工夫境界上說，這種工夫實踐的證成方式在該學說之外的其他學說中是無法證成的，也就是說工夫實踐的檢證無法達到客觀性，而容易導致在自我系統中自說自話。其他系統既不能判定該系統中實踐所達成的是真理，當然也無法輕易否定該系統中實踐所達成的不是真理。（要否定其他系統的真理性，該系統就必須證明自己的真理具有適用所有系統的普遍性，這一點是價值性真理通過工夫實踐所無法輕易達成的。）這既是工夫實踐的優點，又是工夫實踐的缺點。從優點來看，從理性上難以輕易進行相互否定；從缺點來看，從理性上難以確立唯一的真理觀，對由工夫實踐獲取的價值指引和修道境界的各教差異不進行評論，不作為檢證的依據。（理性在這一層面無法發揮作用，故而只能緘默。）如果持寬鬆的態度，那麼對於各種工夫實踐達成的不同真理都予以承認，這就是杜先生所持的多元真理觀。如果持嚴格的態度，那麼對於各種工夫實踐所達成的不同真理都不置可否，不能做出最後的定論。試想，如果有這麼一種教義學說，認為對於不信本教的異教徒可以通過殺戮的方式幫助他們的靈魂進入神的世界。所以殺戮不是惡的，而是最大的善。這種價值指引在該教特殊的修行實踐中不斷映現在信徒心中，並指導他們行動。這也是價值性的真理通過工夫實踐來證成的，但我們不能容忍這是多元真理中的一元，而應該斥之為邪教予以取締。然而，對於這類邪教，它在世界的工夫實踐證成這一理路並不能很好地予以駁斥，故而我們需要另外確立一種客觀性的檢證方式。

我們需要從它在世界的檢證性上退回，將注意力放在現實世界上。客觀化的檢證性不能從工夫實踐證成真理上來看（個體的工夫實踐及其所生成的獨特的修道境界不能作為檢證真理的客觀依據，是針對中國哲學儒釋道三教的真理的差異性特徵而言的。需要注意的是，「工夫實踐」與「實踐是檢驗真理的唯一標準」中的「實踐」不同，前者是狹義的個體實踐，而且僅僅指在特定的文化系統中以人的精神世界為核心對象的實踐；後者是廣義的生活實踐，包含人類勞動在內的一切人類活動。本文所論的人的主體性原則與客觀性原則，以及狹義的個體實踐都是廣義生活實踐的產物，因此用主體性原則與客觀性

原則進行真理檢證的方法，也可以視為是廣義實踐檢驗真理的方法在中國傳統文化中的具體運用），而是需要從此種真理觀對現實世界的影響中進行考察。也就是說，如果某人說他真誠地投身於某種學說，我們不需要考慮某種學說在它在世界上的建構，而是需要考慮這種學說如何影響信徒的現實世界。心誠所彰顯的境界（它在世界）不在檢證之列；心誠所彰顯的境界對現實世界的作用，則在檢證之列。因此，從真理的客觀功效方面去間接地檢證，即是檢證價值性真理的客觀性原則。

某價值性的學說是否為真理，需要考察該學說對於現實世界的態度，也就是說，該真理對於現實世界的影響，是否與現實世界所在時代的基本價值觀矛盾。如果不矛盾，就可以承認其真理性；如果矛盾，就需要否定其真理性。所謂的矛盾，就是該教義與現實世界的基本價值觀完全對立，現實世界價值觀要往東，該教義說往東錯誤，必須往西。所謂不矛盾，就有兩種可能，一種是促進現實世界的基本價值觀，比如現實世界價值觀要往東，該教義也說要往東，並且還說出一套更為超越的理由來論證往東的必然性；另外一種是不妨礙現實世界的基本價值觀，比如現實世界價值觀要往東，該教義說往東往西皆可，並不具往東或者往西的必然性，但也可以順著現實世界往東而說往東。第一種對立性的主張屬於反人類、反社會的反世間，第二種促進性的主張屬於入世間，第三種無礙性的主張屬於出世間。入世間與出世間的主張，都與現實世界基本價值觀不矛盾，都是可以承認其真理性，唯有反世間的主張，與現實世界基本價值觀矛盾，不能承認其真理性。

上述的現實世界所在時代的基本價值觀並沒有予以具體內容，我們只是認為一個良序社會的運行，必然需要基本價值觀來保證。但此基本價值觀是什麼，則由於文化歷史的原因，可以有多種表達，故不必給予一個完全確定的答案。但是，若在某種非常時期，這個社會的基本價值觀得到扭曲與戕害，而某種學說又是支持這種受到扭曲與戕害的基本價值觀時，那麼真理與謬誤又會很難分辨，故而仍有必要給出一套形式化的基本價值觀的客觀化原則。

此一形式化的原則參照了全球倫理的金規則。「所謂金規則，就是全球各大文明、各種不同的文化，從它們的倫理道德、宗教信仰中提取一條普遍的規則……在1993年芝加哥召開的國際全球倫理大會上，與會者正式把這樣一條規則定名為『金規則』。就是說，不管你是什麼樣的宗教信仰和文化傳統，都承認這一條規則，叫作『己所不欲，勿施於人』。『己所不欲，勿施於人』被定為全球

倫理的一條金規則。」〔註16〕「己所不欲，勿施於人」的翻譯借用了儒家的話語，
是為儒家的恕道。為了更好地得到其他學說的支持，我們可以以將之轉化為更為一
般的表達，即：某人追求積極方面，不能影響其他人追求積極方面；某人去除消
極方面，不能影響其他人去除消極方面。這是一個客觀化的形式化的原則，在底
線上包含了人人平等，以及人人具有平等的生存權與發展權的意涵。需要注意的
是，我們還可以呈現出另外一種高於底線的表述，即：某人追求積極方面，應該
有助於其他人追求積極方面；某人去除消極方面，應該有助於其他人去除消極方
面。這一高於底線的表述，類似於儒家「己欲立而立人，己欲達而達人」的忠道，
這樣不僅自己悟道提高，也要幫助別人悟道提高，並且自己悟道提高必然要在幫
助別人悟道提高的過程中獲得實現。這種自利利他的大乘菩薩精神的倫理規則
固然偉大，但是若將此高於底線的忠道作為基本原則，那麼就會導致排斥自修不
論世務的修道者狀態。在中國哲學中的各大學說中，自修而不論世務者雖然境界
不至太高，但也可以算做修道中的一個層級得到許可；而在世俗的常識中，自修
而不論世務者發展自己而不損害他人，也可以算做守法的好公民。因此，這樣的
狀態不能夠排斥在原則之外，故而我們需要將金規則定在具有恕道特色的底線
倫理上，而不是具有忠道特色的高於底線倫理上。

　　因此，檢證價值性真理的客觀性原則就會得到如下的表述：所蘊含真理的
它在世界對於現實世界的主張，必須不反對現實世界的基本價值觀，即在底線
上必須遵守如下的觀點，即：某人追求積極方面，不能影響其他人追求積極方
面；某人去除消極方面，不能影響其他人去除消極方面。符合以上原則的可能
是真理，不符合以上原則的必然不是真理。

　　融合上述檢證中國哲學真理觀的主體性原則與客觀性原則，則可以得出
中國哲學真理觀的檢證原則。如果某學說同時符合主體性原則與客觀性原則，
則該學說屬於中國哲學的真理；如果只符合主體性原則與客觀性原則中的一
條原則，或者完全不符合兩條原則，則該學說不屬於中國哲學的真理。

　　在這樣的檢證原則下，中國哲學儒釋道三家的真理不必然定於一尊，它可
以在限定中達到多元。在具有真誠地追求真理的心靈狀態的前提下，在對現實
世界的基本價值觀不對立的基礎上，中國哲學尊重並包含各種對於宇宙人生
的美好嚮往，在多種美好嚮往中塑造相互和諧的世界圖景與人生意義。

〔註16〕鄧曉芒：《全球倫理的可能性——金規則的三種模式》，《康德哲學講演錄》，桂
　　　　林：廣西師範大學出版社，2006 年，第 190～191 頁。

參考文獻

1. 朱熹：《四書章句集注》，北京：中華書局，1983 年。
2. 朱熹：《周易本義》，北京：中華書局，2009 年。
3. 陳鼓應：《老子注釋及評價》，北京：中華書局，1984 年。
4. 釋德清：《道德經解》，上海：華東師範大學出版社，2009 年。
5. 陳鼓應：《莊子今注今譯》，北京：中華書局：1983 年。
6. 李道平：《周易集解纂疏》，北京：中華書局，1994 年。
7. 王先慎：《韓非子集解》，北京：中華書局，2013 年。
8. 王先慎：《荀子集解》，北京：中華書局，2013 年。
9. 焦循：《孟子正義》，北京：中華書局，1987 年。
10. 段玉裁：《說文解字注》，上海：上海古籍出版社，1988 年。
11. 王冰：《重廣補注黃帝內經素問》，北京：科學技術文獻出版社，2011 年。
12. 郭象注、成玄英疏：《南華真經注疏》，北京：中華書局，1998 年。
13. 程頤：《二程集》，北京：中華書局，1981 年。
14. 朱熹：《朱子全書》，上海：上海古籍出版社、合肥：安徽教育出版社，2002 年。
15. 黎靖德：《朱子語類》，北京：中華書局，1986 年。
16. 陸九淵：《陸九淵集》，北京：中華書局，1980 年。
17. 王陽明：《王陽明全集》，上海：上海古籍出版社，1992 年。
18. 陳榮捷：《王陽明〈傳習錄〉詳注集評》，上海：華東師範大學出版社，2009 年。

19. 王陽明撰、鄧艾民注：《傳習錄注疏》，上海：上海古籍出版社，2005 年。

20. 黃宗義：《黃宗義全集》，杭州：浙江古籍出版社，2005 年。

21. 唐文治：《紫陽學術發微》，上海：華東師範大學出版社，2014 年。

22. 慧能著、郭朋校釋：《壇經校釋》，北京：中華書局，2011 年。

23. 僧肇著、張春波校釋：《肇論校釋》，北京：中華書局，2010 年。

24. 明河：《補續高僧傳》，《續藏經》第 77 冊。

25. 鎮澄：《物不遷正量論》，《續藏經》第 54 冊。

26. 德清：《肇論注疏》，《續藏經》第 54 冊。

27. 宗密：《注〈華嚴法界觀門〉》，《大正藏》第 45 冊。

28. 澄觀：《大方廣佛華嚴經隨疏演義鈔》，《大正藏》第 36 冊。

29. 僧肇：《注維摩詰經》，《大正藏》第 38 冊。

30. 牟融：《理惑論》，《大正藏》第 52 冊。

31. 契嵩：《鐔津文集》，《大正藏》第 52 冊。

32. 嚴復：《嚴復集》，北京：中華書局 1986 年。

33. 梁濤：《尬書評注》，西安：陝西人民出版社，2003 年。

34. 葉廷珪：《海錄碎事》，北京：中華書局，2002 年。

35. 伊世珍：《琅嬛記》，《四庫全書存目叢書》子部第 120 冊，濟南：齊魯書社，1995 年。

36. 熊十力：《讀經示要》，長沙：嶽麓書社，2013 年。

37. 馬一浮：《馬一浮集》，杭州：浙江古籍出版社、浙江教育出版社，1996 年。

38. 方東美：《生生之德》，北京：中華書局，2013 年。

39. 牟宗三：《牟宗三先生全集》，臺北：聯經出版事業有限公司，2003 年。

40. 牟宗三：《才性與玄理》，桂林：廣西師範大學出版社，2006 年。

41. 牟宗三：《佛性與般若》，臺北：學生書局，1989 年。

42. 牟宗三：《時代與感受》，臺北：鵝湖出版社，1984 年。

43. 牟宗三：《現象與物自身》，臺北：學生書局，1984 年。

44. 牟宗三：《智的直覺與中國哲學》，臺北：商務印書館，1970 年。

45. 牟宗三：《佛性與般若》，臺北：學生書局，1989 年。

46. 牟宗三：《中西哲學之會通十四講》，上海：上海古籍出版社，2007 年。

47. 牟宗三：《生命的學問》，桂林：廣西師範大學出版社，2005 年。

48. 唐君毅：《中國哲學原論・導論篇》，北京：中國社會科學出版社，2005
年。

49. 唐君毅：《中國哲學原論・原教篇》，北京：中國社會科學出版社，2006
年。

50. 徐復觀：《中國人性論史》，上海：華東師範大學出版社，2005 年。

51. 徐復觀：《徐復觀論經學史二種》，上海：上海世紀出版集團，2006 年。

52. 蔡仁厚：《宋明理學・北宋篇》，長春：吉林出版集團有限責任公司，2009
年。

53. 蔡仁厚：《宋明理學・南宋篇》，長春：吉林出版集團有限責任公司，2009
年。

54. 馮友蘭：《中國哲學史》，北京：商務印書館，2011 年。

55. 馮友蘭：《中國哲學史》，上海：華東師範大學出版社，2010 年。

56. 梁漱溟：《孔家思想史》，《梁漱溟全集》，濟南：山東人民出版社，2005
年。

57. 賀麟：《哲學與哲學史論文集》，北京：商務印書館，1990 年。

58. 錢穆：《講堂遺錄・中國學術思想史十八講》，北京：九州出版社，2010
年。

59. 錢穆：《中國學術思想史論叢》，合肥：安徽教育出版社，2004 年。

60. 錢穆：《朱子新學案》第二冊，《錢賓四先生全集》，臺北：聯經出版社，
1998 年。

61. 張岱年：《中國倫理思想研究》，南京：江蘇教育出版社，2009 年。

62. 劉述先：《朱子哲學思想的發展與完成》，臺北：學生書局，1995 年。

63. 王邦雄：《老子道德經的現代解讀》，長春：吉林出版集團。

64. 傅斯年：《性命古訓辯證》，桂林：廣西師範大學出版社，2006 年。

65. 陳來：《朱子哲學研究》，上海，華東師範大學出版社，2000 年。

66. 陳大齊：《孟子待解錄》，上海：華東師範大學出版社，2012 年。

67. 廖名春：《孟子的智慧》，延吉：延邊大學出版社，1992 年。

68. 張豈之：《張豈之談中華優秀傳統文化》，西安：太白文藝出版社，2012
年。

69. 金春峰：《朱熹哲學思想》，臺北：東大圖書股份有限公司，1998 年。

70. 束景南：《朱熹年譜長編》，上海：華東師範大學出版社，2001 年。

71. 楊祖漢編：《牟宗三先生的哲學與著作》，臺北：學生書局，1978 年。

72. 潘富恩、徐洪興：《中國理學》第四卷，北京：東方出版社，2002 年。

73. 傅佩榮：《朱熹錯了：評朱注四書》，北京：東方出版社，2013 年。

74. 丁福保：《佛學大辭典》，北京：文物出版社，1984 年。

75. 呂澂：《呂澂佛學論著選集》，濟南：齊魯書社，1991 年。

76. 印順：《中觀論頌講記》，《印順法師佛學著作全集》第二卷，北京：中華書局，2009 年。

77. 許抗生：《僧肇評傳》，南京：南京大學出版社，1998 年。

78. 江燦騰：《晚明佛教改革史》，桂林：廣西師範大學出版社，2006 年。

79. 于君方：《觀音——菩薩中國化的演變》，北京：商務印書館，2012 年。

80. 李利安：《印度古代觀音信仰研究》，西安：陝西人民出版社，2006 年。

81. 杜保瑞、陳榮華：《哲學概論》，臺北：五南圖書出版股份有限公司，2008 年。

82. 鄧曉芒：《康德哲學講演錄》，桂林：廣西師範大學出版社，2006 年。

83. 周濂：《現代政治的正當性基礎》，北京：三聯書店，2008 年。

84. 霍奈爾、韋斯科特：《什麼是哲學》，北京：中國人民大學出版社，2010 年。

85. 鄧尼絲·拉德納·卡莫迪：《婦女與世界宗教》，成都：四川人民出版社，1989 年。

86. 漢娜·阿倫特：《共和危機》，臺北：時報文化出版社，1996 年。

87. 戴森：《宇宙波瀾　科技與人類前途的自省》，重慶：重慶大學出版社，2015 年。

88. 小西奧多·希克、劉易斯·沃恩：《做哲學：88 個思想實驗中的哲學導論》，北京：北京聯合出版公司，2018 年。

89. 羅爾斯：《正義論》，北京：中國社會科學出版社，1988 年。

90. 保羅·布盧姆：《善惡之源》，杭州：浙江人民出版社，2015 年。

91. 哈耶克：《哈耶克論自由文明與保障》，北京：北京商業出版社，2016 年。

後　記

　　《中國哲學散論》是一本有關儒道釋三家哲學思想的文集，它既是我近十年內對於中國哲學思考的記錄，也是我在傳統文化領域中學術成長的印證。整理這本文集，也促使我回過頭去省思自己十年來的學術歷程。

　　我從二零一二年博士畢業後入職蘇州大學，開啟了專職化的學術研究，二零一四年上副教授，二零二零年上教授。對於一個文科研究者而言，職稱問題既是學術研究的動力，也是學術研究的阻力。從動力上看，為了解決職稱問題，一刻也不能懈怠，必須連年不斷地出成果；從阻力上看，為了快速發表成果，最後去湊熱點話題，做短平快的項目，而放棄一些自己真正感興趣的基礎研究。能將這兩方面的要求平衡起來，並非易事。

　　回顧這十年來，我的學術研究主要有三個方面。

　　其一，中國哲學研究。

　　在碩士時期大量閱讀牟宗三、唐君毅先生的著作，促使我的研究方法深受港臺新儒學的影響。但我只師其方法，並不照搬其結果，故偶而還能有一部分自己的創見。我用這樣的方法對於中國哲學史上的一些人物與問題進行了研究，有的是系統的研究，有的是零散的研究。前者有黃宗羲、唐文治的研究，撰寫了《回到黃宗羲——道體的整全展開》《唐文治傳》。黃宗羲師從劉蕺山，又認可王陽明，可以視為心學的一支；唐文治為清末民國的朱子學者，為以視為理學的一支。通過黃宗羲與唐文治的研究，我對於心學與理學的認識有了進一步的深化。後者則為歷年來發表在各個期刊上的學術論文，年代上由先秦到近代，內容上囊括儒道釋三家。這一部分的內容就結集為《中國哲學散論》。

其二，公民道德建設與傳統治道研究。

這一部分研究本有湊時代熱點的意味，但若將之視為傳統哲學的由體達用、返本開新，似乎也能說得過去。在公民道德建設的研究上，我從傳統文化中尋求資源，寫成《對話儒學　中國當代公共道德建設的文化視野》一書。而在傳統治道研究上，我申請到了《先秦諸子社會治理的思想體系與理論判釋》課題，結項後將以《先秦治道論》為題出版。

其三，吳地文化研究。

我是土生土長的蘇州人，我對於吳文化有天生的熱愛，尤其是對於帶說唱音樂性質的這一部分更為癡迷。在我大兒出生的時候，我發現我自己幼時傳唱的吳語童謠近乎絕跡，殊覺可惜，遂開始有意搜集蘇州童謠，最後搜到八百多首，編為《蘇州童謠》一書。此外，我又師從江蘇省非遺傳承人魏嘉瓚先生學習傳統吟誦，出版了《唐調詩文吟誦二十講》一書。

第一個方面是我熱愛的專業；第二個方面是第一個方面的應用；第三個方面是我的興趣愛好。現在學術研究壓力大，發表不易，但若將這些外在的考慮暫置一旁，以上三個方面的研究倒是真讓我樂在其中。現在職稱問題已經解決，外在阻力似乎更弱了，真正的學術道路正在打開。我想未來應該可以開展一些更為基礎的學術研究了。

此外，蘇州大學唐文治書院 22 級的陳烜志、戴菁菁、付港三位同學，將本書重新校對了一遍，更正了一些文字上錯誤。對於他們的辛勤付出，我在這裡一併表示感謝。